U0537717

巴利古籍所載的佛陀生平
逐跡佛陀

Bhante Shravasti Dhammika 達彌卡法師——著

伍煥炤——譯

FOOTPRINTS IN THE DUST
The Life of the Buddha from the Most Ancient Sources

我用心，如同眼來看世尊
我整夜向他禮敬
因此我從未離開過他

《經集》1142 偈

目次

序言 4
譯者序 6
用語說明 8

1　概論 9
2　變革的時代 23
3　神、婆羅門和苦行者 41
4　釋迦族 57
5　步向光明 71
6　天人師 97
7　佛陀的一天 129
8　雲遊四方 153
9　稱道與譏誹 169
10　出家眾與在家眾 193
11　佛陀論俗務 215
12　危急之秋 239
13　最後時日 255
14　佛滅之後 269

【附錄一】佛陀到訪的城鎮 277
【附錄二】佛陀與《奧義書》 310
縮略語 321
參考書目 323

序言

從某種意義上說，這本書我已經寫了三十五年。自我十八、十九歲成為佛教徒以來，佛陀是誰和他的為人一直讓我好奇和著迷。在一九八九年出版的《The Buddha and His Disciples》一書中，我探討佛陀的性格、說教方式和人際關係等方面。在隨後幾十年，我寫了幾篇文章，涉及佛陀生平的其他方面：他的外貌、習慣、遊方，甚至飲食。本書收錄了其中一些早期作品。為了感受佛陀生活的世界，我跟隨他在印度的足跡徒步旅行三次：從菩提伽耶到瓦拉納西；從菩提伽耶到拉傑吉爾再折返；最長途的一次是重走佛陀從王舍城到拘尸那羅的最後旅程。最近幾年，我也鑽研早期和晚期的吠陀文獻，以更深入了解佛陀生活的宗教和社會背景。

在撰寫本書期間，我得到許多人的慷慨相助和鼓勵。Anandajoti Bhikkhu、Peter Prins、Sarah Shaw 和 Peter Harvey 與我討論佛法問題，令我獲益良多。Bhikkhu Khemarato、Bhikkhunī Acala、Chris Burke 和 Ranjith Dissanayake 的意見有助我潤飾定稿。Bradley Smith 和我的兄弟 Charles 審閱手稿，並提出許多修正和修改的建議。Deepak Ananda 和我同樣對古代佛教地誌有濃厚的興趣，他樂意與我分享他的知識。然而，書中的所有內容，我仍需負全責。Suhendra

Sulistyo 一如既往幫助我取得所需的書籍和專著。撰書期間，適值冠狀病毒疫情和重病，我衷心感謝蔡志成、郭文雅、林桂英、施性國和陳志海的支持和鼓勵。在此，我向所有人表示衷心的感謝。

譯者序

本書是翻譯自達彌卡法師的《*Footprints in the Dust: The Life of the Buddha from the Most Ancient Sources*》。正如書名所示，這是一本根據最早古籍撰寫的佛陀傳記，而不是關於佛經或教義的著作。達彌卡法師運用古籍和現今著述，通過嚴謹的論證和推敲，完整和真實地把佛陀的生平呈現讀者眼前。法師亦釐清一些關於佛陀生平的疑團和誤解，例如，為什麼佛陀只有羅睺羅一名兒子？為什麼提婆達多要分裂僧團？佛陀最後一餐吃了什麼？他的死因是否與進食不潔的食物有關？

達彌卡法師筆下的佛陀是一個有血有肉的人，身體與常人無異，會衰老、患病和死亡，也會感到飢餓和疲倦，需要清潔、休息和調養。佛陀亦會受到世間事物的困擾，遭受人們的責難和羞辱，遇上挫折和不如意的事情。他有時也會判斷錯誤，做出不太恰當的決定，又或舉棋不定。例如他指導比丘修習不淨觀，導致一些比丘因厭惡身體而自殺，這促使他教授另一種禪修方法。又例如，佛陀最初拒絕繼母摩訶波闍波提的出家請求，後來在阿難陀的懇求下才改變主意。然而，這樣的佛陀顯得更具人性，與我們更為接近，讓我們可以從他身上學習到如何克服困境，應對別人的稱讚和批評，不要固執己見，並

且要常懷慈悲之心。

　　二〇二二年，我受法師所託翻譯本書，最初也有所猶豫，擔心學識淺薄，無法勝任。但當想到譯文或能讓更多華人讀者認識真實的佛陀，於是決心一試。若讀者在閱讀後對佛陀生起崇敬之心，又或對佛教產生興趣，譯者便深感欣慰。

　　原著引用不少《巴利三藏》的經文，譯者參考了 Sutta Central 網站的經文、台灣元亨寺版《漢譯南傳大藏經》和香港蕭式球老師翻譯的四部《尼柯耶》。原著中的詞彙、人名和地名等有不同的中文譯名，為方便讀者辨別，譯名後會加上巴利文或梵文詞彙。

　　翻譯期間，譯者經常向達彌卡法師請教，討論書中內容，受益匪淺。新加坡的施性國先生幫忙審閱譯文初稿，指出錯漏之處，謹此衷心致謝。疏漏謬誤在所難免，敬請讀者包涵，不吝指正。譯文得以出版有賴香光莊嚴雜誌社主編見鐻法師推薦，橡樹林文化總編輯張嘉芳小姐和編輯陳芊卉小姐協助。最後，譯者感謝內子曉雯多年的愛護、陪伴和照顧。

伍煥炤
二〇二四年四月九日於香港

用語說明

　　佛經包含大量重複的內容，對於不熟悉這種文體的人來說，閱讀起來冗長乏味，我在必要時簡略重複之處，並在引文或註釋中標明。除非另有說明，全書的詞彙均使用巴利文而非梵文。廣泛使用的詞彙則例外，例如涅槃用 *Nirvana* 代替 *Nibbāna*、佛塔用 *stūpa* 代替 *thūpa*。佛教文獻慣常使用「五百」來表示大量的事物，本書會用「許多」「大量」或「數百」取代。書中所指的「典籍」「最早的典籍」與「三藏」交替使用。同樣，沙門、僧侶和苦行者亦然。在巴利文和梵文中，「沙門婆羅門」（*samaṇas and brahmins*）是一個複合詞，一般不指這兩種人，而是泛指「宗教導師」。當提及佛陀時，覺悟前會以其族姓喬達摩來稱呼，覺悟後則稱爲佛陀。

1
概　　論

佛教認為每個人都是從前世來到今生，大部分的人今生結束後，還會有下一世。這種生、死、再生的循環稱為「輪迴」。只有當人達致覺悟，即「菩提」的境界，輪迴才會止息。這境界通常被稱為「涅槃」。佛陀在成為喬達摩之前，也像普通人一樣經歷了許多世。佛教傳統創作了他五百多個前世的傳記，都記錄在《本生經》中。佛陀的獨特之處並不在於他有虛構或其他的化身，而是在他涅槃後的幾個世紀，信徒和崇拜者通過為他創造新的「生命」，在某種意義上不斷地讓他「轉世」。其中有些生平比《本生經》記述的更加不可思議。

雖然佛陀在身體上和其他多方面與常人無異，但在公元前二世紀中葉舉行第三次佛教結集上，一些與會者卻聲稱佛陀純潔無瑕，以致他的糞便氣味芬芳。不過，也有人較現實地看待佛陀，並以常識反駁。他們認為，如果佛陀的糞便芬芳，那麼他必須飲香水才可，而眾所周知，佛陀所食用的只是米飯和其他普通食物。此外，如果他的糞便真有香味，人們就會收集和儲存起來用作化妝品，但從未有過這樣的紀錄。[1]

幾個世紀後，佛陀的傳記《方廣大莊嚴經》描繪在他的面前，奇觀異景如同雨後春筍般出現。僅舉一例，當佛陀還是孩童時，他被帶到寺廟祈福，廟內眾神的雕像都向他起立致敬。

一兩個世紀後，《妙法蓮華經》進一步提出，佛陀實際上是永恆

---

[1]《論事》（Kv. XVIII, 4）。

的宇宙存在，人間的佛陀只是他教化眾生的化身。② 然而，即使這位神聖，或者近乎神聖、神通廣大的佛陀逐漸被某些圈子所接受，卻仍能聽到較理性的聲音。

馬鳴是其中一位。在公元二世紀初，他創作了一部名為《佛所行讚》的史詩，描繪佛陀的一生，並將佛陀塑造成超凡脫俗的人物。約於公元六世紀，印度教的《摩蹉往世書》宣稱佛陀其實是天神毗濕奴的化身，後來其他的往世書也沿襲這一說法。這種說法被視為印度教試圖吸納佛教，以削弱其影響力的行為。不過，這種草率的舉動從未被印度教徒重視，當然佛教徒對此不以為然。

約於公元十世紀，佛陀生平的雜亂零散紀錄經中東傳入歐洲。由於這些紀錄把佛陀描繪得非常聖潔，因此人們認為他一定是基督徒。結果，他被天主教會奉為聖人，名為「聖若撒法」（St. Josaphat），定十一月二十七日作為其瞻禮日。

隨著歐洲列強向亞洲滲透，佛陀經歷了新一輪的「化身」，最終成為歷史上的真實人物，儘管需要時間來確定他不是神、不是上帝的先知、也不是中國人，而是印度人。

維多利亞時代中葉，思想較開明的人視他為印度教的改革者、理性主義者或偉大的道德導師，僅稍遜於基督。一些大膽的人甚至認為

---

② Jain 2001, pp.87-89.

他與基督同等。③有些人宣稱佛陀是無神論者或不可知論者。另一些人則斷言他相信上帝，但他們甚少談及這方面，因為神聖不可言喻。

一八八〇年代初，研究印度宗教的荷蘭著名學者肯氏（Hendrik Kern）出版了兩卷巨著，論證佛教起源於太陽崇拜，佛陀原本是太陽神。佛法的「十二因緣」就是一年中的月份，「六師外道」是六大行星，「中道」是夏至，以此類推。雖然肯氏的學術同仁非常敬佩他的學識，但他的佛陀天文論很快就日暮西山。

一九一六年，正當佛教和印度教的區別越見明顯時，藝術史學家庫瑪拉斯瓦米（Ananda Coomaraswamy）撰寫了一本著作，聲稱佛陀教導吠檀多派中「我」（Ātman）和「梵」（Brahman）的概念，只是使用不同的術語而已。他的著作廣為流傳，使人們對佛教的誤解延續至今。

一九五〇年代末，著名神學家拉納（Karl Rahner）受梵蒂岡第二屆大公會議的新思潮啟發，告訴佛教徒他們實際上是「匿名基督徒」，大概佛陀也是基督徒而不自知。時至今日，還沒有佛教思想家回敬說基督徒是「匿名佛教徒」，並且聲稱耶穌其實是佛法的追隨者，雖然他沒有穿上黃袈裟。

在一九六〇年代的反文化運動，以及緊隨的新時代靈性主義出現後，佛陀成為素食主義的先驅，他打開第三眼並教導如何與宇宙合而為一。

---

③ Philip C. Almond, *The British Discovery of Buddhism*, 1988.

大約與此同時,在自由派基督教的圈子內,有信眾聲稱如果耶穌和佛陀相遇,他們會成為知己,兩人向對方解釋自己的教義,並會微笑點頭同意對方。④

這些化身奇異,但大體上都是正面的。與它們格格不入的是,最近一本著作首次揭示,佛陀其實是一位能征善戰的將領,身經百戰。他似乎「目睹太多的戰場殺戮,以致心理崩潰」。該書還告訴讀者,「有理由懷疑」佛陀是被謀殺。⑤

由於「佛陀」眾多,難怪在許多人的心目中,這位印度聖人是一個徘徊在神話與現實之間的人物,他慈祥悅目,但又不太真實。當然,至少一個半世紀以來,已有研究對佛陀的身分和教誨作出較真實、或較適當且更為人接受的描述。然而,幾乎所有古今的研究在敘述佛陀的生平時,都會塡塞最早古籍中瑣碎零散的事件,以及他涅槃幾個世紀後衍生的傳說。即使運用較可靠的早期資料,也不足撰寫一本內容充實的傳記。因此,至少一半或更多的這類傳記通常講述佛陀的哲學,而不是以他本人為主。

從邏輯上說,了解佛陀及其為人的最佳方法是研究關於他的最

---

④ 尼特(Paul Knitter)和海特(Roger Haight)所著的 *Jesus and Buddha, Friends in Conversation* 就是一個很好的例子。前者代表佛教,是紐約協和神學院的榮休教授;後者代表基督教,是該學院的耶穌會神父和神學家。他們很明顯認為沒有必要邀請一位修行的佛教學者發表意見。

⑤ Richard A. Gabriel, *God's Generals, the Military Lives of Moses, the Buddha and Muhammad*, 2016.

早紀錄,因爲它們比後世的紀錄更接近他的時代。不過,這項工作談何容易。確定古印度文獻的年代是一項極爲困難且令人沮喪的事情,學者們對任何特定文獻的撰寫時間往往眾說紛紜。令考證更加複雜的是,古代文獻甚少是同質的,大多數在某一時間寫成,但在隨來的幾個世紀中不斷被擴充與修訂。儘管如此,學者們普遍認爲《巴利三藏》(又稱《巴利聖典》)的核心部分包含有關佛陀和其教義的最早記載。《三藏》的巴利文 Tipiṭaka 由 ti 和 piṭaka 兩個字組成,ti 的意思是「三」,指佛經的三部分,而 piṭaka 則解作「籃子」。將佛經稱爲「籃子」,是因爲佛世時代文字尚未出現,佛經口耳相傳了幾百年。在古印度,工人們用大而圓的淺籃接力搬運泥土、穀物或建築材料。一個工人把裝滿的籃子頂在頭上,走到下一個工人身邊,把籃子遞給他,然後重複這個過程。因此,在早期佛教徒看來,把籃子的東西從一個人的頭上傳給另一個人,就像把佛經從一個人的記憶中傳給另一個人。

《三藏》分爲是《經藏》《律藏》和《論藏》。其中,《經藏》最爲重要,它收錄佛陀以及一些僧俗弟子的說法和對話。每一單獨說法和對話被稱爲「經」(sutta),意思是一條線或繩子。這可能是因爲聲音串連起來組成字,字串連起來就衍生意思。不過,sutta 更可能源自梵文 sūkta,解作「善言」。⑥ 這些佛經被編排成五部,或稱「尼

---

⑥ Norman, 1997, p.104.

柯耶」，其中第五部由十三本獨立的佛經組成。從第五部中幾本佛經的語言、內容和風格推斷，它們的寫作時間晚於前四部的核心部分，而且大多數並未聲稱是佛陀所說。⑦前四部的一些佛經可能出自佛陀入滅後一兩個世紀，但大部分都很容易識別。

《三藏》的第二部分《律藏》收錄一份被稱為「波羅提木叉」的僧尼戒律，是最早的戒律。波羅提木叉附有義註（譯按：「義註」是對《巴利三藏》經文中詞彙或義理的註釋。這些註釋大約在公元五至六世紀期間，由僧伽羅文翻譯成巴利文），詳細解釋每一條戒律，確立管理僧團的方法，同時記錄了僧團的早期歷史。這部義註的部分內容屬於早期的，其中有關佛陀的資料可能真確，但其他部分是在佛陀入滅後一到兩個世紀撰寫，因此可靠性較低。

《論藏》是第三部分，是佛法的精華摘要，主要以列表的形式表達，令佛法更易於記憶，也許更易於傳授。《論藏》大概成書於佛陀入滅後兩百年，雖然它基本上沒有與《經藏》中的教義相矛盾，但確實發展了其中若干教義。然而，《論藏》並未包含任何有助於為佛陀立傳的內容，因此本書沒有採用。

《三藏》使用一種稱為巴利文的古老語言撰寫，它大約起源於佛世時代印度北部。就巴利文的起源和性質，學者們普遍認為：「雖然

---

⑦ 本書只使用《法句經》《如是語經》《本生經》《經集》《長老偈》《長老尼偈》和《自說經》。

這種語言和佛說法所使用的任一種語言都不相同，但是它和佛說法所使用的語言同屬一個語族，且來自於同樣的概念系統。因此，這個語言可以反映佛所繼承的，來自於他誕生之地的廣大印度文化的思想世界。這樣，通過這個語言的用語，可以捕捉到這個思想世界的種種微細意義。」⑧ 然而，早期佛教的著名學者貢布里奇（Richard Gombrich）教授最近反駁這一觀點，他說有充分理由認為佛陀確實說巴利文。⑨ 或者充其量而言，佛陀說的是巴利文或非常相近的語言。

眾所周知，現今所見的《三藏》經過幾個世紀才形成，其中大部分是早期的材料，小部分是後來添加。只要謹慎考證和理性推測，就能夠識別《三藏》中最早的內容。這方法揭示了《經藏》的核心資料和《律藏》的部分內容可以追溯到佛世時代，或許是佛陀之後一或兩代人。

《文殊師利根本儀軌經》提到，在佛陀入滅十多年後，阿闍世王的兒子和繼承人優陀夷將佛陀的教誨寫成文字。⑩ 如果屬實，那麼大部分較為保守和傳統的僧侶團體似乎仍在依賴口耳相傳。人們普遍認為文字紀錄在傳遞信息方面較記憶準確，但事實並非如此。在印刷術

---

⑧ Bodhi, 2005, p.10。亦參閱 Gombrich, 2018, pp.15-22. 中文譯文出自《佛陀的話語：巴利經典選集》Bhikkhu Bodhi 原著／蔡奇林譯，載《正觀雜誌》，第四十八期，2009 年 3 月 25 日，頁 60-61。

⑨ Gombrich, 2018 and Karplin, 2019.

⑩ 參閱 Jayaswal p.10。

出現前,書籍必須手工抄寫,謄寫員在抄寫時經常出錯。久而久之,從一本書抄到另一本書,錯誤不斷積累,有時甚至難以理解原文的某些部分。更糟糕的是,一名謄寫員可能在抄寫時刪除或添加段落,再抄寫到下一個抄本中,造成與原文比較時的混淆。

另一方面,人類的記憶,尤其是如果從小訓練,在一個沒有各種紛擾的環境中,可以非常準確,而這正是印度古代吠陀宗教的祭司婆羅門所做的事情。婆羅門男孩自幼接受訓練,不斷反覆背誦吠陀頌讚詩,直至滾瓜爛熟。⑪婆羅門在各種儀式上吟誦頌讚詩,即使其中一人忘記一節詩句或讀錯一個字,其他人的吟誦會喚起他的記憶,或者糾正他的錯誤。一旦經文確定和被「封存」,個人幾乎不可能添加或刪除任何內容。竄改經文是種極大的串謀,而由於這些經文被視為神聖不可侵犯,因此沒有人敢於這樣做。

相當數目的佛陀弟子來自婆羅門種姓,他們把這種技能帶到自己的新宗教。⑫出家後,比丘會聆聽誦經,逐漸熟記於心。眾所周知,個別比丘專門學習《三藏》的不同部分。為保存佛陀的講經說法,他們會編輯佛經,以便於背誦。佛經中有許多幫助記憶的工具,例如編號表、定型段落、標準術語、押韻詩句,以及最重要的重複,這也是

---

⑪ 關於通過這種訓練達到的準確性,參閱 Bronkhorst 2002, pp.797-801 and Analāyo 2011, pp. 867ff.

⑫ 《長老偈》註釋的研究發現,在二五九位比丘中一一三位是婆羅門;Rhys Davids, 1913, p. xxviii, and also Sarao, pp. 93 ff。

需要時間和耐心來熟習佛經風格的原因之一。⑬ 這種編輯方式使佛陀的說法看來有點矯揉造作和刻板,但同時保留了佛法的意思,和可能是他說過的每一句話。反覆閱讀《三藏》,短句和短文會顯得自然流暢、樸實且富有個性,就像真人會說的話。毫無疑問,《三藏》中的核心部分準確地記錄了佛陀的教誨,由他的親傳弟子謹記和再傳弟子傳承下來。就有關議題的詳細研究,以及《巴利三藏》真實性的證據,讀者可以參閱 Bhikkhu Sujato 和 Bhikkhu Brahmali 撰寫的《The Authenticity of the Early Buddhist Texts》。

有關佛陀的物證甚少。公元前二四九年,印度皇帝阿育王到喬達摩的出生地藍毗尼朝聖,並在該處豎立一根巨大的石柱,石柱上面刻有銘文。碑文內容如下:

天佑慈祥王(即阿育王)登基二十年,親自到來朝拜,因為這處是釋迦牟尼佛誕生的地方。他在這處豎立一座石像和一根石柱。由於世尊在這處誕生,藍毗尼村免除賦稅,只須繳納收成的八分之一。

這是在《三藏》以外有關佛陀的最早無可爭議的記載。另一項證據是在喬達摩的故鄉迦毗羅衛遺址,現今比普羅瓦的佛塔中發現的一

---

⑬ 關於編輯佛經以幫助記憶,參閱 Anālayo 2011, pp.14 ff。

個刻有銘文的舍利罐。銘文寫道：「這個釋迦族佛陀的舍利罐是由蘇基提（Sukirti）兄弟與他們的姐妹、兒子和妻子共同〔捐贈〕。」可惜，古印度紀錄常令人沮喪之處，就是學者對這一銘文的年代意見分歧。根據其正字法，有人認為它早於阿育王的銘文，但其他人則認為與銘文時代相同，甚至較晚。目前尚無定論。[14]

另一項證據可能是《彌勒奧義書》中的一段文字，它譴責說：「這些穿著黃褐色袍的人運用理性的論據、例子和否定靈魂的謬說的把戲來使他人皈依，並教授危害《吠陀經》的教法……」。[15] 這部奧義書可追溯到佛陀入滅後不久的年代，似乎是指佛教比丘和佛教獨特的「無我觀」，兩者皆以佛陀為前提。[16]

《三藏》中，佛陀的生平並沒有像《福音書》中的耶穌或《羅馬十二帝王傳》中的奧古斯都皇帝般按時間順序敘述。不過，《律藏》記載了佛陀弘法生涯約頭兩年的事蹟，即從他在優樓頻螺覺悟，到舍利弗和目犍連兩位上首弟子皈依和受戒。[17] 這似乎是嘗試寫下佛陀的生平，但由於某種原因沒有完成。《經藏》中最長的佛經也記錄佛陀從離開王舍城，到大約十二個月後在拘尸那羅入滅期間的事情。以上

---

[14] 近百年來，關於藍毗尼和比普羅瓦銘文，以及迦毗羅衛的考證已有大量著述。優秀的研究例子有 Fleet 1906; Allen 2008; Falk 2017; Milligan 2019; 和 The Piprawa Project，參見 http://www.piprahwa.com/home。
[15] 簡略 7.8-9。另可參閱 Jayatilleke, pp.66-68。
[16] Wynne（2019）和 Levman（2019）論證佛陀的歷史性。
[17] 《律藏》（Vin.I,1-44）。

的兩項記載顯示，古代佛教徒確實具有歷史意識，希望記錄佛陀在特定時間和地方的事蹟，即使學術界對此持不同看法。《三藏》中的這兩處敘述，是印度最早嘗試描述歷史事件，以及撰寫連續和條理清楚的歷史之例。[18]

然而，在這兩段敘述之間的四十多年，幾乎不可能確定佛陀弘法生涯的大部分其他事件在何時發生。再者，《三藏》幾乎沒有記載佛陀二十九歲成為遊方苦行者之前的生活。因此，儘管我們對佛陀說法的內容、宣講地點、受教對象，甚至有時對他說法的因緣了解甚多，但確實時間卻知之甚少。因此，無法為他撰寫一部完整的由生到死的傳記。[19]

傳記不僅按時間順序排列事件，還包括有關人物性格、習慣、態度、成就和人際關係的細節。《三藏》對佛陀的紀錄繁多，資料也許多於任何其他古人，其中大部分都是小插曲、題外話和順帶提及的評論。這些資料大多沒有教義價值，但很可能是與佛陀認識和交往的人的真實記憶，因此更具說服力。當這些資料和從佛陀的教導中推斷出來的事蹟相結合，就能夠非常準確和完整地勾勒出他的生平輪廓。

《三藏》的某些經文賦予佛陀神通，在提供佛陀作為真人的資料

---

[18] Hinüber, 2006, p.197.
[19]《佛種姓經註》（Bv-a.4）列出佛陀前二十年結夏安居期間安住的地方。雖然這本義註可以追溯到公元五世紀，但其中的一些資料可能在較早時間出現。我猜想這份清單大多真實。

方面,這點不免讓人懷疑其價值。例如,佛陀能夠飄浮空中、聽到遠距離的談話、能夠洞悉他人的心思,以及與天人交談等。雖然佛陀確實有非凡的神通,但其中一些可能是後來加上的點綴,亦可能許多與佛陀交往的人確信親眼目睹佛陀展現神通。眾所周知,富感召力的人通常被認為具有超人或至少是獨特的能力,佛陀無疑魅力非凡。[20] 至於後來的點綴則表達一種包括超自然現象的世界觀,它可能正是《三藏》納入這些資料的部分原因。這種世界觀加上神通,可能增添說法在受眾眼中的威望,足以解釋為何神通在《三藏》出現。因此,以神通的出現為由,認為《三藏》傳承的核心資料不可信,這一理由並不充分。[21]

---

[20] Weber, Max. *The Theory of Social and Economic Organization*, 1947. pp.328, 358ff.
[21] 改述 Sujato and Brahmali, p.112。

2
變革的時代

東至邊境城鎮加將伽羅（Kajaṅgalā）和附近的摩訶沙羅（Mahāsālā），
東南至薩拉瓦提河（Sallavatī），在此以內是中國。
南至城鎮世達康名尼加（Setakaṇṇika）。西至婆羅門陀那（Thūna）。
北至宇尸羅達奢山（Usīraddhaja），在此以內是中國。

《律藏》（Vin. I, 197）

佛陀在當時人們稱之為「中國」（majjhima desa，又稱「中土」或「中天竺」）的地方出生和度過一生，該地區大致相當於現今北印度的比哈爾邦和北方邦。

　　約公元前七世紀，有項發現對該地區的生活各方面產生深遠影響。人們在現今賈坎德邦北部，以及阿格拉和瓜廖爾之間的山區發現了鐵。這種金屬在印度已有數百年的歷史，但新發現的鐵礦石更接近地表，質量更好，更易於開採和冶煉。現在，農民可以在犁上裝鐵犁鏵，在無法使用犁的地方用鐵鋤或鐵鍬翻土。鐵鐮刀令收割變得省力，鐵釘能更好地固定木結構。更具意義的是，這意味著可以更高效地砍伐覆蓋中國大部分地區的樹林，從而開闢更多的農地。

　　在此之前，中國的大多數聚落規模較小，並且多位於或靠近河流。現在，聚落逐漸擴張，並開始在內陸出現。以往只有部落居民和獵人出沒的地方，現在農夫也到來定居和開墾田地。這些聚落大多是自然形成，但也有證據顯示，一些國王建立村落來加快他們王國的發展。有一本著作描述一位國王挖掘水塘和搭建村舍，以吸引農民從其他地方遷移過來。一棵聖樹樹枝延伸所及的地方會被夷平，四周用拱門柵欄圍起來，讓新定居者有敬拜之處。[1]這些變化帶來充盈的糧食和隨之而來的人口增長，令小聚落發展成村落，村落發展成城鎮，城

---

[1]《本生經》(Ja.V,511)。《政事論》(Arthaśāstra II,1,1-4) 詳細說明怎樣建立新村落。

鎮發展成城市。② 自一千年多前摩亨佐－達羅、哈拉帕和拉希加里等大城市在印度河流域出現以來，龐大的人口中心首次成為印度北部的地貌景觀。

佛陀提到傳說中的理想城市拘舍婆提，形容它「東西長十二由旬，南北寬七由旬。它富裕繁榮、擁擠、居民稠密、食物充足……它日夜響徹十種聲音：象聲、馬聲、車聲、大鼓聲、塔布拉鼓聲、維納琴聲、歌聲、鈸聲、鑼聲，及『吃、喝、再吃』的呼喊聲。」③ 內容雖是虛構，但其中的一些描述顯然是基於佛陀所熟知的主要大都市的景象。

古籍記載城市建有防禦土牆或城牆，城牆每隔一段距離就有塔樓和城門，有時城牆周圍還有護城河。④ 門衛仔細檢查每個進城的人，並巡邏城牆，確保夜間沒有人悄悄進出。⑤ 東門通常被視為最吉祥，因此是進城的主要入口。南門是則最不祥，門外是垃圾場、墓地、火葬場和刑場。城門通常以其通往的目的地命名。⑥

王宮、法庭、國庫、稅務局和市場是城市的著名建築。市政廳

---

② Dyson, p.37 給出約公元一〇〇年部分城市人口的大約數目。
③ 《長部》（D.II,170）。《律藏》（Vin.I,254）提到婆祇多距離舍衛城六由旬。兩地由一條相對筆直的道路連接，相距約九十公里，因此一由旬約為十五公里。不過，不同地區和不同時期對由旬的距離不盡相同。參閱 Srinivasan, pp.25-29。
④ 《相應部》（S.IV,194）。
⑤ 《相應部》（S.IV,194；V,160）；《長部》（D.II,83）。
⑥ Agrawala, p.140.

是城市或城鎮最重要的公共建築,通常由一座地台上的開柱式建築組成。每個城門、市中心和王宮入口處一般都設有布施堂,堂內最基本配有長凳和水罐。⑦ 在節日或宗教活動期間,布施堂會布施給窮困潦倒的人和遊方苦行者。布施堂還爲無處棲身的旅客和路過的苦行者提供住處。遊藝場(*kutūhala sālā*,又作「議論堂」)是舉行宗教辯論等大眾活動的場所。拘薩羅的摩利(Mallikā)王后在舍衛城擁有一座公園,她在園內的鎭頭迦樹旁建造了一座遊藝場。據《三藏》記載,約三百名不同教派的苦行者曾在這處集會。⑧

　　普通房屋大多數都是用木、泥巴牆或未經鍛燒的磚築成,屋頂用茅草覆蓋,能夠付得起錢的人則使用瓦片。佛陀將富裕人家的住宅描述爲「一間尖頂房屋,內外抹上灰泥,門窗關緊,不透風。屋內有一張鋪著毛毯和椅套的長榻,上有一張精美的羚羊皮,榻上有一個頂篷,兩側有緋紅色的靠枕。屋內點著一盞油燈,四個妻妾侍奉主人取樂。」⑨ 根據對王舍城、毗舍離、憍賞彌和比塔等早期城市的考古調查顯示,當時的房屋通常樓高兩層,互不毗鄰,中間留有一小空隙,這可能是爲了在火災時可以拆除起火的房屋,不波及相鄰的房屋。⑩

---

⑦ 《本生經》(Ja.I,199)。
⑧ 《長部》(D.I,178);《中部》(M.II,22)。鎭頭迦樹是印度柿樹,學名是 *Diospyros malabarica*。
⑨ 《增支部》(A.I,137)。
⑩ 《政事論》(*Arthaśāstra* III 8,13) 建議在房屋之間留出空隙,可能就是這原因。

雖然《三藏》沒有提到大火燒毀城市或城鎮，但由於大部分的建築物都是木造，煮食都使用明火，晚上也是用燈照明，火災肯定時有發生。當時有一種習俗，或者在某些城市或城鎮有一條法律規定，每家每戶必須儲備五盆水，用來撲滅可能發生的火災。[11] 有一次，有人告訴佛陀，憍賞彌王宮的後宮失火，導致多人喪生。[12]

當時幾乎所有城市都位於大河兩岸，它們面對的另一危險就是泛濫。考古學家在巴特那發現特大洪水的證據，而哈斯蒂納普爾更多次被洪水淹沒，最後被遺棄幾個世紀。難怪佛陀經常提到火災和洪水是家庭辛苦積攢財富的兩大威脅。[13]

由於人口密集，加上衛生設施極為簡陋，城市亦要面對疾病的爆發和傳播的問題。阿難陀曾告訴佛陀，那提迦最近有一名比丘、一名比丘尼和十名在家弟子去世，也許是因為鎮上出現某種疫症。[14] 這可能是為數不多關於此類事件的記載。

公園和園林是城市的另一特色，其中一些是私人所有，另一些則對公眾開放，少數在城市內，大多在市郊。有證據顯示，一些公園種植了用作觀賞的花卉、灌木和喬木，用睡蓮和荷花美化的水池，還有長滿開花藤蔓的涼亭和長凳。舍衛城的王家園林設有一畫廊，有時

---

[11]《彌蘭王問經》(Mil. 43)。《政事論》(Arthaśāstra II 36,18) 亦有提及。
[12]《自說經》(Ud.79)。
[13]《增支部》(A.II, 68；IV,281-282)。
[14]《長部》(D.II,91)。

候會對公眾開放。⑮ 王舍城北門外的竹林園，有供人們餵松鼠和孔雀的地方。⑯ 然而，大部分的公園和園林，至少對公眾開放的那些，只不過是城郊擴張時保留下來的小片森林。這些地方深受當時苦行者喜愛，他們會來借宿，與其他苦行者，或對他們學說感興趣的在家人見面。關於佛陀或他的弟子在樹林逗留或度日，以及人們到來拜訪，希望與他們交談的記載不勝枚舉。苦行者昆達利耶（Kuṇḍaliya）在娑祇多的安闍那鹿苑（Añjana）遇見佛陀，向佛陀講述自己是怎樣度過時光：

吃完早餐後，我習慣從一個公園漫步到另一個公園，從一個園林漫步到另一個園林，在那裡我看見一些沙門婆羅門討論如何在辯論中捍衛自己的立場，並駁倒別人。⑰

佛陀稱讚王舍城的竹林園「不近城市，也不遠，來往方便，寧靜，遠離人群，適宜禪坐而不被擾，有利於修行」。⑱ 園林與各教派遊方苦行者，包括佛教比丘都關係緊密，以致解作「園林」或「公園」一詞的阿藍摩（ārāma）實際上具有寺院或隱居的雙重含義。

---

⑮《律藏》(Vin.IV,298)。
⑯《中部》(M.I,145; II,1)。
⑰《相應部》(S.V,73)。
⑱《律藏》(Vin.I,39)。

雖然當時還未有寺廟，但已經有宗教聖地（cetiya，中譯「支提」或「制底」）：人們相信這些地方，如樹木或岩石，是諸神或精怪的居所，以及聖人或英雄骨灰上堆起的土墩（thūpa，梵文 stūpa，中譯「窣堵坡」或「塔」）。耆那教教主摩訶毗羅的骨灰被安葬在一座土墩內。文荼王在王后的骨灰上堆起一座土墩，這或許是因為他對王后懷有萬分敬愛。⑲毗舍離城的四方和城內幾處都有這種聖地。佛陀曾經造訪王舍城的摩尼摩羅迦支提（Maṇimālaka Cetiya），據信它是夜叉摩尼跋陀的住處。⑳這座支提經過幾個世紀的重建和修繕，至今仍然保存完好，現稱為摩尼耶摩達古塔（Maniyar Math）。

　　根據佛經和其他當代資料，中國城市和城鎮的公民和文化生活生機盎然。善心人士挖掘大型水庫，供人們洗澡、洗滌衣物和取水飲用。這些水庫有時會用石塊圍起來，設有通往水庫的台階，種植蓮花以增添美感。毗舍離有幾個這樣的水庫。王舍城的須摩竭陀池和瞻波的伽伽羅蓮池都是該城的景觀之一。《本生經》中有一個故事，講述一位富翁捐贈一座綜合建築給自己的城市，它類似現今的文娛中心。他諮詢建築師和設計師後開始建造，為旅人、無家可歸者和病人提供住宿，分為男眾區和女眾區。建築內有遊戲場地，法堂及裁判所。建築外有一個設有沐浴台階的水庫，周邊是園林。建築竣工後，富翁請

---

⑲《中部》（M.II,244）；《增支部》（A.III,62）。
⑳《相應部》（S.I,208）。

來畫師繪畫所有牆壁。㉑雖然這個故事可能有點誇大其辭，但毫無疑問，富人有時確實會建造這樣的場所。

詩歌已經是一門高度發展的藝術，朗誦活動在小團體和各種公共聚會舉行。佛陀對詩歌有一定的興趣和認識，他熟悉創作四種不同體裁詩歌的詩人，通曉音韻，並提到最流行的頌讚詩是〈娑毗底〉（savittī）。㉒他對詩歌的欣賞可能是有些弟子成為傑出詩人，或後來成為詩人的原因，例如婆耆沙創作一系列稱讚佛陀的優美偈頌，還有印度第一位女詩人菴婆婆梨。

城市街道上經常看到江湖藝人——頂竹竿雜技員、弄蛇人、魔術師和吟遊樂師。根據提及演員、舞蹈員、默劇、吟遊詩人，以及表演者經理的簡略資料，娛樂已經達到多姿多彩的程度。㉓王舍城每年都舉行山頂節，期間會舉辦大型飲宴和戲劇表演。㉔有時似乎還會舉辦非正式的選美比賽，冠軍佳麗會被譽為全國最美。佛陀描述群眾爭相觀看冠軍佳麗的情景，他們互相推擠，並要求她為他們唱歌跳舞。㉕

牛隻在城市的街道遊蕩，有時會弄傷甚至撞死人。例如婆醯與

㉑《本生經》（Ja.VI,333）。
㉒《相應部》（S.I,38）；《增支部》（A.II,230）；《經集》（Sn.568）。婆耆沙現稱為「讚歌咒」，有三行二十四個音節。《經集》（Sn.457）。
㉓《本生經》（Ja.II,430）；《相應部》（S. IV, 306）；《律藏》（Vin.IV,285）。
㉔《律藏》（Vin.II,107）。有關古印度戲劇的更多資料，參閱 Wijesekera pp.13 ff。
㉕《相應部》（S.V,170）。

佛陀討論佛法後就因此罹難。牛隻有時會被脫角，以減低危險。㉖ 人們慣常將排泄物、垃圾和食物殘渣扔到街上，因此街道臭氣熏天、骯髒不堪，通常只在節日前才打掃乾淨。㉗ 我們從佛經得知拘尸那羅「小巷裡的水渠和垃圾堆」。㉘ 由於沒有街道照明，晚上外出尤其是深夜，可能會遇到麻煩，佛陀勸告弟子避免夜行。㉙ 深夜在城市或城鎮行走，行人可能會跌進糞坑或汙水渠，被熟睡的牛絆倒，或者遇到意圖犯罪的流氓，又或被妓女勾搭。㉚

民眾騷亂偶有發生，佛經提到一群年輕人為爭奪一名妓女而鬧事，以及節日期間有大量市民醉酒。㉛ 有時候，一些遊方苦行者會來到城市和城鎮，希望獲得基本的必需品，例如丟棄的衣服、鹽、藥物或食物。他們會拿著缽站在門口，或者坐在顯眼的地方伸出雙手求人施捨。

雖然中國的新興城市及城鎮人口眾多，但大多數人仍然住在村落。村民大多數是農民，古籍也經常提到陶工、漁民、割蘆葦工、鐵匠、鹽工和木匠的村落，這反映了當時的勞動分工。村落通常設有用

㉖ 《自說經》（Ud.8）；《增支部》（A.IV,27）。
㉗ 《律藏》（Vin.IV,265）。一個與《律藏》（Vin.II,222）描述相似的廁所在毗舍離的遺址博物館（Acc. No.244）展出。另參閱 Roy 1987 pp.341-350。
㉘ 《長部》（D.II,160）。
㉙ 《律藏》（Vin. IV, 265）；《長部》（D.III,183）。
㉚ 《中部》（M.I,448）；《律藏》（Vin.I,112）。
㉛ 《自說經》（Ud.71）。

泥磚、木頭或帶刺樹枝築成的籬笆，以防禦野獸和盜賊，並通過大門進入村落。㉜ 村落的邊界，包括田地和公地有明確劃分，以防止與鄰村發生衝突，並作為徵稅的依據。㉝ 佛陀的堂弟阿那律陀描述農民生活的重複和勞累：「農作物收成後，明年重複同樣的工作，後年也是一樣，工作永無止境，看不到盡頭。」㉞

　　賦稅繁重、盜賊肆虐，以及最糟糕的天氣反覆無常，村民生活之艱難可想而知。雖然古代法典規定，公平的稅款應為收成的六分之一到十二分之一不等。但在現實中，統治者，無論是國王還是議會長老，都可以隨意增加稅收，並在許多其他方面徵稅和收費。㉟ 然而，最大的威脅卻是變幻莫測的天氣。乾旱可能導致城市居民的食物短缺，但對村民來說則意味著死亡。佛經提到迦尸因連續三年雨季降雨不足而發生饑荒，土地「猶如被火炙烤」。㊱ 佛陀談到乾旱導致饑民逃往別處，住在擁擠的地方，也就是我們所稱的難民營。㊲ 即使季風只晚來一兩週，人們也會被三怖畏所困擾：害怕乾旱、饑荒和疾病。㊳ 諷刺的是，有時問題不是缺雨，而是雨水過多，引發洪水毀壞農作

㉜《律藏》(Vin.III,52)。

㉝《律藏》(Vin.I,110; III,52)。參閱 Agrawal, pp.143-144。

㉞《律藏》(Vin.II,181)。

㉟ 例如《摩奴法論》(7,130)；《釋迦牟尼佛法經》(10,24)。

㊱《本生經》(Ja.V,193)。

㊲《增支部》(A.III,104)。

㊳《本生經》(Ja.II,367)。在《增支部》(A.II,121) 佛陀提到火災、泛濫、國王和土匪是四種怖畏。

物，導致饑荒。㊴有人曾問佛陀，為什麼過往人口眾多，「村落、城鎮和王城都離得很近，公雞能從一處飛到另一處」，現在卻人口稀少。佛陀回答人們的過度貪婪導致內亂、乾旱和邪法出現，使人口減少。㊵正如佛陀所見，「人的壽命短暫、有限、易逝，極少人能活到一百歲」。㊶

佛陀觀察到，如果一個人長期離鄉別井，當偶遇另一同鄉時，他會急切地詢問家鄉是否平安，是否有疫症、糧食短缺或盜賊侵擾；這就是鄉村生活難得安穩之處。㊷為了不讓弟子變得自滿，佛陀告誡他們要不時反思，儘管現在五穀豐登，糧食充足，但這種情況很容易改變，因此他們應該珍惜良機來修持佛法。㊸

當然，生活不會只有工作和勞累，至少不是每個人、每個地方和每個時刻都是這樣，即使在宗教活動中，偶爾也有休閒和歡樂的機會。佛陀談到一次在南部地區舉行的宗教集會，期間有吃喝、唱歌、跳舞和音樂。㊹此外，佛陀稱良政善治能令國家安寧，掃除盜賊，讓幸福的人們與兒女歡欣起舞，夜不閉戶。㊺

㊴《本生經》（Ja.II,135）。
㊵《增支部》（A.I,159-160）。關於乾旱，佛陀接受普遍的看法，就是道德敗壞與君主無道可能會對天氣產生不良影響。
㊶《長部》（D.II,52）。
㊷《中部》（M.II,253）。
㊸《增支部》（A.III,104）。
㊹《增支部》（A.V,216）。
㊺《長部》（D.I,136）。

城市人往往視村人為不諳世事的粗人，對他們有一定程度的蔑視。日常用語中的「gamma」，即「鄉野的」，指卑陋和粗俗的東西。佛陀接沿這一慣常用法，將性行為、觀看各種表演和閒扯稱為「gamma」。一般村民對佛陀教義中較深奧和哲學方面的內容興趣不大，但對他的道德和社會教義肯定感興趣。佛陀遊方說法，在村落停留時可能就是宣講這些方面的佛法。

　　糧食盈餘增加、人口增長和城市興起為中國帶來另一重大變革，那就是商業擴張，以及遠程和跨洲貿易的開展。在此之前，村落幾乎完全自給自足，村民自行種植糧食，大部分其他必需品由當地的工匠製作。其他為數不多的必需品則來自鄰近的村落或附近的樹林，又或偶爾趕著驢車或牛車經過的攤販或小商人。交易主要是以物易物的形式進行。

　　《三藏》多次提到商隊穿州過省運送貨物。佛陀在優樓頻螺覺悟不久後，遇到來自鬱迦羅的商人多富沙（Tapussa）和婆梨迦（Bhallika），鬱迦羅可能位於奧里薩邦。[46] 雖然佛經沒有記載他們跟隨商隊，但他們遠道而來，應是與商隊同行。給孤獨長者是一名富商和佛陀的施主，他往來家鄉舍衛城和王舍城經商，在迦尸亦擁有產業。[47] 佛經提及在王舍城和闇陀迦頻陀之間的主要道路上，有數百輛

---

[46] 《律藏》(Vin.IV,4)。在奧里薩邦齋浦爾的塔拉普爾發現的佛教文物和早期的婆羅米銘文，提到多富沙和婆梨迦兩人。參閱 Mohanty。

[47] 《律藏》(Vin.II,154 ff; IV,162)。

載著糖罐的貨車經過。佛陀前往拘尸那羅的途中在一棵樹下休息，剛巧一隊商隊渡過附近的小溪。㊽商隊有時會在一個地方停留數月，充當附近地區的貿易站。《本生經》有一個年輕商人的故事，他的商隊「從東到西，從北到南」經商。㊾商隊的一輛貨車載著多罐食水，以便在途經缺水的地方時有水飲用，到了晚上，貨車會圍成一圈作為防護。另一個類似的故事講述一支商隊穿過沙漠，可能是拉賈斯坦邦的塔爾沙漠。由於沙漠非常酷熱，商隊只能在夜間上路，嚮導要依靠星光導航。㊿

　　國王和酋邦政府在渡口、山隘和城門設立海關，向商隊徵稅。專門的政府官員把守海關，有時被派置到商隊，以確保它們在指定地點繳納稅款。㉛有一次，佛陀責備一個比丘從欺詐中獲益，因為他明知商隊打算繞過海關，從而逃避繳稅，卻仍與商隊同行。㉜佛經記載幾個國家的商人聚在一起選舉會長，可能是為了成立一間跨國貿易行，另一處則提及一座城市為外商提供一處臨時存貨的地方。㉝佛陀認為

㊽《律藏》（Vin.I,224）；《長部》（D.II,128）。十七世紀時，塔維尼埃（Jean-Baptiste Tavernier）在印度看到多達一萬兩千輛運貨的牛車。有時，迎面而來的貨車要等待兩三日才可過路。參閱 Jean-Baptiste Tavernier, 1886, *Travels in India*, Vol.1 pp.39-40。

㊾《本生經》（Ja.I,98）。

㊿《本生經》（Ja.I,107）。

㉛《律藏》（Vin.IV,131）。

㉜《律藏》（Vin.IV,131）。

㉝《本生經》（Ja.VI,333）。

商人總是想：「我從這處得到這些，從那處得到那些。」㊴

商人和工匠成立公會（seṇi 或 pūga）來監察和保障他們的利益。傳統上，據說當時有十八個公會，其會長或理事可直接接觸國王或執政議會，有時甚至擔任財政大臣。佛陀提到公會設立裁判庭，仲裁成員之間的糾紛。㊵

約公元前六百年，印度的第一種貨幣伴隨貿易增長而出現：銅幣、銀幣和金幣具有面值，帶有戳印而不是字符標示。迦哈鉢拿（kahāpaṇa）是標準面額的硬幣，由貿易公司、公會和政府發行。㊶ 貨幣的應用創造了會計、審計和計算等職業，與貿易和農業同被佛陀視認正當的生計。㊷

除了木匠、鐵匠、陶工和編籃工等鄉村的生產者之外，《三藏》還提到其他工人和工匠，這顯示存在可支配收入和對奢侈非必需品的需求。這些工匠包括金匠、珠寶商、象牙雕匠、花環工和花藝師、絲織工人、車身製造工人、糖果師和調香師。迦尸布是其中一樣備受追捧的奢侈品，它是一種在波羅奈製造的刺繡布匹。佛陀形容迦尸布色澤美麗、觸感舒適，非常珍貴，即使破爛了也可以用來包裹寶石，或

㊴ 《中部》（M.II,232）。
㊵ 《中部》（M.I,288）。
㊶ 就不同貨幣和它們的價值，參閱 Agrawal, pp.259-274。
㊷ 《中部》（M.I,85）；《長部》（D. I,51）；《相應部》（S.IV,376）；《本生經》（Ja. IV,422）；《中部》（M.I,85）；《自說經》（Ud.31-32）。

存放在香盒內。他還提到出家前，他的頭巾、上衣、腰布和圍巾都是用迦尸布縫製。[58] 估價員（agghakāraka）爲王室和富人的大象、馬、寶石、黃金和其他高價物品估值。畫家在建築物的牆壁、布料和拋光的木板上繪畫，織工編織綴滿寶石的絲綢布匹。[59]

中國從遙遠的地方進口產品：信德的馬匹、南印度的檀香木、犍陀羅的緋紅毯子和葡萄酒、尸毗的精美尸毗布、邊遠南方的海螺殼等等，僅舉幾例。《三藏》還提到價值不菲的稀有物品，例如珍珠、綠柱石、青金石、石英、紅珊瑚、紅寶石和貓眼石等，其中大部分是通過貿易進入中國。[60] 佛陀認爲，與務農等傳統生計相比，經商具有一定的優勢：

> 務農是一種勞動多、職責多、籌劃多和問題多的職業，做得好能有很大收獲……經商是一種勞動少、職責少、籌劃少和問題少的職業，做得好能有很大收獲。[61]

公元前六至前四世紀，中國的政治環境如同其他領域，正經歷劇

---

[58] 《增支部》(A.I,248-249;145)。

[59] 《本生經》(Ja. I,124)；《相應部》(S.II,101-102)；《增支部》(A.I,181)。

[60] 《自說經》(Ud.54)；《律藏》(Vin.I,278)。斯維現稱斯比（Sibi），位於巴基斯坦俾路支省。

[61] 《中部》(M.II,197-199)。

變。從《三藏》中的若干記載，我們得知舊的共和國或酋邦（saṅgha 或 gaṇa）逐漸被君主制取代。當時主要的王國有摩揭陀、拘薩羅、跋蹉和般遮羅。酋邦則有跋耆聯邦，以及末羅族、支提族、毗提訶族、拘利族和佛陀所屬釋迦族的國家，均屬小國。

雖然國王可以隨心所欲地統治國家，但可能在某種程度上受到先例和傳統的約束。酋邦設立參與式政府，但只對高地位家族的男性開放。例如，拘尸那羅的末羅族設有一個由八名首長組成的管治團。[62] 酋邦的城市、城鎮甚至村落都有議論堂，用作處理國家或社區的事務。波婆的末羅人邀請佛陀為他們的新議論堂揭幕和留宿一夜。[63] 顯然，讓一位受尊敬的人為新議論堂揭幕被視為吉祥。

佛經提到諸神如何在天界的議論堂處理事務，為了解人間的集會方式提供線索。與會者按特定順序就座；主席向大會陳述事務後，其他人就相關問題發言，然後進行多輪投票和討論，直到達成多數或一致決定。[64] 政黨或派別、黨鞭、動議、仲裁、組別、公投和議事規則等術語表明，這些集會遵循公認的程序。有些議會使用選票（salākā 字面意思是「籌」）來投票，可以公開投票或祕密投票。佛陀採用了許多酋邦的程序和規章來管理僧團。城鎮和村落的會議日由村長主

---

[62]《長部》(D.II,160)。
[63]《長部》(D.III,207)。
[64]《長部》(D.II,208-209)。

持，較不拘形式，人們聚集討論涉及大眾福利的事務。⑥

有記載提到一些王國之間的戰爭，而酋邦則和平相處。在喬達摩出生之前或童年時期，拘薩羅國王萬伽入侵且吞併了迦尸。根據後來的記載，經過一場迅速而血腥的戰役，釋迦國被併入拘薩羅，可能就在佛陀入滅後的幾年內。摩揭陀是當時最具侵略性的王國，它吞併了鴦伽，可能也是在喬達摩年輕的時候。後來，阿闍世統治摩揭陀時，他入侵迦尸，最初打敗拘薩羅的軍隊，但隨後被拘薩羅反攻擊退。⑥《三藏》簡略提到，阿闍世擔心阿槃提國王波羅殊提可能入侵，於是加強王舍城的防禦工事。而在佛陀生命最後的幾個月，阿闍世又在巴吒釐村修建防禦工事，準備與跋耆人交戰。⑥ 佛陀入滅後的一百年內，摩揭陀成為印度北部的霸主，最終稱霸印度次大陸的大部分地區。

關於這些和其他若干國家間的衝突，它們的規模或破壞性難以得知。然而，即使是短暫的小衝突也充滿了血腥，正如佛陀對戰爭的評論所證實的那樣。佛陀談到：「人們拿起劍和盾，繫上弓和箭袋，兩軍列陣交戰。戰場上箭矢橫飛，劍光閃閃。他們用箭射人、用刀傷人和用劍斬首，人因此致死或遭受死一般的痛楚。」⑥ 他還描述一名

---

⑥ 《律藏》（Vin.III,220）。
⑥ 《相應部》（S.I,82-85）。
⑥ 《中部》（M.III,7）；《長部》（D.II,86）。
⑥ 《中部》（M.I,86-87）。

士兵可能在看到敵軍逼近，激起塵土飛揚時「喪氣、畏縮或無法振作」，以及圍攻堡壘或城市的士兵被「潑滾油或投擲重物壓倒」。⑥⑨

酋長如何變成專制君主，最終成為帝王的過程並不明確，但很可能是通過不當或爭議的手段。大多數酋邦的政治制度不是雅典式民主，而是寡頭政治，即由某些精英或家族獨攬大權。然而，一位不得人心的領袖，即使是正式當選，也可能不得不順從民意，否則就有被推翻的危險。

這就是喬達摩降生的世界，但他在成為遊方苦行者前，可能對其中許多情況並不了解。他的故鄉位處北印度邊陲，相對不受北印度其他地區發生的眾多事情影響。

---

⑥⑨《增支部》（A.III,89）。

3
神、婆羅門和苦行者

在佛世時代，中國的大多數人並非如一般所認為是印度教徒，而是泛靈論者。由於泛靈論是一種非正式、無組織的宗教，留下的痕跡甚少，但其一些資料可以從婆羅門教、耆那教和佛教的典籍，以及在某程度上當代的印度民間宗教中篩揀出來。

　　當時還沒有寺廟，但有供奉諸神和精靈鬼怪的聖壇，有時也會供奉崇高的國王、英雄或被奉為聖人的人物。佛陀觀察到「許多人向聖山、叢林、樹木和聖壇尋求庇佑」。① 人們相信住在這些地方的精靈鬼怪，或從這些地方發出的能量具有保護力，又或會回應人們的祈禱或奉獻。人們將牛奶和水倒在聖樹根上，在樹枝掛上花環，在聖樹周圍點燃香油燈，在樹幹綁上布條。② 聖壇會塗抹紅色或赭色的脂粉，壇前擺放鮮花。③ 據記載，人們會向聖樹獻祭動物，有時甚至是人。犧牲者的血被澆在樹腳周圍，內臟被掛在樹枝上。④ 時至今日，人們仍然相信諸神最有可能居住在菩提樹或榕樹上，尤其是樹齡高和雄偉的樹木。

　　對各種精靈鬼怪的信仰和崇拜也很普遍，例如夜叉（yakkhas，夜叉女 yakkhinīs）、富單那、那伽、羅剎、鳩槃荼和畢舍遮。這些眾生潛藏在墓地、偏遠的樹林和荒僻的道路，如果在夜晚遇到祂們，會

---

① 《法句經》（Dhp.188）。
② 《本生經》（Ja.II,104）。
③ 《長部》（D.II,142）。
④ 《本生經》（Ja.I,260; III,160）。

讓人毛骨悚然。⑤其中有些性格善良，但大多兇惡成性，要用鮮花和香等供品來取悅，對於更惡毒的則要用肉食和酒才可以。⑥夜叉是一種食人魔，能夠附身於人，這是一種「駭人、可怕、恐怖」的經歷，令受害者驚呼：「這個夜叉附身在我身上，傷害我，弄傷我，不讓我離開！」⑦後來的記載提及，佛陀的故鄉迦毗羅衛祭祀伽羅（Kāla）和優波伽羅伽（Upakālaka）夜叉。⑧那伽是半水生生物，棲身深湖或僻靜的叢林水池中，能夠瞬間變成人或蛇。那伽受人尊敬時一般都對人友善，但如果被冒犯，祂們會迅速變身，用毒氣致人死命或用鐳射般的目光將人燒成灰燼。

在某種意義上，天神（devas）被視為有別於各種精靈鬼怪，並且地位較高。波你尼區分了《吠陀經》中的「官方」神和民間信仰中的世俗（laukika）神，例如土地神（bhumā devā）。⑨但到了公元前五世紀，兩者變得難以區分，因為婆羅門教逐漸將許多地方神吸納入其神譜，通常聲稱祂們是吠陀天神的不同「面貌」，又或僅是天神的別名。許多地方或地區的神祇都與生育、雨水和保護農作物有關，其中較受歡迎的有吉祥天女室利和北方天王毗沙門等，兩者後來被併入印

---

⑤《長部》（D.II,346）；《本生經》（Ja. I,99）；《律藏》（Vin.II,156-157）。
⑥《本生經》（Ja. I,425; 489）。
⑦《長部》（D.III,203-204）。沒有任何關於佛陀驅魔的記載。
⑧參閱 Sircar, p.268。
⑨《八篇書》（Aṣṭādhyāyī VI.3,26）；《中部》（M.I,210）。

度教的神譜，分別成爲樂濕彌和俱毗羅。

婆羅門教是佛世時代的正式宗教，在佛陀入滅後的幾個世紀，它逐漸演變成印度教。信奉婆羅門教的人被稱爲吠陀教徒。婆羅門教有祭司、聖典、禮儀語言，以及各種明確界定的教義和儀式。《梨俱吠陀》《夜柔吠陀》和《娑摩吠陀》三部吠陀經是該教的聖典，其中《梨俱吠陀》是最古老且最重要的一部。公元前五世紀，佛陀知道有一部名爲「阿闥婆咒」（āthabbana）的咒語、咒術和符咒集。數百年後，該書被接納爲第四部《吠陀經》，即《阿闥婆吠陀》（Artharvaveda）。⑩

《吠陀經》由讚美眾神並祈求庇佑的頌讚詩組成。諸神中最受歡迎的是波闍波提、蘇摩、因陀羅、閻摩和阿耆尼，當然還有許多其他諸神。在吟唱頌讚詩期間進行的獻祭是婆羅門教祭禮的核心。獻祭是由多名婆羅門祭司主持的複雜儀式，並由一位贊助人安排，目的是祈求從某位天神獲得財富、子孫、女性的愛慕、戰勝對手或其他世俗利益。聖火是獻祭的焦點，點燃後將酥油、牛奶、穀物、糕點和鮮花等祭品投入火中，透過升起的煙霧獻給眾神。獻祭的事項數以百計，有慶祝季節轉變、祭祀統治者、祛災、求雨和戰爭勝利等。較重要的獻祭會宰殺動物奉獻給聖火。佛經記述一次獻祭宰殺了數百頭公牛、犍

---

⑩ 《經集》（Sn.927）。

牛（編按：閹割過的公牛）、小母牛、山羊和公羊。⑪ 在其他獻祭中，婆羅門飲用一種稱為蘇摩汁的致幻飲料，並與眾神分享。不過到了公元前五世紀，製作這種飲料的植物似乎已經消失。此外，還有規模較小、不太複雜的家庭獻祭，每天在家中由家人進行。

吠陀婆羅門教的起源可能比佛陀早一千年，在中國西部邊陲之外，即現今巴基斯坦西北部和阿富汗毗鄰地區出現。這個地區稱為「雅利安伐爾塔」，居民是半遊牧民族，他們自稱為「雅利安人」，意思是「高貴的人」。雅利安人的宗教最顯著的特徵之一是認為人分為四個種姓：婆羅門或祭司；戰士（「刹帝利」*khattiya*）；商人／農民（「吠舍」*vessa*）；和僕人（「首陀羅」*sudda*，梵文 *sūdra*）。樹林居民不屬於雅利安社會，處於四大種姓之下，稱作「賤民」。前三個種姓被稱為「再生族」（梵文 *dvija* 或 *dvijāti*），因為男性到某個年齡會舉行入法禮，確立其種姓與相關習俗和義務；但第四種姓，即僕人，不能參加任何吠陀儀式，而賤民和外國人更被婆羅門教拒之門外。根據《梨俱吠陀》，各個種姓生自波闍波提身體的不同部位：婆羅門生於口，刹帝利生於雙臂，商人／農民生自雙腿，僕人生於雙腳。⑫ 賤民的起源則沒有任何解釋。

---

⑪ 《增支部》(A.IV,41)。牲畜祭品的數量是「誇大其辭，遠超出實際吠陀宗教的做法」，無疑是為了造成影響而說。Pollock, 2005, p.403。
⑫ 這一信仰成為印度教社會生活的核心，《梨俱吠陀》(*Ṛgveda* X, 90)；《阿闥婆吠陀》(*Atharvaveda* XX.6, 6)、《鷓鴣氏本集》(*Taittirīya Saṃhitā* 7,1, 1, 4-6)；《摩奴法論》(*Manusmṛti* I, 31)；《薄伽梵歌》(*Bhagavad Gītā* IV,13)；《摩訶婆羅多》(*Mahābhārata* 12. 73, 4-5) 和幾本《往世書》(*Purāṇa*) 均有提及。

雅利安人認為東邊的中國人邪惡且「蠢笨如牛」,因為他們不遵循雅利安人的習俗,不崇拜吠陀諸神,也不尊敬婆羅門。[13]部分婆羅門教的典籍指不宜在東方,例如中國舉行獻祭。更糟糕的是,東方人在禮儀上是不潔淨的,因為他們沒有嚴格遵從吠陀社會秩序的基石——種姓制度。然而,幾個世紀以來,雅利安人帶領自己的文化和宗教逐漸東遷,到了佛世時代,婆羅門教正融入和改造中國文化,在某種程度上亦被其改造。婆羅門向國王和地方統治者自薦,賦予他們合法地位;提出主持儀式以確保戰事獲勝、定期降雨和子嗣繁衍;並擔任官員和謀士。他們獲得莊園和若干特權作為回報。他們的社會理論,特別是把人分成四類的種姓制度,獲得理論依據,因而成為規範。佛經提到居住在自己村落的婆羅門,也提到來自「北方」的婆羅門,意指後者更加純潔和更具儀式威力,因為他們來自雅利安伐爾塔,而不是低劣的中國。

幾個世紀以來,尤其是在佛世時代,吠陀獻祭的意義起了變化,獻祭的方式也隨之轉變。頌讚詩多被視為神奇的咒語,準確念誦的話能夠驅使眾神答應請求。原本相對簡單的儀式變得繁瑣和昂貴,需要向聖火中投入大量的祭品。婆羅門收取高昂的費用主持諸如此類的儀式。人們對這些轉變日益不滿,促使部分人重新詮釋某些婆羅門教

---

[13]《百道梵書》(*Śatapatha Brāhamaṇa* 13.8.1.5);《摩訶婆羅多》(*Mahābhārata* III p.368.I,20)。

義，這一趨勢反映在早期的《奧義書》中，也鼓勵對中國更廣泛的宗教文化持開放的態度。

婆羅門教在很大程度上是個以社群為中心、家庭為本的宗教。對再生族而言，理想的生活是和親屬在鄉村居住，男人祈盼擁有一個忠貞的妻子為他生育兒子，並擁有大量的土地和牛隻。婆羅門厭惡當時湧現的新城市。有一部著作提到：「他們說一個自律的人，即使住在城市，身上、手、臉都沾滿塵土，也能夠得到解脫。但其實這是不可能的！」⑭ 另一部著作附和：「他應該避開主要的城市，就像避開⋯⋯沸騰的地獄之爐。」⑮ 有些婆羅門甚至認為在城市舉行獻祭是徒勞無功的。婆羅門教是鄉村的宗教；而正如我們將看到的，佛教更多是城鎮和城市宗教。

大概在佛世時代前幾百年，沙門（samaṇas，即苦行者）宗教運動遍及中國各處，但它並非傳統意義上的宗教。⑯ 苦行者有不同的名稱，無家可歸的稱為「遊方者」（paribbājaka）；竭力尋找或聲稱找到方法，渡過洶湧生死輪迴之流的稱為「渡津者」（titthakara）；乞求布施的稱為「乞士」（bhikkhu 或 piṇḍola）；喜歡安靜和退隱的稱

---

⑭ 《寶陀耶那法經》（Baudhāyana Dharmasūtra 2.6, 33）。
⑮ 《那羅陀漫遊方者義書》（Nāradaparivrājaka Upaniṣad 7, 95）；《摩奴法論》（Manusmṛti 4, 107）；《阿帕斯檀跋法經》（Āpastamba Dharmasūtra 1. 32, 21）和《喬達摩法經》（Gautama Dharmasūtra 16. 45）持相同的觀點。
⑯ 就該詞的起源和意思，參閱 Olivelle 1993, pp.11-16。

為「寂默者」（muni）。大部分沙門不僅四處遊方和乞討布施，還都是獨身。佛陀描述典型的沙門是：「在獲取所需的布施後，他就像雀鳥一般，無論飛往何處，都只有雙翼隨身。」[17] 他形容大弟子舍利弗是沙門的模範，因為他是一個「少欲、知足、退隱、獨處、精進、致力於修習增上心的人」。[18] 雖然沙門是以男性為主，但也有少量女性選擇出家的生活。有些女出家人會根據教派的習俗，將頭髮束成一個頂髻。男女聚居可能衍生問題，佛陀轉述一些男遊方苦行者說：「真正的快樂是一位女遊方者的嫩滑手臂。」[19]

有觀點認為，沙門傳統是對當時新都市化造成的不滿和疏離的回應，因此它是一個近期的現象。然而，更有可能的是，它是一個源自中國的古老傳統。還有人認為，佛教起源於對婆羅門教的回應，但這一理論也日益受到質疑。[20]

與婆羅門相反，沙門普遍否定《吠陀經》和大部分婆羅門教的信仰和實踐，將個人經驗置於教條和聖典權威之上。他們嘗試禪修、苦行、調息法、斷食和長期隱居避世。沙門思潮與婆羅門教追求的目標也不盡相同。婆羅門教著重現世成就和來世往生天界。沙門捨棄所有

---

[17]《長部》(D.I,71)。
[18]《自說經》(Ud.43)。
[19]《中部》(M.I,305) 及《自說經》(Ud.43)。關於耆那教尼女尼頻繁遭受性騷擾的情況，參 Jain1984, pp.220-222。
[20] 參閱 Schlieter pp.137ff。

世俗的牽累，相信在現世或死後能夠獲得某種形式的極樂奧妙體驗。然而，部分沙門教授唯物主義，或對所有哲學觀點持懷疑態度。在當時最著名的七位導師中，沒有一位教授一神論。

一位相信自己已經證得某種靈性覺悟的沙門可能吸引門徒，從而形成一個教派或學派；有些人在非正式的小團體生活，少數人則在樹林獨居。根據他們奉行的學派或意識形態，有些沙門會赤身露體，象徵否定所有社會規範和價值觀，而其他人則穿著獸皮，或用破布縫製、通常染成黃褐色或黃色的長袍。有些人剃光頭，有些人拔掉頭髮，還有人任由頭髮亂生，結成蓬亂的髮綹。

到公元前五世紀，中國至少有十幾個主要的沙門團體或教派，例如剃髮弟子者（Muṇḍaka Sāvakas）、結髮者（Jaṭilas）、摩建爾迦者（Māgaṇḍkas）、執三杖者（Tedaṇḍikas）、無障者（Aviruddhakas）和生天法者（Devadhammikas）。聞名的沙門導師包括不蘭迦葉（Pūraṇa Kassapa）、阿耆多翅舍欽婆羅（Ajita Kesakambalī）、婆浮陀迦旃延那（Pakudha Kaccāyana）、散若夷毗羅梨沸（Sañjaya Belaṭṭhiputta）和摩訶毗羅（Mahāvīra）。當然還有阿羅羅迦羅摩（Āḷāra Kālāma）與鬱多迦羅摩子（Uddaka Rāmaputta）這兩位指導喬達摩早期修行的導師。[21] 大多數的教派和它們的教義很快就消聲匿跡，被人遺忘。除了佛教徒之外，能存在超過幾個世紀的只

---

[21] 《增支部》（A.III,276）；《長部》（D.I,157）。

有阿耆毗伽派（Ājīvakas）和耆那教徒，後者在當時被稱為尼乾陀（Niganṭhas），即離繫者。㉒

阿耆毗伽派由末伽梨瞿舍利創立，他原本是耆那教主摩訶毗羅的同伴。後來，兩人鬧翻，瞿舍利創立自己的教派。關於瞿舍利的學說，僅有一些零散和略帶矛盾的參考資料倖存，它似乎是一種僵化的宿命論，並包括許多幻術。佛陀否定這些行徑，尤其是星相，這可能是對阿耆毗伽派的間接批評。幾個世紀以來，阿耆毗伽派曾經頗受人們的支持，其後陷入長期衰落，最終約在十三世紀消失。㉓

耆那教約於公元前七世紀由智者波栗濕縛創立，後經摩訶毗羅改革、重新闡述和復興。摩訶毗羅較佛陀年長，在佛經中被稱為若提子（Nātaputta）。在佛世時代，遵循波栗濕縛原始教義和戒律的派別仍然存在，他們至少在外表有別於摩訶毗羅的弟子。摩訶毗羅的弟子赤身露體，只用小塊布遮蓋生殖器，因此得名「一衣者」（ekasātaka）。㉔ 波栗濕縛派的領袖翅舍（Keśin）應邀與摩訶毗羅的一位大弟子會面，討論彼此的分歧。兩派最終和解，同意合併。據說，一大群不同教派的苦行者聚集聆聽這次討論。㉕

㉒ 耆那教的英文詞彙 Jain/Jainism 源自梵文 Jina，解作「勝者」。在公元九世紀後才開始廣泛使用，參閱 Jaini 1998, p.2 note 3。
㉓ 參閱 Balcerowicz and Basham, 1951。
㉔ 《自說經》（Ud.65）；《長老尼偈》（Thi.107）。
㉕ 《最後教示》（Uttarādhayayana XXIII,1-19）。幾個世紀後耆那教再分裂為天衣派（Digambaras）和白衣派（Śvetāmbaras）。

儘管摩訶毗羅和佛陀是當時最知名的兩位導師，他們的弟子也經常互相辯論，但奇怪的是，他們從未謀面。更為奇怪的是，他們曾多次在同一地方居住，例如有一次在毗舍離，另一次在那爛陀，而且他們都在王舍城度過了三個月的結夏安居，但卻從未藉此機會見面和辯論各自的觀點。㉖似乎兩人都不想與對方面對面接觸。

耆那教與佛教有許多相似之處，但有一主要差異，也是其他幾處差異的源頭，就是耆那教認為每一個行為，無論有意或無意，都會產生業力（kamma）。㉗耆那教也認為靈魂存在，而這正是佛教所否定的。耆那教在印度流傳至今，雖然其信眾人數一直很少，但他們對印度的思想和文化產生了深遠且正面的影響。

至佛世時代，雖然為數不多，但仍有相當數目的婆羅門採納了若干沙門的修行方式，特別是出家、林居和禪修。他們被稱為「林棲者」（vanaprastha）或「掘根者」（Vaikhānasa），特徵通常是頭髮纏結和身披鹿皮。㉘然而，部分人似乎未能如傳統沙門般徹底捨棄世俗生活，於是白天在村邊或附近的樹林照料聖火，晚上回家。有些人則長居樹林，但攜帶妻兒。哺多利（Potaliya）是一位俗家人，卻以真

㉖ 《中部》（M.I,371-373; II,2）；《增支部》（A.IV,179-180）。
㉗ 《中部》（M.II,214）；另參閱 Jain 1984, pp.111 ff。
㉘ 印度黑羚（學名 Antilope cervicapra）的皮。這種美麗的動物在吠陀思想中具有特殊的意義。牠們在旁遮普邦和哈里亞納邦的開闊草原，以及拉賈斯坦邦半沙漠出沒。根據《摩奴法論》（Manusmṛti 2, 22-3），這些地方都是婆羅門教的聖地。關於印度黑羚的神話，參閱 Stella Kramrisch's The Presence of Siva, 1981, p.40-50。

正的出家人自居,因為即使在家居住,他也已把所有的財產和責任交給兒子,滿足於由他們供養和給予衣食。儘管如此,當佛陀在談話中一直稱他為「居士」時,他感到惱怒,並堅稱自己不再是居士,而是出家人。佛陀告訴他,作為真正出家人的要求遠不止於這些。㉙

出家生活威脅婆羅門教的宗教理論和價值觀,《寶陀耶那法經》(*Baudhāyana Dharmasūtra*)因此聲稱這其實是惡魔的陰謀,目的是令眾神無法從獻祭獲取食物,從而毀滅祂們。幾百年後,印度教才完全接納離家出世的做法。㉚

沙門群體或教派大多相信其創立人來自古代,當中部分人是虛構的,其他則可能真有其人。如上所述,耆那教徒視波栗濕縛為創教者。佛陀曾經提到過往六位「覺悟的佛陀」,他們的名字至今仍備受尊敬。㉛他認為自己是這些過往覺悟的佛陀中最近代的一位,他重新發現和闡釋他們法義的精髓。他解釋如下:

「正如一個在樹林漫步的人,他發現一條前人行走的古道,於是沿路前行,直到來到一座曾有人居住的古城,內有公園、叢林、水庫和城牆,景色優美。這人會通知國王

㉙ 《中部》(M.I,360)。
㉚ 《寶陀耶那法經》(*Baudhāyana Dharmasūtra* 2.11,28)。
㉛ 《相應部》(S.II,5ff)。幾個世紀後,佛教傳統創造出更多的佛陀。

或大臣這座古城:『大王,請你重建這座城市。』他們於是展開重建。之後,這座城市變得富裕昌隆,人煙稠密,繁榮再現。同樣,我發現一條過往佛陀行走過的古道。這條古道是什麼?它就是八正道。」㉜

迦葉佛是釋迦牟尼的前任覺者,雖然可能真有其人,但圍繞他生平的傳說甚多,有些教義被認為可能出自其口,亦可能不是。《三藏》甚至收錄了幾首據說是迦葉佛所說的偈頌。㉝

雖然大多數人都尊敬甚至敬畏沙門,但並非所有人都是這樣。有些人的態度是:「我會煮飯,但他們不會。身為煮飯的人不應該布施給不煮的人」。㉞當沙門站在某家的大門等待布施時,女主人可能會禮貌地拒絕他,假裝沒看見他,於是不給他任何東西,或者冷漠地用剩飯剩菜打發他,又或辱罵讓他離開。㉟根據佛陀的說法:「托缽是最低賤的職業。說『你是一個行乞者,手持缽到處遊蕩』在當今世界是一種差辱。」㊱

並非所有沙門都值得尊敬。在《三藏》中有幾處,佛陀斥責利用

㉜《相應部》(S.II,105-106)。
㉝《經集》(Sn.239-252)。參閱 Marasinghe pp. 24-25。
㉞《增支部》(A.IV,62)。
㉟《中部》(M.II,61-62);《增支部》(S.I,114)。
㊱《如是語經》(It.89)。

人們虔誠或輕信的沙門，他們聲稱能預測未來、解夢和徵兆，或者在「依靠信眾布施的食物為生」的同時從事星相或兜售祕藥。㊲有人在與佛陀談話時提到，許多平凡沙門婆羅門的言論只不過是閒聊而已。㊳一些沙門攀附權貴，希望獲得他們的供養，而權貴並不抗拒利用沙門為自己服務。沙門遊歷廣泛且普遍受人信任，或者至少被認為是毫無惡意，因此可作為有用的線人和間諜。波斯匿王向佛陀承認，他曾僱用若干沙門或偽裝成沙門的人收集情報。㊴不過，總的來說，大多數沙門過著簡樸和無害的生活，致力於追求即使永不達至的終極解脫。

由於沙門否定《吠陀經》，加上獲得人們敬重，難怪被較正統的婆羅門教追隨者，尤其是婆羅門祭司視為敵手、異端和賤民。《三藏》記錄無數婆羅門貶低沙門，包括佛陀和比丘的事件。波顛闍利（Patañjali，約公元前一五〇年）強調沙門和婆羅門對立，寫道兩者「就像貓和老鼠、狗和狐狸、蛇和獴一樣」，意思是他們在生活方式和靈修方式上截然相反。他還說：「兩者之間的對立是永恆的」。㊵雖然情況並非總是如此，但這些意見確實表明兩者之間的緊張關係和競爭，可見諸於當時的文獻，包括《三藏》。

從一開始，佛陀就認定自己屬於沙門傳統，他的佛法與婆羅門

㊲《長部》（D.I,8-11）。
㊳《中部》（M.I,234）。
㊴《自說經》（Ud.65-66）。《政事論》（*Arthasāstra* I,11ff）提議用苦行者作為間諜。
㊵《大疏》（*Mahābhāṣya* II,4,9）。

教背道而馳,它不是對婆羅門教的革新或重述,而是要取而代之。當他開始探求真理時,他並沒有尋找婆羅門導師來學習《吠陀經》。相反,他似乎理所當然地認為,沙門之道會引導他達到他所嚮往的目標。在《三藏》中,佛陀被人稱為「沙門喬達摩」,他亦要求比丘們以沙門自居。「比丘們,人們稱呼你們『沙門、沙門』,當你們被問:『你們是誰?』時,應該回答你們是沙門。」[41] 他不是拒絕、重新解釋、批評,就是無視幾乎所有婆羅門教的教義和實踐。他甚至禁止將佛法翻譯成梵文,主要是為了讓佛法通俗易懂,但也可能是為保持其非吠陀的獨特之處。[42]

---

[41]《中部》(M.I,281)。
[42]《律藏》(Vin.II,139)。有關佛教和吠陀教義之間的一些區別之詳細深入研究,參閱 Pollock 2005 pp.400ff。

4
釋迦族

我的姓族是日種（Ādicca），我的生族是釋迦。
我由這家族出家。

《經集》（Sn.423）

特萊平原是一條與喜馬拉雅山麓平行的狹長地帶，它界定了現今印度和尼泊爾的邊界。整個地區地勢平坦，土壤是肥沃的沖積層。無數的河溪從山上向北流淌，流水滲入礫石，然後滲透特萊平原的地表，形成水潭、草沼和樹沼。幾個世紀以來，特萊平原的大部分地區都是茂密的瘴氣樹林，但自十九世紀末，這片樹林遭到砍伐，並用於種植水稻。要了解樹林伐林前的情況，可到卡塔尼亞加特（Katarniaghat）和蘇赫爾瓦（Suhelva）保護區、杜德瓦國家公園或瓦爾米基（Valmiki）國家公園。大象、獨角犀牛、美麗的花鹿、老虎、豹子、猴子、野水牛和鬣狗在娑羅樹、花梨木樹、兒茶樹、黃玉蘭和毗黎勒樹及草叢間遊走。在季風期間，當雨水沖刷洗淨空氣中的塵埃後，北面地平線上的喜馬拉雅山雪峰清晰可見。

　　公元前五世紀，釋迦族是其中一個定居特萊平原部分地區的民族，歷史上的佛陀就是來自該族。早期文獻表明釋迦族的故鄉只是一個無足輕重的小酋邦，假若不是佛陀誕生該處，它不會聞名於世，或甚至不會被人記得。①《三藏》數處列出中國的十六大國，但釋迦國不在其中。此外，《三藏》只記錄釋迦國十座村落的名稱，再次表明

---

① 《大史》（*Mahāvaṃsa* II,1 ff）和《大事》（*Mahāvastu* I, 338 ff）提供有關釋迦族的世系資料。《毗濕奴往世書》（*Viṣṇu Purāṇa* IV,22,3）提到佛陀的父親淨飯王（Suddhodana，音譯「首圖馱那」），但沒有提到佛陀。然而，這些古籍是在佛陀入滅後幾百年成書，因此無法得知其內容是否可靠。

它疆域狹小，而且可能人煙稀少。②

釋迦族自稱是半神話人物甘蔗王兒子的後裔。甘蔗王的兒子被其第二任王后運用詭計放逐。③他們在樹林漫步，來到聖人迦毗羅的茅舍，獲邀在附近定居。他們對其深懷感激，於是將定居地命名為迦毗羅衛，它成為釋迦族的主要城鎮。由於這處地方恰好位於一片釋迦樹的樹林中，這些流亡者因此被稱為「釋迦族」——至少釋迦族的歷史是這樣記載。④釋迦（Sakya，有時作 Sākya）一詞更可能源自 śak，意思是「能」或「大能」。釋迦族也自稱為「日種」，它據說可以追溯到吠陀宗教的太陽神，並且屬於剎帝利種姓。

釋迦族名義上獨立，但實際受制於其南面和西面的強大鄰國拘薩羅。《三藏》提及：「釋迦族是拘薩羅王的附庸；他們向他臣服、行禮、聽從差遣和致敬。」⑤這就解釋為何釋迦族的土地，即「〔佛陀〕出生之地」（jātibhūmaka）被指隸屬拘薩羅王，以及為何拘薩羅王曾經對佛陀說兩人都是拘薩羅人。⑥一部佛經提到拘薩羅王的御駕駛往釋迦族境內的彌婁離鎮，這必定要他擁有釋迦族的宗主權才可。

---

② 一九六二年，一項在釋迦族地區進行的考古調查發現數十處公元前六世紀至前二世紀的古代遺址，其中一些可能就是這些村落的遺跡。參閱 Mitra pp.205-249。
③ 《長部》（D.I,92）。
④ 娑羅樹（sal）學名是 *Shorea robusta*。
⑤ 《長部》（D.III, 83）；《經集》（Sn.422）。
⑥ 《中部》（M.I,145; II,124）。

⑦ 傳統上，釋迦族的土地在佛陀晚年，或者更可能在入滅後被正式併入拘薩羅，釋迦族在法理上的獨立告終。

釋迦族的東鄰是拘利族，兩族的領土以羅希尼河為界。該河發源自喜馬拉雅山麓，流入現今戈勒克布爾鎮以西不遠處的拉普提河。後來一個似乎可信的傳說聲稱，在一次夏旱期間，釋迦族和拘利族差點因使用河水而兵戎相見，後經佛陀仲裁才得以平息。⑧《三藏》對拘利族只收錄了零散記載：佛陀數次到訪拘利族的國家；該族的政府模式與釋迦族相似；該族有一支服飾獨特、以敲詐勒索和專橫聞名的警衛。他們是佛陀入滅後要求取得佛舍利的其中一族。⑨後來的文獻提到釋迦族與拘利族有血緣關係，有時還會通婚，似乎也頗為可信。

釋迦族以性格驕傲和衝動見稱，被鄰族視為粗野之人。據說一群釋迦族青年自稱「我們釋迦族是高傲的人」，而另一釋迦族人優波離則形容族人是「凶悍的人」。佛陀的態度則較正面，稱族人「富裕剛健」。⑩一名狂妄自大的年輕婆羅門向佛陀抱怨，指到訪迦毗羅衛時，釋迦族青年沒有給予他應有的尊重。佛陀為族人辯護：「即使是鷦鷯般的小鳥，也能在自己的巢穴隨心所欲地吱叫。」⑪佛陀將釋迦族比作小鳥，進一步證明他們的國家狹小和無足輕重。

⑦《中部》（M.II,118）。
⑧《法句經註》（Dhp-a. 254）。
⑨《相應部》（S.IV,341）；《長部》（D.II,167）。
⑩《經集》（Sn.422）。
⑪《長部》（D.I,91）。

迦毗羅衛是釋迦族的主要城鎮，關於它的情況只有少量零星記載。族中的長老在校舍和議論堂討論管理酋邦的事務。佛經提到當新的議論堂建成後，佛陀應邀主持揭幕並留宿一夜。堂內「鋪妥地面⑫，設置座位，放一大壺水，掛一盞油燈」。⑬從迦毗羅衛步行可至尼拘律園，佛陀偶爾到訪和住在該處。他可從那處步行到摩訶婆那園（Mahavana，即大林），這顯示該鎮某些地方被這片廣闊的樹林所環繞。樹林蔓延到喜馬拉雅山麓，一直延伸到毗舍離，甚至可能更遠處。⑭他有時會住在緬祇若（Vedhañña）家的芒果園，該家族的記載不詳。⑮迦毗羅衛幾乎可以確定是一個小城鎮，但在為數不多的詳細記載中，有一項描述它「富裕繁榮、人煙稠密，街道繁忙」，這似乎表明它不只是一個小地方。⑯考古研究可以解答這兩項描述之間的明顯差異。

一九八〇年代，考古學家在北方邦坎普爾地區調查公元前七世紀至前三世紀的聚落遺址，他們發現八十一個面積小於兩公頃的聚落，估計人口不超過五百人。十四個聚落的面積介於二至四公頃，人口可能在五百到一千人之間。四個聚落的面積超過四公頃，可容納

---

⑫ 這可能是指在地面上鋪一層薄薄的牛糞，在鄉村住宅中仍然很常見。牛糞乾後，可以防止腳被泥地弄髒。另參閱《律藏》(Vin.III,16)。
⑬《相應部》(S.IV,182-183)。
⑭《相應部》(S.III,91)。
⑮《長部》(D.III,117)。
⑯《相應部》(S.V,369)。

一千二百到一千三百名居民。⑰ 這些人口中心比當時的主要城市小得多，在現今可以被稱爲村落。如果迦毗羅衛有一千三百人，它就足以被形容爲繁華和擁擠，尤其是假如它也是商業中心和政府的所在地。一九七〇年代初，挖掘了迦毗羅衛的遺址，證實它規模普通。雖然遺址的部分地方因用作耕種而無法全面勘探，但發掘結果表明迦毗羅衛的佔地面積不大。佛世時代的所有建築物都採用泥牆結構，而烤磚砌成的建築物則屬更晚時期。迦毗羅衛與後來佛教傳說所描述的宏偉王都截然不同。⑱ 許多當代的佛陀傳記都錯誤重複迦毗羅衛位於喜馬拉雅山麓的說法。事實上，它周圍的地勢十分平坦，第一線山脈在北面約三十公里處才開始出現。⑲

有人說，「佛陀生爲印度教徒，長爲印度教徒，死爲印度教徒」，這種說法顯然是基於一種假設，即因爲現今的印度人大都是印度教徒，所以古代的印度人也必定是印度教徒。⑳ 實際上，我們無法得知釋迦族盛行什麼宗教，也就無法確定它可能對年輕的喬達摩產生的影響。可以肯定的是，幾乎沒有證據顯示釋迦國存在婆羅門。庫摩都薩邑是當地唯一有若干婆羅門居住的村落，佛陀到訪時受到他們的

---

⑰ 參閱 Lal, 1984 a 和 b。

⑱ Srivastava, 1986。《長老偈》（Tha.863）描述迦毗羅衛城有高聳的圍牆、堅固的城垛和城門。這些描述與事實不符，因為考古調查沒有發現這樣的城牆，甚至連普通的城牆或防禦壕溝都沒有。

⑲ 《經集》（Sn. 422）指釋迦國位於喜馬拉雅山的兩側或旁邊。

⑳ 參閱 2500 Years of Buddhism, edited by P. V. Bapat, 1956, p. ix.。

冷淡接待。㉑

如上所述，婆羅門教，即印度教的前身，從其傳統聖地遷徙到恆河流域至少已有三百年，並正在該地區紮根。例如摩揭陀的頻毗娑羅等國王曾聘用婆羅門擔任朝廷謀士和官員，但另一方面，他的一位表親成為阿耆毗伽派的苦行者，這表明一些精英擁護非吠陀的沙門傳統。㉒ 像釋迦族這樣位於大國邊緣的民族，可能相對還沒有受到婆羅門教的影響。這或許就是為何《三藏》提到四大種姓時，總是把剎帝利種姓置於婆羅門種姓之前的原因。這反映以氏族為基礎的酋邦仍在抵制，或無視婆羅門教的種姓等級觀念。關於釋迦族人的宗教生活，唯一線索是簡略提及佛陀的叔叔婆波是非吠陀耆那教徒。㉓ 大多數的釋迦族人，和中國的大多數人一樣，可能是現今所謂的泛靈論者，崇拜自己當地的神靈。

我們對釋迦族的政治生活略有所知。相傳佛陀的父親淨飯王是一位國王，然而《三藏》中支持這一說法的證據寥寥可數。沒有一處稱佛陀為王子（*rājakumāra*），也沒有一處提到他或他的家人住在宮殿（*pāsāda*）㉔，只有一次他的父親被稱為 *rāja*，這個詞語通常譯為國

㉑《相應部》（S.I,184）。參閱 Pandey, 119-120。
㉒《律藏》（Vin.IV,74）。
㉓《增支部》（A.II,196）。
㉔ 巴利文 *Pāsāda* 亦可翻譯為府邸、別墅或莊園大屋。考古發現顯示兩層樓的房屋在城鎮和城市中相當普遍。《經集》（Sn.685）把淨飯王居住的地方稱為 *bhavana*，即「住宅」的意思。

王。㉕ 雖然到了公元五世紀，*rāja* 一詞開始用作指代國王，但在佛世時代，它仍然保留早期的意思，即選舉產生的首領或執政官，並沒有任何王權的含義。㉖ 甚至在人們預期佛陀稱他的父親為國王或自稱王子的地方，他也沒有這樣做。例如，當頻毗娑羅王問及他的出身和親屬時，他只簡單回答自己來自釋迦族。㉗《三藏》記載釋迦族有一個「冊命人」的團體，類似的團體在其他早期的印度文獻中也有提及，很明顯他們選舉一位領袖統治他們，在一段時間內，又或在得到他們的信任期間執政。㉘ 佛陀在迦毗羅衛揭幕的議論堂正是冊命人和氏族長老議事的地方，酋長以首席的身分主持會議。㉙ 因此，即使幾乎可以肯定佛陀來自一個統治階級家庭，但他並不是後世或現今所認為的王族。

淨飯王有兩個妻子，一個是喬達摩的母親摩訶摩耶喬達摩（Mahāmāyā Gotami），另一個是她的妹妹摩訶波闍波提喬達摩（Mahāpajāpati Gotami），但無法確定她們是平妻，還是在姊姊死後淨飯王續娶妹妹。古印度承認妻姊妹婚，後來的法律典籍也有提及。Mahāmāyā 名字中的 *māyā* 衍生一個極為無知的理論。由於 *mahā* 的

㉕《長部》(D.II,7)。《律藏》(Vin.I, 82) 稱他為「釋氏淨飯王」。
㉖ 參閱 Jayaswal p.11。
㉗《經集》(Sn.422-423)。
㉘《長部》(D.II,233)。參閱 Majumdar, pp.97 ff; 223 ff and Roy, pp.23 ff。
㉙《相應部》(S.IV,182)。

意思是「偉大」，而 *māyā* 則廣爲人知解作「幻相」，因此這理論認爲，她的名字證實佛教與「吠檀多不二論」（*Advita Vedānta*）之間的聯繫，「吠檀多不二論」指所謂眞實的事物其實只是一種幻相。然而，*Māyā* 的幾個早期含義包括「智慧」「非凡」和「超自然力量」，當中任何一個作爲女孩的名字都是平平無奇，尤其是對來自精英家庭的女孩而言。後來，「幻相」才成爲 *māyā* 的主要含義。㉚

值得一提的是，《三藏》只簡略提及淨飯王五次。㉛除他之外，跋提是唯一被提及的釋迦族領袖。出家後，他說擔任領袖時一直惶恐度日，住所內外都要派駐守衛。㉜釋迦族的政治看來有時危機四伏。

《三藏》只記載摩訶摩耶生下喬達摩並在七天後去世，除此之外別無其他資料。不過，它提供多一點關於他繼母摩訶波闍波提的資料。「她是世尊的姨母、褓姆、繼母和乳母。當世尊的母親去世後，她給世尊哺乳」。㉝後來，她出家爲比丘尼，這將在第十章中進一步討論。

無論是《三藏》或早期傳統，都沒有提到喬達摩有兄弟姐妹，但《三藏》確實提到他的六名同父異母的兄弟和堂表親。阿難陀、阿

㉚ 參閱 Monier-Williams' Sanskrit-English Dictionary,1899。
㉛ 《長部》（D.II, 52）、《經集》（Sn.685）、《長老偈》（Tha.534）、《律藏》（Vin.I,82-83）和《中部》（M.I,246）沒有提及他的名字。這不包括《佛種姓經》（*Buddhavaṃsa*）和《譬喻經》（*Apadāna*）中有關他的記載，因爲兩經是《三藏》後期增補。
㉜ 《律藏》（Vin.II,180-182）；《自說經》（Ud.18-19）。
㉝ 《中部》（M.III,253）。

那律陀和摩訶男是叔伯的兒子；提婆達多是舅父的兒子；帝須是姑母的兒子；難陀是姨母摩訶波闍波提的兒子，她是父親的第二任妻子。《滿足希求》(Manorathapūraṇi)還提到他同父異母的妹妹難達，她可能是難陀的妹妹。《三藏》提到幾位這樣稱呼的女性，但不清楚她們中誰與喬達摩有親屬關係。除了摩訶男之外，其他幾位親屬最終都成為比丘，而難達則成為比丘尼。

說來有趣，當佛陀與在家人談話時，無論他們是否是自己的弟子，他總是稱他們為「居士」。佛陀與其他苦行者交談時，他通常使用他們的族名，而與王室成員交談時，他則一向使用頭銜，例如國王或王子。㉞ 與釋迦族同胞交談時，他總是使用他們的名字。他要求座下出家的苦行者要經過四個月的考核。但是，如果他們是釋迦族人的話，他會給予他們「特權」，無需考核即可出家受戒。㉟ 這一切表明，佛陀對自己的族人很親近和熟悉，甚至可能是偏愛。

在喬達摩出家成為遊方苦行者之前的生平，《巴利三藏》幾乎沒有任何記載。這並未阻止後世的佛教徒以滿腔熱忱，還有相當的藝術技巧填補這些空白。他們就喬達摩誕生創作的故事，與耶穌誕生的故事同樣引人入勝。

幾乎所有關於佛陀的生平記載，都包括了據說在他出生時的事

㉞ 佛陀與波斯匿王交談時通常稱他為大王(mahārāja)，但當與摩利迦(Mallikā)王后交談時則稱呼她的名字。

㉟ 《律藏》(Vin.I,71)。

件：他的母親在懷孕之前或懷孕時夢見一頭白象；她抓緊樹枝生下他；他從她的右脅誕生。一些後來的記載甚至補充說，摩訶摩耶在分娩時還是處女。這些故事在《三藏》中均未提及。

《希有未曾有法經》(*Acchariyābbhūta Sutta*)是唯一有關喬達摩誕生的經文，它是公認晚期的經文，內容包括一些據說在他誕生前、期間和緊隨其後發生的不可思議的事件。[36] 然而，經文的情節不應全被視作荒誕誇張，有些可能是基於事實，而另一些則可能具有教學目的。例如，經文聲稱摩訶摩耶站著分娩，這絕非不可能。人們對古代印度的分娩方式知之甚少，但坐著或躺著分娩很常見，站立分娩也並非聞所未聞。有意思的是，英國皇家助產學院建議直立式分娩，並表示如果助產士和其他護理員訓練有素和準備妥當，這種方式非常安全。[37]

該經文還講述喬達摩出生時出現一道耀眼的光芒，它不像基督誕生故事中的那顆星星，也不是標識特定位置的光芒，而是一道讓眾生以不同方式思考彼此的光芒。經文說：

當佛陀從母胎誕生時，一道無量廣大的光芒普照世間，比

---

[36]《中部》(M.III,119 ff)。

[37] 在西方，俯臥分娩是一種相對較新的方式。參閱 Lauren Dundes, *'The Evolution of Maternal Birthing Position'*, in *American Journal of Public Health*, Vol.77, No. 5,1987。

眾天神的光芒更加璀璨⋯⋯在世界之間的幽冥深處，即使我們日月的強烈雄偉光芒無法照及，那道光芒也能照耀該處。投生該黑暗之處的眾生因這道光芒而意識到彼此的存在，並心想：「這處確實還有其他眾生。」

這個故事似乎並非意指喬達摩誕生時出現一道真正的光芒。相反，這是一種文學手法、一個譬喻和一種表達方式，即佛陀的降臨將使眾生能夠相互察覺，從而使彼此之間更易產生共鳴和理解。

關於喬達摩的出生，幾乎唯一可以確定的是他在藍毗尼誕生，它位於釋迦國的一個地區，在迦毗羅衛和拘利族的主要城鎮天臂城之間。㊳誕生的情景通常被描繪為摩訶摩耶在戶外站著並抓住樹枝，但由於藍毗尼是一座村落，更可能在其中一間村舍裡，或者至少是某種窩棚裡。㊴公元前二四九年，阿育王到藍毗尼朝聖，其後在當地豎立一根獨石柱。該石柱在一八九六年被發現，確定了藍毗尼的位置。

喬達摩誕生的唯一其他細節涉及苦行者阿私陀（Asita）。這名苦

㊳《中部》(M.II, 214) 可能錯指天臂城在釋迦國。藍毗尼東北方五十公里處有一個村落，原名塞納邁納（Saina-Maina），尼泊爾在一九六〇年代將其改名為天臂城，並聲稱這處是佛陀母親的故鄉。截至目前，還沒有任何考古證據表明這處曾是天臂城。有關塞納邁納的資料，參閱 Mitra pp.221-222。
㊴《經集》(Sn.683)。阿育王在藍毗尼的銘文亦稱它為村。村落遺址位於石柱西南方約三百公尺處，考古調查顯示，該村落從公元前十二世紀到公元七世紀一直有人居住。

行者在樹林居住，頭髮蓬亂。這些特徵通常與婆羅門教的苦行者有關，但不是他們獨有。他也被稱為根訶希利（Kaṇhasiri），即「黑莊嚴」的意思，表明他來自低種姓，或者至少不是婆羅門。㊵ 有一日，阿私陀發現眾神格外歡喜。當他問眾神為什麼這樣歡喜時，祂們回答是因為釋迦族中誕生了一個非同一般的嬰孩。阿私陀於是前往淨飯王的住所，看到這個嬰孩，把他抱在懷中。阿私陀擅長占相和咒術（lakkhaṇa manta），看出嬰孩長大成人後會成為一位偉大的精神成就者，但隨即悲淚盈目。淨飯王憂慮阿私陀看到孩子未來會遭遇不幸，就問他為什麼顯得難過。他回答說：「這個嬰孩將得無上覺悟，達到最上的清淨境界，他憐憫眾生轉動法輪，他的教誨將廣為傳揚。」㊶ 後世傳說阿私陀為男孩預言了兩種未來：成為偉大的精神導師或偉大的政治領袖。然而，阿私陀並沒有作出這個非此即彼的預言。

㊵ 《經集》（Sn.689）。
㊶ 《經集》（Sn.679-694）。

5
步向光明

甘露法門為眾生敞開,
聽者應該生起敬信。

《中部》(M.I,169)

現代傳記通常非常關注傳主的成長經歷，認為一個人的成長歲月會為他們日後的特質、行為、成就或信仰提供線索和解釋。古印度人沒有這樣的想法，因此對喬達摩成為遊方苦行者前的生活幾乎不感興趣。於是，我們發現儘管喬達摩年輕時的著名故事豐富多彩、引人入勝，但最原始的典籍卻鮮有記載。為喬達摩舉行命名儀式的故事；他從表弟提婆達多手中救下一隻大雁的精彩故事；他在競技和武術比賽獲勝的故事；他追求和迎娶耶輸陀羅的故事；他奢華生活的故事等等，都是後人杜撰。其實，除了阿私陀的故事外，喬達摩的童年、青年和成年早期只有三項簡略零碎的資料。

　　有一次，佛陀在晚年回憶這段往事，提到自己「生活優裕，十分優裕，極度優裕」，穿著上佳的絲綢衣裳和塗抹香水，有一群伎樂侍奉，外出有人為他持傘，享用豐盛的美食。他還說擁有三座大宅可供居住，分別用於夏天、冬天和雨季，再次證實他家境富裕，生活優越。① 佛陀提供的另一項資料更為重要。有一日，當他坐在一棵閻浮樹的樹蔭下看著父親處理事務時，他獲得一種神祕的體驗，顯然是很自然地進入一種他後來稱之為「禪定」（*jhāna*）的冥想境界。② 這段

---

① 《增支部》（A.I,145）。
② 《中部》（M.I,246）。大多數現代有關這事件的記述都是跟隨義註，指喬達摩當時正在看父親犁地，但佛經只是說他的父親在「處理事務」（*kammante*）。幾個世紀後，當然也是在義註的時代，人們認為淨飯王是一位強大的國王。每年舉行的春耕開犁儀式是國王為數不多的體力勞動。因此，「處理事務」可能涉及各種活動，後來只用作指「犁耕儀式」。

經歷對他多年後的覺悟影響深遠，下文將詳細討論。

按照當時的習俗，喬達摩肯定在十多歲時便已結婚，雖然《三藏》沒有提到這段婚姻或他妻子的名字。[3] 根據傳統，他妻子的名字是耶輸陀羅，不過她通常被稱為跋陀迦遮（Bhaddakaccā）或羅睺羅母（Rāhulamātā），即羅睺羅（Rāhula）的母親。

不管她姓甚名誰，佛經提到喬達摩有一兒子羅睺羅，但幾乎沒有關於他出家前的紀錄。羅睺羅出家後，佛陀有時會教導他，兩人一起乞食，並稱讚他樂於學習，而羅睺羅則稱父親為「人類的火炬手」（ukkādhāro manussānaṁ）。[4] 出乎意料的是，只有一處明確指出羅睺羅與其父親的關係。[5] 同樣令人意外的是，羅睺羅沒有在佛陀弘法生涯的重要事件中出現，最值得注意的是在他最後的旅程和臨終前。

喬達摩只有一名子嗣引伸出一個有趣的問題：如果他在十多歲就結婚，到成年時捨棄世俗生活——傳統上說他當時二十九歲——夫妻怎會只有一個兒子？這個問題有幾個可能的答案。有時會出現這樣的情況，一對夫妻多年來有性關係卻沒有懷孕，後來終於意外成孕。這種情況可能原因眾多。不過，在喬達摩的個案中似乎不太可能發生，

---

[3] 關於當時的婚姻習俗，參閱 Wagle 1995, pp.127 ff.。
[4]《中部》（414; 421）；《經集》（Sn.336）。
[5]《律藏》（Vin.I,82-83）。

因為如果妻子多年來未能懷孕的話，離婚是慣常的做法。⑥決定權會在家庭，而不是年輕的丈夫。另一可能情況是還有其他孩子，但只提到羅睺羅，因為只有他出家。可是，這個解釋也有問題。《三藏》記載佛陀與家人（例如父親、叔叔、繼母、繼兄弟和侄子）的對話，因此如果他有羅睺羅以外的其他孩子，大概會記述他與孩子們見面和交談的情況。更有可能的是，喬達摩和妻子確實生育了幾個孩子，但他們都在出生時、嬰兒期或後來夭折。在十九世紀之前，沒有印度歷史上任何時期的嬰兒死亡率資料，但嬰兒死亡率可能是非常高。⑦

根據傳統，喬達摩遇到的四相是他人生的轉捩點。故事是這樣的，喬達摩的父親為了不讓年輕的兒子知道生活中的醜惡現實，從而成為阿私陀所預言的棄世的聖者，於是將他關在一座華麗的宮殿，用盡方法滿足他的感官享樂。然而有一日，他的侍從闡陀幫助他溜出宮殿，乘馬車穿過迦毗羅衛的街道，在街上看到一個年老駝背的男人，另一人則身患某種惡疾，還有一具被運往火化的屍體。他大為震驚，因為眼前事物前所未見。當闡陀告訴他這些事情是人生無可避免時，他更加驚愕不已。兩人驅車回宮，路過一名身穿黃袍的苦行者，喬達

---

⑥ 根據《律藏》（Vin.III,144），丈夫只需說「夠了！」就能與妻子離婚，即使沒有說明理由。一些法典規定，如果妻子不育、一再流產、只生女嬰，或者在一段時間後不能生下兒子，丈夫就可以與妻子離婚。參閱例如《摩奴法論》（*Manusmṛti* 9,81）和《寶陀耶那法經》（*Baudhāyana Dharmasūtra* 2,4-6）。釋迦族人是否盛行這樣的法律和習俗尚不得而知。

⑦ Dyson, pp.16 ff.

摩問闡陀他是什麼人。闡陀回答他是捨棄一切去追尋超越衰老、疾病和死亡的境界的人。據說，這四次相遇促使喬達摩決定邁出重要一步。坎伯確切地稱這段經歷為「世界文學中最著名的冒險號召的例子」，作為一種隱喻，它確實如此。⑧遺憾的是，《三藏》中這故事並非發生在喬達摩身上，而是其中一位過去佛毗婆尸佛的身上。⑨這個故事似乎是後來被嫁接到佛陀在《三藏》之後的經典傳記中。

佛陀以簡短和平實的措辭描述他對出家的想法和決定。

> 我在覺悟之前有這樣想法：「人有生、老、病、死、憂和雜染，在明白當中的過患後，我探求不老、不病、不死、不憂，而且沒有雜染的無上安穩涅槃。」後來，正當我年少、頭髮烏黑、充滿青春的喜悅且風華正茂，即使父母不贊成，淚流滿面，我仍剃除鬚髮，穿上黃色袈裟，離家出家。⑩

在這一情節的傳統版本中，喬達摩趁王宮眾人熟睡時悄悄離開住所，消失在夜色中。但正如剛才引述的段落所示，他的父母知道他的決定，並且反應激烈：除了淚水，可能還高聲爭吵、懇求和責備。

---

⑧ Joseph Campbell, *The Hero with a Thousand Faces*, 2008 p.46.
⑨ 《長部》（D.II,24）。
⑩ 《中部》（M.I,163）。幾年後佛陀回家時，他的父親告訴他，他的離開造成「不少痛苦」（*anappakaṃ dukkhaṃ*），《律藏》（Vin.I,82）。

佛陀對他出家的描述不僅與經典的版本互相矛盾，還衍生出有關他父母的問題。他說父母不贊成自己捨棄家庭生活的決定，他的父親極可能這樣做，但母親肯定不會，因為根據《三藏》記載，她在誕下他不久便去世。佛陀是否稱繼母摩訶波闍波提喬達摩為母親，就像現今情況相同的孩子可能的那樣？這似乎不太可能。巴利文典籍與所有印度文獻一樣，都非常謹慎和準確地使用親屬關係的術語。因此，人們會預期他稱摩訶波闍波提為母親的妹妹或姨母。那麼，摩訶摩耶產下喬達摩七天後逝世的故事是否只是傳說？這似乎也不太可能，因為如果這不是事實，提出這一說法無任何意義可言。⑪

接下來，我們聽到年輕的喬達摩是一位身穿黃袍的沙門，住在王舍城邊緣的般荼婆山（Paṇḍava）東邊，並從該處步行入城托缽乞食。頻毗娑羅王偶然在街上看到他，對這位年輕苦行者的舉止印象深刻，尤其是他行走時雙眼微垂，目光落在前面一根犁桿遠的地方。國王命令侍從跟隨喬達摩，查明他的住處後回來匯報。然後，國王乘坐馬車前往，兩人見面並簡短交談。⑫

在這之後的某個時間，當然是在適應無家可歸的生活，以及學習沙門的禮儀和習俗之後，喬達摩開始尋師訪道。他遇到阿羅羅迦羅摩，並請求拜他為師。即使阿羅羅迦羅摩不在當時名師之列，但必定

---

⑪ 感謝 Anandajoti Bhikkhu 提醒我注意這一點。
⑫《經集》（408-421）。

略有名聲。除了從他教授的禪修目標中推斷出的法義，我們對他的其他教法或信奉的哲理一無所知。[13] 阿羅羅迦羅摩認為苦行的目標是要達到一種稱之為「無所有處」（ākiñcaññāyatana）的意識境界，他本人已經體證，而弟子經其指導亦能達致。[14] 當喬達摩請求成為他的弟子時，阿羅羅迦羅摩對他說：「這法義讓聰慧的人能以自我證智瞬間體驗導師所體證的境界，然後體證和安住其中」。首先，喬達摩必須學習理論，這是修習的基礎。

> 我瞬間掌握這一法義，就口誦和複述長老的見解而言，我能夠自信和肯定地說我已知見這一法義，而我並非唯一的人。

然後，阿羅羅迦羅摩傳授他達致「無所有處」的修習方法。喬達摩在短時間內體證這境界。當他告訴阿羅羅迦羅摩時，阿羅羅迦羅摩審核他，欣喜他確實體證這境界：

---

[13] Karen Armstrong 聲稱阿羅羅迦羅摩可能教授數論（Sāṃkhya），佛陀的佛法吸收了數論的元素。佛陀甚至可能在出家前就受到這哲學影響，因為數論的創始人迦毗羅「與迦毗羅衛有聯繫」。參閱 Karen Armstrong, pp.44-46。以上說法缺乏證據，佛世時代也不可能存在數論，甚至迦毗羅也不是真有其人。參閱 Bronkhorst, 2007, pp.63-64。
[14] Wynne 試圖重構阿羅羅迦羅摩的哲學。參閱 Wynne 2007 pp.108 ff。

你知我所知的法義，我知你所知的法義。你就如我，我就如你。

阿羅羅迦羅摩欣慰有喬達摩這般優秀的弟子，邀請他擔任共同導師。但這位年輕的苦行者拒絕邀請：他不相信投生無所有處天是至高無上的境界，不滿足於任何無法達致徹底覺悟的成就。

於是他離開，開始尋找另一位導師，這次他跟隨鬱多迦羅摩子學習。⑮鬱多迦是沙門導師羅摩的兒子，他似乎在父親死後接管了父親的僧團。羅摩教授一種他稱之為能達致「非想非非想處」（*nevasaññānāsaññā*）的禪修方法。雖然鬱多迦教導和修習父親傳授的方法，但自己卻未能真正達到這個境界。喬達摩如之前一樣迅速掌握當中的理論和實踐，並體證禪修的目標，這必定讓鬱多迦感到愕然和羞愧。鬱多迦提出退位讓賢，奉喬達摩為自己和其他弟子的導師，但喬達摩像先前一樣，以同樣的理由拒絕鬱多迦的好意。

《三藏》收錄兩則有趣的簡略記載，關於佛陀和他兩位導師的弟子。佛陀晚年時（具體時間不詳）碰巧回到迦毗羅衛，由於找不到合適的住處，便住在苦行者跋羅陀伽羅摩（Bharaṇḍu Kālāma）的茅舍，他恰好是佛陀跟隨阿羅羅迦羅摩學習時的同修。⑯在佛陀入滅前

---

⑮《中部》（M.I,163-166）。鬱多迦羅摩子為耆那教徒所熟知，這讓人相信他是真有其人。參閱《聖仙語錄》（*Isibhāsiyāiṃ* 23）；Schubring, p.44。

⑯《增支部》（A. I,276）；《長部》（D.II,130）。

幾日前往拘尸那羅的途中,他偶然遇到同是阿羅羅迦羅摩的弟子末羅族人補羯娑(Mallan Pukkusa),但不清楚他是苦行者還是在家人。[17] 佛陀與他們的短暫重逢被記錄下來,似乎只是因為它們被視作他生平中有趣的片段。

　　喬達摩現已完全融入沙門傳統,也熟練掌握禪修。他四處遊方,也許是出於沮喪,或對未來茫然無措,於是決定嘗試一種時下盛行的修習方式:自虐。這門修行背後有幾種理論。婆羅門苦行者認為自虐是一種懺悔、自淨,又或彌補疏忽若干禁忌或儀式要求的方法。[18] 非吠陀沙門教派有一個廣為接受的信念,就是讓身體承受巨大的壓力和痛苦,便會產生一股精神的熱力(tapa),它會釋放能量,令人擁有控制自己甚至外界的力量。耆那教徒奉行自虐是基於對業力的獨特理解,他們相信人的每一遭遇都是過去行為的結果。因此,一個人現在經歷的任何痛苦,即使是自我施加,也必定是前世的惡果,所以越是自虐就越能消除更多惡業。[19] 佛陀從未解釋施行自虐的原因,但可能是接受了其中的一種理論,或者是對某些理論抱持不妨一試的心態。不管原因為何,他在往後幾年展開艱辛的自虐行動,而且日趨極端。

---

[17]《增支部》(A. I,276);《長部》(D.II,130)。佛經提到跋羅陀曾是一名梵行者(brahmacāriya),而補羯娑則是一名聲聞(sāvaka)。
[18] 參閱例如《喬達摩法經》(Gautama Dharmasūtra 24,1-11);《伐悉私陀法經》(Vāsiṣṭha Dharmasūtra 22,1-16)。
[19]《中部》(M.I,92-93; II,214 ff)。

在晚年時，佛陀敘述自己在這段歲月進行的一些難受的自虐。

我這樣修習苦行：我赤身露體，摒棄習俗，用手盛載食物舔食⑳，拒絕嗟來之食，不接受專為我準備的食物，或別人供養的食物……我一日一食，或兩日、三日、四日、五日、六日、七日一食。我是一個吃娑羅樹葉、粟、野米、殘碎獸皮、米糠、米水渣、胡麻粉、草、甚至牛糞的人；我吃樹根、野果或樹上掉落的果實……我拔掉鬚髮（不使用剃刀）；我長期站立或蹲踞；我睡在荊棘床；我每日在河中沐浴三次，有時候晚上也會。我身上多年積累的汙垢和灰塵，就似樹椿積累的樹皮般剝落，我從沒想過要擦淨這些塵垢……當母牛和牧牛人離開牛欄後，我爬入進食牛犢的糞便。當我仍有糞尿時，我甚至吃喝自己的糞尿。我走進恐怖的樹林，如果人未遠離貪欲，進入該處足以讓人寒毛直豎。在寒冬季節，我會夜宿野外，夏季也一樣……㉑

經過多年這樣的自虐和自我抑制，他的身體狀況急轉直下。

---

⑳ 這是指拒絕用缽來接受施捨的食物，而是要求把食物放在自己的雙手中舔食。
㉑ 《中部》（M.I, 77 ff），扼要引文。有關極端苦行的方式，參閱 Olivelle, 1992。

因為我吃的極少，我的脊骨看起來像一串繩珠，肋骨像舊棚舍的椽木，雙眼眼窩深陷，眼光似陷落深井中的微光。因為我吃的極少，我的頭皮皺縮乾癟，像葫蘆瓜在陽光下枯萎。如果我觸摸腹部，就觸摸到脊椎。如果我觸摸脊椎，就觸摸到腹部。當我便溺時，頭倒在地上。如果我揉搓四肢，壞死的體毛就會脫落。

佛陀聲稱在這段期間甚至一些天神都認為他會死亡，提出從他的毛孔注入天食。嚴格來說，這不會違反斷食，但被他拒絕。

喬達摩在修習自虐時也試圖控制自己的思維。

我咬緊牙齒，以舌抵上顎，我以心抑止、降伏和壓制心。

他的腋窩出汗，變得焦慮不堪且筋疲力竭。他嘗試的另一種方法是「無息禪」(*appāṇakaṃ jhānaṃ*)，盡量長時間屏住呼吸，一堅持就是數小時。他說修習時聽到耳內有急促的風聲，頭痛欲裂。[22]

他盡量避免與人接觸，選擇只在樹林尋找樹根、漿果和樹葉為

---

[22] 《中部》(M.I,242-247)，扼要引文。這有點像後來被稱為「調息法」的修習方法，如《寶陀耶那法經》(*Baudhāyana Dharmasūtra* 4.1.22-4, 28-30) 和《阿濕婆羅衍那天啟經》(*Āśvalāyanaśrauta Sūtra* 2.7) 等著作中所述，它涉及控制呼吸。它造成的痛苦被認為可以淨化人所做的惡行。

食,這樣就不必前往村落乞食。

我這樣修習獨處:我進入某個樹林並留在那處,當看到牧牛人、牧羊人、割草人、拾柴人或樵夫時,我從一個樹叢或灌叢逃往另一個樹叢或灌叢,從一處山溝或高地逃往另一處山溝或高地,這樣他們就不會看到我,我也不會看到他們。[23]

連續多月無人相伴的壓力肯定不小,但這並非他唯一要面對和克服的困難,他還要應付野獸可能的襲擊。

當我住在樹林時,一隻野獸會在我附近徘徊,一隻孔雀弄斷樹枝或風吹動樹葉。我心想:「畏怖和驚駭來了。為什麼我要留在這處,除了畏怖和驚駭什麼也得不到?我要降伏畏怖和驚駭,一動不動」。[24]

喬達摩的恐懼不無道理,因為印度北部的樹林是獅子、老虎、豹、狼、鬣狗和懶熊棲息的地方,其中任何一種都能對他造成極大的

---

[23]《中部》(M.I,79)。
[24]《中部》(M.I,20)。

傷害。㉕在其他時候牧童會注意到他，他們知道他不會報復，於是會試圖激怒他，向他撒尿、扔擲東西或用樹枝戳他的耳朵。㉖

後來的大多數資料都說，喬達摩修習這些苦行六年，但這意味著他跟隨阿羅羅迦羅摩和鬱多迦羅摩子最多只有幾個月。㉗他在兩人的指導下似乎不太可能這麼迅速體證至高境界。他與這兩位導師相處至少有一兩年，也就是說他修習苦行不足六年，不過具體時間無法確定。佛陀在這個問題上只說過自己修習自虐數年，但沒有說明是多少年。㉘從佛經最多只能推斷出，喬達摩由出家到覺悟已經過了六年。

在這段駭人的歲月，有五位沙門陪伴喬達摩，分別為阿說示（Assaji）、憍陳如（Koṇḍañña）、跋提（Bhaddiya）、摩訶男（Mahānāma）和婆波（Vappa）。他們對喬達摩堅持不懈的苦行深感敬佩，相信他遲早會體證某種至上境界，到時他們能夠率先受教。同樣，通常給人的印象是，他的五位同伴在這期間一直伺候他，但這也可能不正確。喬達摩說自己長期與世隔絕，隱居在樹林中。一種可能的情況是，他的同伴每隔數天就會去找他，給他食物和水，然後回到樹林邊居住，讓他獨處靜修。

㉕《律藏》(Vin.I,220) 提到比丘有時候會被野獸襲擊。
㉖《中部》(M.I,79)。摩訶毗羅遭受類似的傷害，參閱 Wujastyk 1984, pp.189-194。
㉗ 例如《佛所行讚》(Buddhacarita 12.95)；《本生經》(*Jātaka* I.67)；《方廣大莊嚴經》(*Lalitavistara* 17,22)；《大事》(*Mahāvastu* II,241)。
㉘《中部》(M.I,78)。

喬達摩經過數年嚴酷的自虐後，終於意識到自己一無所獲。他覺得自己已經實踐所有時下公認的苦行，以及控制思緒的技巧，但任憑自己意志堅定不移，卻徒勞無功，現在是時候重新衡量，反思將痛苦作為解脫之道的觀念。

我想：「為什麼我要害怕那無關貪欲和不善法的樂？」我又想：「我不害怕這種樂。」然後我進一步思考：「這樣屏弱不堪的身體，要得到這種樂實在不容易，我應該吃點固體食物、米飯和大麥粥。」然後，我開始進食⋯⋯

他的五位同伴對喬達摩另闢蹊徑的做法感到震驚，他們視之為背叛，對他盡失信心。「當我進食固體食物後，這五名比丘對我心生厭惡，離我而去，說：『沙門喬達摩現在生活富足，捨棄精勤，重過富足的生活』。」㉙

顯然，出家至今離追求的目標仍了無寸進，這必定是他沮喪、甚至絕望的時期。他花了一些時間來康復、適當飲食、休息和恢復體力，然後步行穿過摩揭陀的鄉郊，抵達河邊的小村落優樓頻螺。他現在精神煥發，欣賞眼前優美的鄉村景色，這處不再是之前居住的恐怖樹林，而是農耕鄉村，熟悉而親切的聲音，如牛鳴和人聲隨處可聽。

㉙《中部》（M.I, 247）。

這讓他精神振奮。

> 然後，我尋找善法，尋求達致無上寂靜之道。我在摩揭陀漫遊，來到軍村優樓頻螺。我看見此處景色優美，有令人愉悅的叢林，有河水清澄的河流，有怡人的淺灘，附近有可供乞食的村落。我想：「這是適合年輕男子精進修習的地方。」於是我坐在該處。㉚

值得一提的是，無論是古代傳統還是現代傳記，都不乏提到喬達摩在一棵畢鉢羅樹（現稱「菩提樹」）茂密的樹蔭下禪修，但《三藏》對這一細節幾乎未予關注。在六項有關喬達摩覺悟的記載中，只有一簡短經文重複提及這棵樹兩次。㉛雖然有理由相信這段落是後來添加，但喬達摩很可能確實坐在這種樹下或附近。時至今日，幾乎每個印度村落附近都有自己的樹壇——通常是一棵菩提樹或一棵榕樹。像喬達摩般的苦行者慣常在樹下或附近安頓。他知道遲早會有人來向樹神祈禱，並會看到他，如果供品是食物就會布施給他，又或回家中給他帶些食物。甚至可能會有單純和輕信的村民會視這苦行者為精靈或樹神。的確，一個早期的藏外傳說稱，一位女僕按女主人須闍陀

㉚ 《中部》（M.I,166–167）。
㉛ 《自說經》（Ud.1-2）和《律藏》（Vin.I,1）。《長部》（D.II,52-53）稱它為 *assattha*。

（Sujāta）的吩咐前往優樓頻螺，準備向當地的聖樹獻祭。當她看到喬達摩時，以爲他是樹神。㉜

喬達摩坐下，決定成敗就在此一試，他集中過往六年培養的堅忍、毅力和禪修經驗，努力取得終極突破。他立下決心：「假如我能堅持不懈，直至體證以人之剛勁、精進、奮力能體證的境界，我願意讓皮膚、筋骨和骨頭枯萎，身體血肉乾涸」。㉝他回想之前的生活，憶起幼年時的一次經歷，當時他自然而然地進入一種深邃寧靜的心境。他這樣解釋。

我回憶起釋迦父親在處理事務時，我坐在閻浮樹蔭下，心離欲和不善法，有尋、有伺，有由離所生起的喜和樂，我進入初禪。我想：「這是否是通往覺悟的道路？」……我判斷這確是覺悟的道路。

他現在試圖再次達致這境界，在成功之後更進一步。

我精進不懈怠，持守正念，身體輕安而不躁動，心得定而安住一境。然後，離欲和不善法，有尋、有伺，有由離所

㉜《本生經》（Ja. I, 69）。
㉝《增支部》（A.I, 50）。

生起的喜和樂，我進入初禪。然後，止息尋、伺，內心寂靜、安住一境，無尋、無伺，有由定所生起的喜和樂，我進入二禪。喜消逝，而有捨、有念，以身體來體會樂，即聖者所謂：「他有捨、有念、安樂而住」，我進入三禪。然後，滅除喜、憂、樂、苦。無樂、無苦，有由捨所清淨的念，我進入四禪。㉞

這些境界對未曾體驗的人難以想像，其終極的特性是一種透徹、觀察敏銳，完全超然，由捨所清淨的念。

喬達摩還未達到覺悟（bodhi，菩提）的境界，只有當他具備幾種奧妙的智慧時才得以證悟。從他以下說的話可知，他所達到的禪定境界並不是鈍滯被動的。他的內心現在「有定而清淨、皎潔而明亮、柔軟而無垢、可塑、安住、堅定而不動搖」㉟，然後他將心導向到幾方面。第一種智慧是涉及輪迴是否如某些人所說的真實存在，他體驗所謂的「宿命智」（pubbenivāsa ñāṇa），非常清晰和鉅細無遺地看到

㉞《中部》(M.I,21-23; I,246-248)。
㉟《中部》(M.I,248)。

自己過往的千生萬世。㊱這體驗讓他直接親身驗證輪迴的真實性，因而衍生第二種智慧，他稱之為「死生智」（cutūpapāta ñāṇa），讓他明白輪迴是如何根據複雜而微妙的業力運作而進行。後來，他說凡夫雖然可能相信並接受輪迴和業力為真實，但只有覺者才真正具有知曉業力運作的證智。㊲第三種智慧是最關鍵的，他稱之為「漏盡智」（āsavakkhaya ñāṇa）。㊳他在意識的最深處，看到渴愛和瞋恚、執著和厭惡的根本原因，以及它們各種微妙的形式，並在被察覺時消失。現在，那些過往一知半解的經驗、瞥見的知識和零散淺薄的理解，變成一種清晰的認知，當它與這三種智慧融合一起時，讓他能全面洞悉世間的實相和當中個人的境況。「光生起，眼生起，見生起」，年輕的苦行者喬達摩成為正等正覺者。㊴沒有表明這個雷霆萬鈞和解脫的過程需時多久，但他可能一直趺坐，身體全然靜止，閉上雙眼，全神貫

㊱ 這似乎是心理學中所謂「生命回顧經驗」（life review experience, LRE）的延伸，而在某種程度上與之相關。在這種體驗中，一個與死亡擦肩而過的人看到自己的一生瞬間在眼前閃過。對於這種現象的科學評估，可參閱 Judith Katz and Noam Saadon-Grosman's 'The Life Review Experience: Qualitative and Quantitative Characteristics', *Consciousness and Cognition* Vol. 48, February 2017。到目前為止，關於輪迴最可信的研究出自維吉尼亞大學已故精神病學教授兼人格研究部主任史蒂文森（Ian Stevenson），他在兩卷 Reincarnation and Biology（1997）中總結過往數十年的研究成果。
㊲《增支部》（A.III, 348ff）。
㊳《長部》（D.I,81-83）。
㊴ 有關佛陀覺悟經歷的其他記載，參閱 Norman 1990, 25 ff。

注在這一過程，可能持續幾個小時。他也沒有確切指出證悟的時間，只提到「在後夜」㊵，即黎明前。儘管自古以來，佛陀的證悟在印度曆法的二月，即衛塞月（Vesākhā）的滿月慶祝。

在覺悟的過程當中，大概是在開始的時候，佛陀聲稱眼前出現一種他稱爲「魔羅」（Māra）的幻影。最初，魔羅試圖誘使他放棄追求，回歸正常生活，做一個積累功德的善人。當這一招不奏效時，魔羅在他周圍集結一支「軍隊」發動襲擊。佛陀說自己以智慧，即如實地看到它們，並以堅定不移的決心戰勝這些攻擊。㊶他是憑肉眼、慧眼還是想像來觀看這些影像，或只是以其他人易於理解的語言，戲劇性地描述他與世俗欲望的終極一搏？在《三藏》對這場鬥爭的描述中，魔羅似乎是覺悟過程中身心障礙的隱喻，或者化身，即被因緣法繫縛的心抵抗光明的最後嘗試。㊷魔羅該名來自梵文詞根 mṛt，意思是「死亡」，並與使役動詞 māreti 相關聯，意思是「使之死者」。從這一點和魔羅「軍隊」的組成來看，這個解釋最爲合理。這支「軍隊」包括欲樂、瞋恨、飢渴、渴愛、懶惰昏沉、恐懼、疑惑、僞善固執、

㊵《中部》（M.I,249）。初夜（purimayāma）分為六小時（ghaṭikās）；中夜（madhyayāma）分為兩小時；後夜（paścimayāma）分為四小時。它們在每個季節的時間會有所不同，很難知道它們是如何計算出來。
㊶《經集》（Sn.442-443）。
㊷《經集》（Sn.425ff）。有關《三藏》中的隱喻（pariyāya），參閱 Gombrich, 2009, p.6。

獲取、奉承、榮譽、非正名聲，貢高我慢。㊸其他幾部佛經提到魔羅的女兒，她們的名字再次表明她們是不善心境的化身，而不是真實的存在。她們被稱為渴愛（taṇhā）、不樂（arati）和貪欲（ragā）。㊹或許也值得一提的是，在佛陀覺悟的四項最詳盡的記載中，無一提及魔羅的出現。

佛陀的覺悟有時被形容為一種神祕體驗，但究竟何謂神祕主義卻難以定義。從現代心理學的角度來看，大多數（如果不是全部）被標籤為神祕的體驗通常有四個特徵：它們具有強烈的情感成分；它們是由生理或心理壓力（沮喪、渴望、斷食、性壓抑、長期不眠等）引發；它們不會牴觸神祕主義者的神學信念（基督徒不會看到奎師那[Krishna]的異像，穆斯林不會瞥見三位一體等）；它們被理解為由外來力量（上帝、天使、絕對者、合一[Henosis]、聖靈等）引起或與其有關。佛陀對自己覺悟的描述並不符合這個定義，亦不符合有關神祕體驗的開創性著作中的定義。㊺

喬達摩已經從苦行中完全康復過來，他提到自己進食合適的食物，休息充足，體力也恢復。㊻他在覺悟的幾小時前開始禪修，似乎

㊸《經集》（Sn.436-438）。

㊹《相應部》（S.I,124）。

㊺ 例如 William James, *Varieties of Religious Experience* 1902; Rudolf Otto, *Mysticism East and West* 1932; 和 Evelyn Underhill,, *Mysticism* 1911。

㊻《中部》（M.I,247）。

心境安穩沉著。㊼沒有證據表明，他在覺悟之前對後來作爲其學說核心的教義（四聖諦、八正道、依止緣起等）有任何概念。事實上，他聲稱自己所領悟和後來傳授的是「前所未聞之法」。㊽他從未把自己的覺悟形容爲神聖的恩典、「與萬物同在」、與絕對者融合、不可言喻或任何所謂的神祕體驗。他一貫堅持認爲人可以通過「自我證智」，憑藉「人的力量、人的精進、人的努力」體證覺悟。㊾

佛陀覺悟之後，關於他隨即所做的事情有三種說法。其中一種說法提到他在優樓頻螺逗留四週，期間他遇到一位婆羅門、一條那伽、兩位商人和一位來自梵天界（至高的天界之一）的天神。㊿第二種說法指他逗留三週，遇到第一種說法中提及的婆羅門。㋿這兩種說法似是闡述《聖求經》（*Ariyapariyesanā Sutta*）記載的說法。《聖求經》沒有提及他逗留的時間，只講述他與梵天界的天神相遇，可能是記錄佛陀覺悟後在優樓頻螺逗留的最早版本。

佛陀一年後回憶起這段經歷，他說當時這樣想：

我所證得的法義深奧、難見、難悟、寂靜、殊勝、無法以

㊼ 《中部》（M.I,247）。
㊽ 《相應部》（S.V,422）。
㊾ 《長部》（D.III,55）；《增支部》（A.IV,190）。
㊿ 《律藏》（Vin.I,1-8）。
㋿ 《自說經》（Ud.1-3）。

推理來理解、微妙、只有智者能夠體驗。然而，現今的眾生喜聞樂見世俗事物，難以領會這一法義，即因緣法、止息一切行、捨棄所有的執著、滅絕渴愛，達致離欲、寂滅、涅槃。如果我教導他們這一法義，他們不會理解我，這只會令我疲勞和煩惱。

因此，他決定不教誨世人，平靜和默默無聞地度過餘生，享受他所謂的覺悟之樂。正如佛陀所說，至高梵天界的眾生察覺佛陀的心思，其中一位娑婆世界主梵天王（Brahmā Sahampati）感到非常不安，於是現身佛陀面前，鞠躬行禮並說：

願世尊說法，願善逝說法。有些眼中塵垢較少的眾生，會因未曾聽聞佛法而衰退。會有人明白佛法的。

佛陀說爲了回應這請求，他以佛眼觀察世間，這促使他重新考慮。

在青蓮池、紅蓮池、白蓮池中，一些蓮花在水中發芽和生長，但未長到水面；一些長到水面；一些長出水面，不被水沾濕。同樣，我看有眼睛少塵垢的眾生、有眼睛多塵垢的眾生、有利根、有鈍根、有善性、有惡性、有從順教

導、有不從順教導,唯有少數眾生明白不善行為和其後果的過患。

最後一批人雖然為數不多,但為了他們,他決心向任何願意聆聽的人宣講佛法。㊒

佛陀接著想他應該先向誰說法,阿羅羅迦羅摩和鬱多迦羅摩子兩位導師顯然是最佳人選。在他看來,這兩人「聰慧、具洞察力,並且眼中只有少許塵埃」,儘管他後來認為鬱多迦羅摩子的一些言論「毫無意義」,而且他自稱已達到高精神境界是虛妄的。㊓當他知道自最後一見後兩人已經離世,然後他想到以往的五位同伴,也知道他們身處波羅奈,於是前往尋找他們。他沿優樓頻螺和伽耶之間的道路前往波羅奈,巧遇一位阿耆毗伽派苦行者鬱婆迦(Upaka)迎面而來。鬱婆迦從遠處看到佛陀威儀具足、根門清淨且膚色皎潔,對此印象深刻。兩人相遇時,鬱婆迦問道:「你的導師是誰?你遵循何人的法義?」這是遊方苦行者見面時慣常的問候語,不過在這種情況下,鬱婆迦的話中也有幾分欽佩和好奇。佛陀回答:「我沒有導師,在包括天所在的世界,我是獨一無二,無與倫比。」這說法肯定令鬱婆迦感到驚訝。當然,他對此表示懷疑,並回答:「根據你所說,你必定是十方

㊒《中部》(M.I,168-169)。
㊓《長部》(D.III,126);《相應部》(S.IV,83)。

的勝者！」佛陀回答自己確實是勝者，因為自己征服所有惡法。鬱婆迦搖頭走開，邊走邊說：「賢友，可能是吧。」㊴

　　佛陀抵達波羅奈，然後前往仙人住處鹿野苑，他聽說同伴們正住在該處。㊶五位苦行者見佛陀從遠處走來，約定冷淡對待他，既不為他起立，也不為他讓座，但若他加入他們的話也不反對。因為他有負所望，所以他們不會尊敬他。但是，當他走近時，他們所認識的那個憔悴虛弱的苦行者現在看起來判若兩人；他膚色皎潔、舉止從容、滿懷自信。那個走近人的氣宇不凡，以至於他們忘記先前對他不予尊重的決定，逐一站起來。當他走到他們面前時，他們接過他的缽並備好座位，但仍然不願額外多加禮敬。㊷他告訴五人自己現在已經是一個正等正覺者，如果他們遵循他的指示也能體證覺悟。他這兩種說法受到質疑。「喬達摩賢友，即使你修習苦行也未能體證任何至上的境界，或有聖者的智見。既然你現已捨棄精勤，重過富足的生活，你又怎能達到這樣的境界？」佛陀回答：「你們可曾見我對你們說過類似的話嗎？」

㊴ 《中部》（M.I,170-172）。

㊶ 《大事》（*Mahāvastu* III,324）和《方廣大莊嚴經》（*Lalitavistara* XXVI,6-7）記錄佛陀由波羅奈到仙人住處的行程，當中唯一仍可以辨識的地方是盧醯多羅衛迦（Lohitavastuka），或是《方廣大莊嚴經》中所稱的盧醯多婆蘇都村（Rohitavastu），相當於現今薩薩拉姆（Sasaram）的羅希特（Rohit Vihar）。這表明佛陀是經北路（Uttarāpatha）前往波羅奈，大致是現今的十九號國道。

㊷ 《中部》（M.I,171-173）。

這一出乎意料的個人呼籲，以及他們多年來的相處，讓五位比丘停下來思考。他們承認喬達摩在他們認識期間從未做過這樣的聲稱。他們放下對他的不滿，同意聽取他的講話。在往後幾日，佛陀和五位同伴討論法義，形式類似現今的研討會，一些人接受教導，另一些人則前往乞食，六人分享所收到的食物。(57)

佛陀傳授他們的法義後來被總結成兩篇經文，即《轉法輪經》和《無我相經》，兩經逐點和顯淺易懂地表述佛教的核心內容：四聖諦、八正道和無我無我所的概念。(58)

阿說示、憍陳如、跋提、摩訶男和婆波五位比丘與佛陀逗留仙人住處後的去向成謎。佛陀吩咐他們四處遊方，向人宣講他的教誨。但除了阿說示和憍陳如之外，《三藏》幾乎沒有更多關於他們的記載。阿說示離開仙人住處數月後，在王舍城遇到舍利弗，他當時還不是佛陀的弟子。舍利弗詢問他的導師是誰，教授什麼法義。阿說示簡略介紹佛法，表示自己對教義尚不熟悉。(59)我們只再聽說過他一次，在毗舍離，當時一位苦行者向他查問佛陀的法義，他回答時再次簡短地概述佛法。(60)憍陳如與佛陀久別重逢後，還有兩次簡短的提及。(61)五比丘

(57)《中部》（M.I,171-173）。
(58)《律藏》（Vin.I, 13-14）；《相應部》（S.V,420-424）。
(59)《律藏》（Vin.I,39 ff）。
(60)《中部》（M.I,228）。
(61)《相應部》（S.I,193-194）；《增支部》（A.I,23）；《長老偈》（Tha. 674-688）。

作為佛陀首批授戒的弟子，地位高於後來的比丘，人們會預期他們備受尊崇，各人的出家生涯會被完整記錄，但事實並非如此。他們是否是遁世離俗的人，在獨處和禪修中度過餘生，還是出家不久後就去世？我們不得而知。

6
天人師

世尊得到覺悟，他為覺悟而說法；
世尊得到調御，他為調御而說法；
世尊得到寂靜，他為寂靜而說法。

《中部》（MN I, 235）

佛陀的覺悟和隨之而來的蛻變，使他深信即使自己仍然是人，但已經超凡脫俗，精神和道德方面都遠超其他人。①他認為自己是一位佛陀，並經常自稱「阿羅漢」（Arahant）或「如來」（Tathāgata）。佛陀「Buddha」這一稱謂來自名詞 bujjhati 的過去分詞，意思是「覺悟」或「醒悟」，當用於指人時，則指已經醒悟或領悟某些事物的人。「阿羅漢」一詞在佛教出現前就有，指具權勢的人，並可解作「應供」（應受供養者）。它可用來稱呼任何受人尊敬的苦行者。佛陀以此自稱，以及稱呼已經覺悟的比丘和比丘尼。②「如來」Tathāgata 是一個獨特的名詞，當中的 tatha 可以作為形容詞，意思是「如實」或「真實」。而 tathā 則可以作為副詞，意思是「如此」。前者很可能是該詞的本意。此外，如果將這個名詞拆分為 tathā+āgata（如來），可解作「如實覺悟真諦者」，或拆分為 tathā+gata（如去），意思則是「如實而去者」。無論 Tathāgata 的確切意思或含義如何，它似乎是佛教的術語，很可能是佛陀自己創造。佛陀通常被尊稱「大德」

---

① 許多註釋家都認為，當佛陀被問及他是否是人時，他予以否認。這種說法是基於早期對該段對話的翻譯，當中 bhavissati 被錯誤地理解為「你是否……？」（Are you...），而實際上它是未來式「你會成為……？」（Will you become...）《增支部》（A.II,38）。佛陀被問到他是否會成為，例如再生為人，他回答「不會」，重申他已經解脫生死和輪迴。F. L. Woodward 在一九三三年的《增支部》譯本準確翻譯這段經文，後來所有的譯本都是準確。儘管如此，學術界和大眾作家仍在繼續使用該誤譯來證明或反駁有關佛陀的各種說法，通常是說他將自己視為神而非人。
① 參閱 Rhys Davids 1921, Vol. III pp.3-4。

或「尊者」（*Bhante*），或「薄伽梵」（*Bhagavā*），即「福德的人」或「吉祥的人」，本書譯為「世尊」。

　　至少有兩千年以來，人們一直認為佛陀本名悉達多（Siddhattha），意思是「達成目標的人」，然而，這個名字在《三藏》中與他沒有任何關聯。悉達多可能是他的稱號，後來被誤認為他的名字。他的名字從未被提及，可能是因為《三藏》的編輯者遵循了一種普遍的觀念，即稱呼師尊的名字或直呼其名是放肆不敬的行為。③他的族名（*gotta nāma*）是喬達摩（Gotama），解作「最好的牛隻」，是一個婆羅門姓氏。這造成若干混淆之處，因為佛陀的家族釋迦族屬於武士種姓，並不是婆羅門。喬達摩一系的婆羅門可追溯到一位同名的聖人，他是《吠陀經》的作者之一。印度的低種姓社群有時採用高種姓的儀式、習俗和姓名，以提高他們的社會地位，現今的社會學家稱這過程為「梵化」。隨著婆羅門教在中國日益強勢，釋迦族可能也採取了類似的做法，聲稱自己是婆羅門的後裔，卻沒有意識到或不在意這與他們也聲稱屬武士種姓的說法相衝突。④

　　按照佛陀的理解，任何人都可以通過自己的努力和決心實現他所領悟的一切。佛陀的角色是喚醒他們對真諦的注意，從某種意義上說，任何能夠澄淨知覺的人都能意識到這些真諦。他這樣說：

---

③《律藏》（Vin.I,92-93）；《本生經》（Ja.III,305）。
④ 有關釋迦族種姓歸屬的更多資料，參閱 Levman 2013, pp.159-160。

無論如來是否在世間出現，這個規律都是存在的：法的穩定性、規律性和條件性。如來發現並領悟這一點後，然後加以指出、解釋、教授、確立、揭示、分析和闡明，並說：「看」。⑤

因此，佛陀主要視自己為一位導師——不是那種冷漠疏離，而是出於對人有深厚悲憫之心的導師。他這樣說自己：

有一人生於世間，為利益廣大眾生，為眾生帶來快樂，他悲憫世間，為天和人帶來利益和快樂。這個人是誰？他就是如來、阿羅漢、正等正覺者。⑥

他提醒弟子，當自己責備或甚至訓斥他們時，他的目的總是出於關懷他們的利益：「凡是導師出於對弟子的悲憫和福祉而必須做的事，我都為你們做了。」⑦即使是那些只與佛陀短暫接觸的人，也會感覺到慈悲和善良是他性格中最顯著的特徵。醫師耆婆對佛陀說：「大德，我聽聞梵天安住在慈心之中，但我親睹世尊安住在慈心之

---

⑤《相應部》(S.II, 25)。
⑥《增支部》(A.I,22)。
⑦《中部》(M.I,46)。

中。」⑧因此，佛陀首先把自己看成一個完全覺悟的人，他對眾生慈悲為懷，教授自己體證的真諦。

佛陀的慈悲被視為類似一位關懷備至的醫生，他幫助病患恢復健康。在公元前五世紀的印度主要有三類行醫者：專業醫生（*bhisakka* 或 *vejja*）、外科醫生（*sallakatta*，字面意思是「箭醫」）和非正規或民間治療師（*tikicchaka*）。一些醫生專門治療由毒箭、蛇咬傷和蠍子蜇傷引起的中毒。⑨佛陀觀察到，儘管這些醫生竭盡所能，但他們的醫治只是偶爾奏效，而自己處方的「藥物」，即佛法，若遵照指示服用，從未失效。⑩因此，佛陀常常將自己比喻為醫者，並被他人視為與醫者相似，這並不奇怪。他被讚譽為「世間的醫者」「憐憫的導師、無上的醫師」，能拔除渴愛的毒箭。⑪

人們普遍認為佛陀，甚至佛教徒也認為他是一名半隱士，大部分時間在林間空地和山洞獨居。這種看法未獲得《三藏》的支持。《三藏》描述他最常居於當時的大城市和城鎮附近，經常與人交流。即使他在鄉郊遊方和在樹林靜修時，也總是逗留在村落或小村莊附近，依靠這些地方獲得食物。

---

⑧《中部》(M.I,369)。
⑨《本生經》(Ja. IV,496) 和《中部》(M.II,216; 259) 詳細描述拔除毒箭和處理傷口的方法。
⑩《增支部》(A.V,218)。
⑪例如《如是語經》(It.101)；《中部》(M.II,258)；《彌蘭王問經》(Mil.112; 233, 247)；《經集》(Sn.560)；《長老偈》(Tha.722)。

他的聽眾來自各個背景，通常是城市或城鎮居民，大多屬經濟、宗教和政治階層。他們包括商人、不同教派的苦行者、軍人，有時甚至是王公貴戚。須尼陀、婆利沙迦羅和郁伽是高官，耆婆是醫師，悉哈是將軍，無畏是王子，準提和須摩那是公主，算數家目犍連是會計師，而菴婆婆梨（Ambapālī）則是名妓。而其中為數不多，但仍有一部分的人成為他的信眾，甚至出家成為比丘。給孤獨長者、瞿私多、拘拘羅、迦羅迦和波婆離迦等是富商。這些人往往對當時流傳的各種宗教和哲學理論非常熟悉和感興趣，有時候他們更能討論不同學說的微妙之處。

　　這並不意味著佛陀對普羅大眾無話可說、佛法與他們無關，又或他們對佛法興趣不大。木匠般奢康伽曾分別與佛陀和阿那律陀比丘長談，他對自己的佛法知識滿懷信心，曾指正一名比丘對佛法的誤解。⑫ 須尼達和阿黎吒在成為比丘之前都是來自社會最底層，前者是清道夫，而後者則是捕鷲者。⑬ 佛陀曾與馴獸師倍沙和只尸，還有耍蛇人的兒子，村長阿私榮陀迦子交談。芬尼迦比丘尼曾是挑水工，尸跋比丘尼則是鐵匠的女兒。久壽多羅是優填那王後宮的婢女，她從未與佛陀真正交談過，但多次參加佛陀在憍賞彌舉行的說法大會，並吸收大

---

⑫ 《中部》（M.I,396 ff; III,145）。
⑬ 《中部》（M.I,130 ff）；《長老偈》（Tha.620-631）。阿黎吒從事的職業無法確定。大量禿鷲的發翔羽被用來製作扇子和箭尾，羽管被用作針盒和多種用途的容器。或許阿黎吒捕捉這些雀鳥，在拔出特定的羽毛後將牠們放生。

部分聽到的教誨。佛陀稱讚她學識淵博，並視她為弟子，值得其他人仰望和效仿。⑭佛陀曾說過，無論他教導的是卑微的乞丐或獵人，他都會認真和恭敬地施教。⑮

佛陀時常與一位或多位前來聽他說法，或向他提問的人交談，有時陪同對話者的人也在旁聆聽。這些會面通常以禮貌的閒聊開始，期間人們會發現佛陀「有禮、和藹、親切、友善，口齒伶俐和率先發言」⑯。與所有這樣的交流一樣，佛陀利用起初的簡短對答，讓人們知道他們是在友好和互相尊重的基礎上與他見面。這些開場白還會配合禮儀：合掌並在與他適當距離的地方坐下。至於婆羅門，當中有人敬仰佛陀，也有人對他持謹慎態度，因為聽聞他對自己宗教某些方面的態度，有些人不願意被人看到與他們認為不如自己的人平等交談。佛陀與他們的會面可能是這樣的：

> 一些人向世尊敬禮，然後坐在一邊；一些人向世尊問訊，謙恭友好的簡短交談，然後坐在一邊；一些人向世尊合掌，然後坐在一邊；一些人在世尊面前自報姓名和氏族，

---

⑭ 《增支部》（A.I,26; II,164）；《相應部》（S.II,236）。傳統認為久壽多羅負責保存後來編入《如是語經》的經文。遺憾的是，背誦、編輯和傳承《三藏》的比丘們認為不值得記錄這位有趣女士的任何其他資料。
⑮ 《增支部》（A.III,122），認真（*sakkacca*）和恭敬（*gārava*）。
⑯ 《長部》（D.I,116）。

然後坐在一邊；一些人靜默坐在一邊。⑰

在極少數的情況下，那些不喜歡或不贊同佛陀的人，確實有一些，可能不顧既定的寒暄禮儀，而佛陀至少有一次對此表示不滿。一群年輕的婆羅門前去探訪佛陀，其中一位是精通吠陀學說的阿摩晝（Ambaṭṭha）。他們見到佛陀時，彼此互相問候，只有阿摩晝例外。當佛陀坐下後，阿摩晝邊行邊立隨隨便便地跟佛陀說話，蓄意違反禮節。佛陀決定不姑息這種無禮行為，於是問他：

「阿摩晝，如果你和博學的長老婆羅門祖師交談，你會像對我這樣嗎？」
「喬達摩尊者，當然不是。婆羅門應與行走的婆羅門同行，當他站立時站立，當他坐下時坐下，當他躺下時躺下。但與禿頭卑賤的人，沙門梵天腳上的黑屑，我對你的言行舉止是合適的」。

這是極為無禮之舉。佛陀回答說：

「阿摩晝，你應該是有目的而來，無論目的什麼，你都應

---

⑰《中部》（M.I,401）。

該謹記。這位阿摩晝自以為具備修養，但行為卻顯示其缺乏修養，這只能歸咎於年少不成熟。」[18]

這位年輕人聽後心生憤怒，隨即詆毀佛陀的釋迦族。這緊張的對話持續，直到佛陀指出阿摩晝的家庭是混雜種姓才結束。這位年輕人或許早已知道這件事並對此敏感，又或直到那時才知道。佛陀讓他感到謙卑後，兩人展開一場長時間而富有成果的討論。[19]

介紹和開聊結束後，佛陀會根據訪客的身分提問，又或讓訪客向他提問，他再回答，通常藉此機會詳細解釋某些佛法義理。佛陀在具體解釋對某個議題的立場之前，他通常先要求對話者全神貫注，說：「聽著、留心，我將會說」。[20] 在其他時候，如果他認為他們樂於接受佛法，他會進行所謂的「次第說法」，即布施、持戒、生天，和欲樂的過患以及如何調伏，然後宣講更深奧的教義。

佛陀有時會稱讚對話者可能提出的任何問題，以鼓勵他們發言，從而克服在發表意見時的羞怯或猶豫。「好，好！你的智慧出眾，你的詢問也一樣，你的問題很好。」[21] 這樣的鼓勵令提問和評論得以持

---

[18] 《長部》（D.I,90）。
[19] 關於婆羅門教／印度教律法中的混雜種姓（Ambaṣṭhas），參閱《摩奴法論》（Manusmṛti 10, 8-13; 13-15）。
[20] 《增支部》（A.IV,429）。
[21] 《增支部》（A.II,177）。

續,給予對話者表達觀點的機會,也讓佛陀能夠考慮他們的觀點來構想回答。最後,在來回討論結束後,佛陀會全面講解他對討論的主題的看法,他部分的解說頗長。交談通常以禮貌的方式進行,很少發生激烈的爭吵,例如與阿摩晝、阿攝恕和商伽的對話。㉒

佛陀經常在說話中使用寓言或譬喻。他在宣講某些佛法義理時,有時會補充說:「我將給你們打一個譬喻,因為有智慧的人可從譬喻而更好地領悟」,然後他會開始講述。㉓沒有人統計過佛陀的譬喻和寓言的數量,但至少有數百個。它們取材廣泛,從自然現象到旅行、鄉村生活、風景、商業、馴獸、王室、冶金、家庭用品和職責等,僅舉幾例。它們豐富多彩、類別多元且實實在在,表明他是一位具創意的溝通者和閱歷豐富的細心觀察者。三個以河流意象作譬喻的例子足以說明這一點。

筏喻是其中一個最著名的例子。佛陀主要從效益的角度來看待佛法,將其視為實現特定目標,即覺醒的手段,達到之後它將變得多餘。他講述一個故事來解釋他的意思。話說一個人在旅途中遇到一條寬闊的河流,他知道自己所處的地區危險,而對岸則安全,於是決心渡河。由於沒有可用的渡船或橋樑,他臨時用草、樹葉和樹枝扎成一排筏子,手腳並用划到河的對岸。過河後,他想到筏子的作用,決定

㉒ 《長部》(D.I,87ff);《中部》(M. II,147 ff);《中部》(M.II,163 ff)。
㉓ 《相應部》(S.II,114)。

把它頂在頭上,繼續餘下的旅程。然後,佛陀問比丘們這人的做法是否明智,他們回答不是。佛陀總結說:「比丘們,當你明白佛法就像筏子一樣時,你們就會捨棄我教授的教義,更不用說我沒有教授的。」㉔

佛陀的另一個寓言亦以渡河作譬喻,不過是為了說明另一道理。一個人曾經問佛陀,他對聲稱可以通過自虐得到解脫的人有何看法。佛陀回答說:

「假如一個想渡河的人,他拿著斧頭走進樹林,砍下一棵沒有節疤和挺直的新樹。他會砍掉樹冠,剝掉枝葉,用斧頭砍,用鏟刀削平,用刮刀抹平,再用磨石打磨樹幹,完成後就可以渡河。你認為怎樣?他能渡過那條河嗎?」

那人回答:

「大德,他不能夠。雖然樹幹的外部已經妥當處理,但沒有刨空內部。」

佛陀表示同意,然後說除非一個人培養意行清淨來「淨化內

㉔ 《中部》(M.I,134-135)。參閱 Gombrich 1996, pp.23-26。

心」,否則無法體證覺悟。㉕

佛陀運用第三個河流的寓言,解釋自己在助人明白因緣法的相關過患中所擔當的角色:

「想像一條優美、宜人的河流,一個人被水流沖著沿河而下。再想像岸邊站立一位有洞察力的人看到這情景,並大聲喊道:『喂,先生!再往下游有急流和漩渦、有鱷魚和妖魔,假如被沖到該處,你將會死亡或遭受死一般的痛楚。』當聽到這話,河中的男子會手腳並用在水流中掙扎。」

佛陀然後解釋寓言中的事物和人,各代表梵行的某方面——例如河流代表渴愛、逆流掙扎代表出離,而岸邊具有洞察力的人則代表自己。㉖

佛陀教學中溫和幽默的一面甚少被提及。他的說法和對話充滿雙關語、幽默誇張的語言、巧妙應答、反諷和偶爾的諷刺。它們都不會引起哄堂大笑或嬉笑,但其中有些很可能會讓人會心一笑。可惜的是,大體上這種幽默對現代讀者而言並不明顯。美國的坦尼沙羅比丘

㉕《增支部》(A.II,201)。
㉖《如是語經》(It.114)。

寫道：

> 《三藏》的幽默之所以不為人知，其一原因是與其往往含蓄、故作嚴肅和枯燥的風格有關。在現代文化中，這種幽默風格可能會被讀者忽略。現今的笑話會預先鋪墊，幽默傾向於通俗。另一原因是譯者常常忽略一段文字的幽默本意，而用平白、拘泥形式的方式來翻譯。㉗

此外，將一段文字翻譯成另一種語言時，很難保留原文中的幽默。但即使考慮到這一點，以及佛陀世界與我們之間的語言和文化差異，他的幽默有時也能顯現出來。

有一次，阿闍世王拜訪佛陀，問佛陀能否告訴他沙門修行在現世的果報。這位國王不久前殺害了自己的父親，開始對此感到越來越懊悔不安。他可能也開始認為自己給兒子樹立一個狠毒的榜樣，而後來的事實湊巧如此。佛陀問國王，如果他的一個奴隸逃跑出家成為比丘，後來得知逃犯的下落，他會怎麼做。佛陀問他是否會逮捕該比丘，讓他再為奴僕？國王回答說：「不會。相反我會起立，向他行禮和供養所需。」佛陀說：「嗯，大王就是這樣，這正是沙門修行在現

㉗ Thanissaro, p.5.

世的其中一個果報。」㉘這個對嚴肅問題出乎意料的離奇答案,必先令國王感到驚訝,但隨後又讓他微笑。佛陀緩和了國王的心情,讓他放鬆下來,然後更嚴肅地回答他的問題。

　　一些情況下,當某個特殊的思維使問題顯得無法解決,或負擔看似難以承受時,以戲謔的方式來對待有時可另闢新見,並預示解決的辦法。幽默還能夠觸發情緒宣洩,作為一種緩解焦慮、緊張或恐懼的治療,又或使人擺脫抑鬱。這件事可能就是佛陀這樣做的一個例子。

　　佛陀的許多譬喻和寓言都很幽默,有時通過並列兩樣格格不入但相關的事物來展現。例如,他說意志堅定但理解錯誤,就像想從牛角擠出牛乳一樣。同樣,一個遲鈍的學生即使有良師也學無所得,就似湯勺嚐不到盛著的羹湯一樣。㉙佛陀講述一個關於某位國王的寓言,闡明探究人的構成要素以尋找永恆實我是多麼徒勞無功。話說一位國王初次聽到琵琶聲,於是命令侍臣帶來一把琵琶,讓他研究令他如此陶醉的音樂。侍臣盡力解釋音樂由琵琶的各個部件,加上樂師的彈奏而來。國王未能理解,找來一把琵琶,將其劈開、裂成碎片、焚燒,然後揚起灰燼,試圖尋找音樂。他對找不到音樂而感到困惑和惱怒,並表示厭惡琵琶。㉚這故事定必令聽者覺得滑稽,因為國王一向被視

㉘《長部》(D.I,51-61)。其他更多例子,參閱 Gombrich, 2009, pp.183ff。
㉙《中部》(M.II,141);《法句經》(Dhp.64)。
㉚《相應部》(S.IV,196-197)。巴利文 Vīṇa 有時譯為豎琴、拱形豎琴或琵琶。

為威武嚴肅的人,但行為這麼愚蠢。

儘管偶爾佛陀也會輕鬆愉快,但他從未被描述會大笑,不過常說他微笑。㉛ 同樣,他的僧尼當然並不詼諧風趣,但「體貼、有禮、談吐得體、笑容可掬、初次見面時就向你致以歡迎」的僧尼普遍受人讚賞。㉜

佛陀傳播佛法的最重要方式之一,就是參與當時盛行的公開辯論。這些辯論非常受歡迎,吸引了大量觀眾,有些城鎮甚至利用它們的議事堂來舉辦辯論。《三藏》和大約同期及之後的資料,記錄了這些辯論的進行方式。㉝ 如果對手被一個合理的問題提問三次仍不回答,就會被警告他的頭顱會裂為七塊,也就是被駁倒。㉞ 參與者需要使用認可的論據和遵守公認的程序,主持人會盡量確保他們遵循。通過提出另一個問題來迴避問題、轉移話題、作出未經證實的斷言、被質疑後提出另一個問題,或者嘲笑提問者都被視為不恰當的行為。同樣,大聲吆喝對手,在他猶豫時抓住他的把柄,或觀眾從旁插話,這些行為也是不可接受的。㉟

㉛ 例如《增支部》(A. III, 214);《中部》(M. II, 45; 74);《相應部》(S. I, 24);《長老偈》(Tha. 630)。

㉜《律藏》(Vin.II,11)。

㉝ 參閱 Prets, 2000。

㉞《中部》(M.I,231)。參閱 Witzel pp.336-415。將頭顱碾碎作為對虛假陳述、偽證或欺詐行為的懲罰,可能是這種警告的起源。

㉟《中部》(M.II,168);《增支部》(A.I,197-199)。

這些活動廣受歡迎，造就一些擅長在公共場合宣傳，以及捍衛自己論點的人出現。其中有一位名叫薩遮迦（Saccaka）的耆那教比丘，他被稱為「一位辯論家，聰明的演講者，備受大眾尊敬」。他像其他參加這些辯論的人一樣，陶醉於展示自己的雄辯和辯證技巧，並曾宣稱：「在我看來，沒有一個沙門或婆羅門，任何教派或教團的領袖或導師，包括自稱阿羅漢或正等正覺的人，在與我辯論時不會震慄和顫抖，腋窩流汗」。他在與一位佛教比丘討論並安排與佛陀會面之後，在一大群離車人（Licchavis）面前誇下海口：

> 今天我將與沙門喬達摩進行討論。如果他堅持他的著名比丘阿說示之前向我表明的立場，那麼就如一個強壯的人抓住一頭公羊的毛來回拉扯，左右搖擺，我也將在辯論中把沙門喬達摩來回拉扯，左右搖擺。㊱

薩遮迦確實前往與佛陀較量，一群對事態發展感興趣的離車人跟隨其後。討論開始時還算友好，但當佛陀再三追問薩遮迦的論斷，很快就令他自相矛盾，最後只有默不作聲。按《三藏》所述，他最終成為佛陀的弟子，不過我們再也沒有聽到他的消息。

由於辯論攸關聲譽，也可能招來恩庇和弟子，有辯論者為了取

㊱ 《中部》（M.I, 227-228）。

勝不惜使詐取巧。在辯論前，參與者可能與支持者密謀，想出謬誤或兩難的問題，希望混淆對手。㊲有一位苦行者想出多種論據來攻擊對手，而且他肯定取得了一些成功，因為被人稱為「智者」。㊳喝陀伽是一名釋迦族的比丘，他不反對使用卑鄙的手段來取勝，或者至少看似獲勝。當他在一場辯論中被駁倒後，他擇定時間和地點與對手再做較量。他公布即將舉行的辯論，但給出完全不同的地點和時間。當對手沒有現身時，他吹噓說對手過於膽怯而不敢出席。其他比丘問及他的詭詐行為，喝陀伽辯解說：「這些外道的跟隨者持不同見解，無論如何都要擊敗他們，不能讓他們獲勝。」佛陀知道這件事後，嚴厲斥責喝陀伽的不誠實。㊴

佛陀注意到有些導師因為害怕被公開羞辱而避開辯論，但如果被迫解釋自己的觀點時，他們會含糊其辭。而另一些被稱為詭辯論者的導師則不會讓自己被任何立場束縛。㊵在佛世時代，印度的導師就約如同期古代雅典的學者一樣，善於爭辯、糾纏細枝末節、詭辯、鞭辟入裡。

辯論的勝負並非一定取決於論點的準確或論據的邏輯。由於辯論不一定有主持人，觀眾的態度可能決定誰能勝出。佛陀指出，如果一

㊲《中部》（M. I,392-393）；《相應部》（S.IV,323）。
㊳《增支部》（A.V,229）。
㊴《律藏》（Vin.IV,1-2）。
㊵《長部》（D.I,24-25）。

個擁護虛假學說的人，但能夠讓持合理論據的對手啞口無言，觀眾可能仍然支持前者，並大聲喊道：「他才是智者！」㊶ 另一方面，如果觀眾欣賞某位導師辭令出眾和論證有力，就會為他鼓掌喝彩，並嘲笑敗方。佛經描述一位與佛辯論的人，在落敗後「默不作聲，低頭垂目，不知所措，無言以對」，而觀眾「從四面八方辱罵他，嘲笑他……」㊷ 摩訶毗羅對一位未能在某些問題上駁倒佛陀弟子的人說，他就像一個前往閹割別人的人，但自己卻被閹割而回。將閹割與這類公開交鋒挫敗相提並論，可見人們認為挫敗是何等恥辱。㊸

這些辯論絕非全屬詭辯練習或智力娛樂；許多參與其中的人確實有興趣將自己的想法與他人進行比較，以探究真理。佛陀在一次到訪羈舍子時，一群當地的城鎮居民向他提出一些問題，說明至少若干出席這些活動的人不僅為娛樂而來，而是對辯論有著濃厚的興趣。

> 大德，有些沙門婆羅門來到羈舍子，宣講和闡釋他們的教義，然後批評、譴責、嘲笑和毀謗其他人的教義。然後，其他沙門婆羅門到來時，做出同樣的事情。我們感到疑

㊶ 《增支部》（A.V,230-231）。幾個世紀後，在國家主辦的辯論中被駁倒可能遭受流放，甚至處決。在王宮舉行的辯論，結果通常取決於國王的一時興起或個人信念。參閱 Verardi, pp. 25-26, 205-207, 218-219 等，及 Bronkhorst 2011, pp.170 ff。
㊷ 《增支部》（A.I,187）。
㊸ 《中部》（M.I,383）。

惑，不知道這些受人尊敬的導師中誰說真理，誰說妄語。㊹

佛陀回應說自己理解人們的困惑，並建議他們要謹慎對待基於啓示、傳統、傳聞、訴諸經典權威、虛假邏輯、推論、類比、猜測、某人所謂的專門知識，甚至是出於對某位導師的尊重而提出的論點。相反，他們應該依靠自己的經驗和知識，同時考慮智者的意見。㊺

由於辯論可能會變得激烈，有時甚至導致辯論者或觀眾鬥毆，因此佛陀在其弘法生涯的早期避免參與這類集會。他觀察到：「有些辯論本著敵意進行，有些本著真理進行。無論哪種情況，聖者都不會參與其中。」㊻結果，他很早就被指責無法在質疑聲中捍衛自己的學說。一位批評者這樣評價他：

> 沙門喬達摩與誰交談？他從誰獲取明徹的智慧？他的智慧毀於獨處生活，不慣討論，不擅言談，對外界一無所知，沙門喬達摩就似一隻羚羊繞來繞去，不離邊處。㊼

㊹ 《增支部》（A.I,188-189）。
㊺ 《增支部》（A.I,188-189）。根據《律藏》（Vin.I,49），佛陀說，如果學生真的認為老師有錯，糾正或質疑老師是可以接受的。
㊻ 《經集》（Sn.780）。《遮羅迦本集》（*Caraka Saṃhitā*）提到和描述這兩種辯論。參閱 Prets, p.371-373。
㊼ 《長部》（D.III,38）。

在相當長的一段時間內,佛陀讓佛法不言而喻。但隨著人們開始尋求對佛法更深入的解釋,加上佛法開始受到批評甚至歪曲,他迫不得已參與公開辯論和討論。他能夠非常清晰的闡釋和有效地捍衛佛法,很快便因此聲名雀起。他也開始嚴厲質疑其他人的教義。由於佛陀成功平息他的批評者,甚至感化許多人成為弟子,以至有人懷疑他依靠施展幻術。[48]

佛陀參與辯論或進行一對一交談,目的絕不是為駁倒對手、令批評者噤聲,或甚至不是為贏得弟子,而是為引領人們從無明走向如實知見。他經常強調:「確實,智者的討論是為了知和淨信」;又再指「梵行並非為⋯⋯在辯論獲勝⋯⋯而是為自制、捨斷、無欲和寂滅。」[49]

在佛陀所做的一次最真摯的呼籲中,他說:

我這樣告訴你。讓一個聰慧、誠實、正直和坦率的人來找我,我將為他宣講佛法。如果按照教導的方法修行,在七天之內,能夠以自我證智成就梵行的無上目標。現在,你可能認為我這樣說,是為了招收弟子或令你捨棄自己的義理。但事實並非如此。你的導師仍然是你的導師,繼續遵

---

[48]《中部》(M.I.381)。
[49]《增支部》(A.I,199; II,26)。

從你的義理。你可能認為我這樣說，是為了令你捨棄自己的生活方式，遵循你視作不善的法義和擯斥你視作善的法義。但事實並非如此。維持你認為合適的生活方式，繼續擯斥你視作不善的法義和遵循你視作善的法義。但有不善法會染汙，導致轉生、恐懼、惡報、未來有生老死。我宣講佛法只為斷除這些不善法。㊿

在佛陀看來，任何關於哲學或宗教問題的討論，無論正式與否，都應該以文明、平和及尊重的方式進行。他說正派的立論者會認同對手好的言論，不會貶低他們的弱點。他們會避免敵對或傲慢的語氣，不會在言語上恐嚇或試圖壓倒對方，或玩弄辭令。簡而言之，他們會陳述正確所知，辯論或討論為的是了知和淨信，而非只為勝過對手。㉑

佛陀除了參加辯論和與個人或小群人交談外，偶爾也會向大批群眾說法，有時甚至有數百人專程聚集聽他說法。這些公開說法必定由他的信眾安排和事先公布。一位曾參加過這類法會的聽眾對一大群人能夠保持安靜，並聚精會神地坐著聽佛陀說法表示欽佩：

㊿ 《長部》（D.III, 55-56），扼要引文。
㉑ 《增支部》（A.I,199）。有指辯論和討論對立的觀點會導致焦躁不安和瞋怒，因此應該避免。早期的佛經《方便心論》（*Upāyahṛdaya*）則認為辯論是必要的，它說人們可以有禮貌、有分寸地進行辯論，從而避免此類問題，而對謬誤聽之任之只會讓混亂和無知盛行。參閱 Gillon pp.22-23。

有一次，沙門喬達摩向幾百位弟子宣講佛法。其中一位弟子咳嗽，另一位弟子以膝蓋觸碰他，並說：「噓！肅靜！世尊，我們的導師正向我們闡釋佛法」。即使他教導幾百位弟子，也沒咳嗽聲和清嗓聲，因為弟子們期待世尊說法。㊾

善生優陀夷是一位十分景仰佛陀的人，他曾告訴佛陀在這樣的法會，他和其他會眾端坐仰視佛陀的臉。㊿這可能意指會眾一心一意地聽講，不過也可能是在眾多人群中，較後的人不容易聽到佛陀的說話，因此懂得從他的口型觀唇辨意會有所幫助。

在《三藏》中，偶爾會出現佛陀講經說法和參與討論的片段，它們似乎不是文學創作，而是反映佛陀在這些場合的實際行為。例如，在一次大庭廣眾的辯論中，佛陀的對話者斷言個人的身心是實我，這與佛陀的理解迥異。當佛陀問他是否確信這種看法時，這立論者回答說：「不僅我相信，而且大眾也相信。」他答話時可能揮手示意聽眾。佛陀對這這種訴諸群眾的做法不為所動，他回答：「這與眾人有什麼關係？僅限於你所信的！」㊱

㊾ 《中部》（M.II,4-5），扼要引文。
㊿ 《中部》（M.III,30）。
㊱ 《中部》（M.I,230）。

6 天人師

　　鬱瘦歌邏婆羅門自信地向佛陀宣稱，根據他的宗教教義，自己的種姓高人一等，其他種姓有義務侍奉婆羅門。佛陀戳穿這種傲慢思維，問道：「是否世間眾人都同意婆羅門的觀點？」鬱瘦歌邏對這問題不知所措，不得不承認事實並非如此。㊺

　　佛陀與一位苦行者辯論時，這位苦行者似乎自相矛盾，佛陀迅即指出這一點，並說：「阿義耶薩那，細心思量你應該如何回答！你之前說的與你之後說的不一致，你之後說的與你之前說的也不一致。」㊻

　　眾多例子顯示佛陀被提問時，不是回答，而是姑置勿論，或說一些含糊其辭的話，以避免爭論或對一件無關緊要的事情發表評論。有一次，兩位順世婆羅門向他提到不蘭迦葉和摩訶毗羅這兩位導師，指兩人都自稱無所不知，但有關世界本質的解說卻各不相同。兩位婆羅門問：「他們的說法互相矛盾，誰在說真語，誰在說妄語？」佛陀回答說：「夠了！就這樣吧！我將教導你們佛法」。㊼

　　有一次，另一位婆羅門向佛陀提及，他聽說祭牲能帶來極大的果報，希望佛陀能就此發表意見。佛陀知道若說實話會令婆羅門不悅，因此只說自己亦有所聞。婆羅門將這不置可否的回答理解為同

㊺ 《中部》（M.II,17）。
㊻ 《中部》（M.I,232）。
㊼ 《增支部》（A.IV,428-429）。順世派（Lokāyata）是婆羅門教的分支，但其具體情況存在爭議。《長部》（D. I,11; I,114）、《相應部》（S.II,77）、《律藏》（Vin.II,139）和《自說經》（Ud.32）等均有提及順世派。參閱 Rhys Davids, 1899, pp.166 ff and Jayatilleke, pp. 49 ff and 89 ff。

意，並興高采烈地宣稱：「在這件事上，喬達摩尊者和我是意見一致的。」阿難陀在一旁觀看兩人交談，他看出了問題所在，建議婆羅門不要說他的聽聞，而是詢問佛陀認為最佳的祭祀方式是什麼。婆羅門於是請教佛陀。佛陀知道無法迴避眞話，於是說即使在點燃祭火或豎立祭柱之前，人便在自招惡果，因為祭祀的基本特徵就是殺生。然後他告訴婆羅門，與其點燃三把祭火，他能做的最有利的事情就是熄貪欲、瞋恚和愚癡三火。(58) 在這處和其他地方，佛陀將吠陀獻祭的東火（Āhavanīya）、家火（Gārhapatya）和南火（Dakṣiṇāgni）與三大負面心理情緒類比。

佛陀最巧妙的施教技巧之一，就是先同意關於公認概念或實踐的看法，但隨後重新定義，使其符合自己的哲理。他對婆羅門術語也是如此，他會使用這些術語，但賦予它們不同的含義，通常是道德方面的。例如，他同意婆羅門値得尊敬，但自己和弟子之所以有資格成為「眞正的婆羅門」，是因為他們的生活堪稱楷模，而不是因為他們的家庭背景。他列舉人値得被視為婆羅門的所有美德，但其中沒有包括出生在婆羅門種姓、誦讀《吠陀經》、進行祭祀或灑淨儀式。(59) 同樣，敗德辱行之徒才是眞正的賤民，而不是種姓制度所指定的人。(60) 一位

(58)《增支部》（A.IV,41-42）。
(59)《法句經》（Dhp.396-423）。
(60)《經集》（Sn.116-134）。

年輕的男子尸伽羅越告訴佛陀，他應臨終父親的要求禮拜六方，佛陀說自己也教導弟子禮拜六方，但方式不同。他解釋在佛法中，每個方向都代表著與自己有關係的人——父母、配偶、朋友、師長、僕人、沙門婆羅門——人應通過尊敬和慈愛來「禮拜」他們。[61] 一位大臣向佛陀闡述，他認為大士應具備某些特質，他隨後予以列舉，其中大多數是世俗成就。佛陀回答說：「我既不同意也不反對你的論斷。」然後，他提不同的、更具精神意義的成就，他認為這些成就可以使一個人被稱為大士。[62]

在極少數情況下，佛陀會以沉默來回應提問者。值得注意的是，這一點明顯被流行作家甚至學者誇大，聲稱保持神祕的沉默是他教導方式的重要一環，也是他用作傳授較深奧洞見的技巧。[63] 佛陀確實主張以沉默來替代社交場合常見的閒聊，並用於面對憤怒或挑釁的情況，但並不主張以沉默來回應誠懇而有意義的問題。[64] 他偶爾拒絕回答他認為瑣碎或不敬的問題，但他總會解釋自己的原因。在他漫長的弘法生涯中，只有兩次被提問時沉默不語。在第一次提問中，苦行者鬱低迦問他有多少人會因遵循佛法而解脫生死輪迴。「整個世間是否

---

[61] 《長部》（D.III,180 ff）。就禮拜各方的不同方式和原因，參閱《廣林奧義書》（*Bṛhadāraṇyaka Upaniṣad* 3.7,10）和《歌者奧義書》（*Chāndogya Upaniṣad* 1.3, 11; 5.6; 5.20,2）等。尸伽羅越可能是遵照《喬達摩法經》（*Gautama Dharmasūtra* 5,11）來禮拜方位神。

[62] 《增支部》（A.II,35-36）。

[63] 有關佛陀的所謂沉默，參閱 Dhammika, 2018c, pp.85-89。

[64] 《中部》（M.I,161）；《相應部》（S.I,162）。

會擺脫輪迴,或其中一半,或其中三分之一?」佛陀默不作聲。阿難陀觀察到事情的經過,認為鬱低迦可能覺得佛陀被這個問題難倒,於是決定替佛陀回答。阿難陀說實際上有多少人證悟無關重要,重要的是如何達致,那就是遵循八正道。⑥

在第二次提問中,一位名叫婆蹉衢多的苦行者問佛陀:「有我嗎?」佛陀沒有回答。婆蹉衢多繼續問:「那麼沒有我嗎?」佛陀仍不回答。婆蹉衢多可能對此感到惱怒或失望,於是起座離去。阿難陀問佛陀為什麼對這些問題保持沉默,他回答說:

「如果被問到是否『有我』,而我回答『有』,我便站在常住論者的一方。如果我回答『沒有』,則站在斷滅論者的一方。如果我回答『有』,這是否會與『諸法無我』的智慧相符?」

「世尊,不相符。」阿難陀回答。

「如果我回答『沒有,沒有我』,本已困惑的婆蹉衢多將更加困惑,會想:『之前有一個我,現有這個我沒有了』。」⑥

---

⑥《增支部》(A.V,193-195)。

⑥《相應部》(S.IV,400)。

在這個事件中，佛陀拒絕回答，認爲婆蹉衢多缺乏理解「無我」（*anattā*）的背景知識或者智力。

佛陀深知使用語言的方式可能導致誤解，因此他在提問和別人向他提問時都非常謹愼。有一次，他教授一群比丘關於眾生維持生命的四食法義：段食、觸食、思食、識食。其中一位比丘問：「誰攝取識食？」這提問是假設一個實我的存在。佛陀立即回答：「這不是正確的問題。我不是說『誰攝取』……但如果有人問我『什麼因識而生起？』，這才是正確的問題。」㊇該比丘重新提出問題，討論繼續進行。

佛陀與人交談通常坦率直言，提出的問題深入銳利，回答問題準確無誤，但他也是一位謙和的交談者。他、阿難陀和傷歌邏三人之間的討論就是一個很好的例子。討論期間，阿難陀向傷歌邏提問。傷歌邏如果不承認之前所說有錯就無法回答，於是他轉移話題。然而，阿難陀不肯放過傷歌邏，繼續追問。佛陀看到傷歌邏的尷尬之處，爲他的處境感到抱歉，於是打斷討論，問傷歌邏最近宮廷發生了什麼事情。這讓傷歌邏鬆一口氣，回答佛陀的問題。阿難陀也領會佛陀的暗示，不再追問。㊈這件事顯示佛陀打破僵局的技巧，同時也表明他的態度，即不一定要贏得爭論，尤其是與謙恭有禮和眞誠的對話者辯論

㊇ 《相應部》（S.II,13）。
㊈ 《增支部》（A.I,168-170）。

時。

　　有一次，佛陀與一些博學的年長婆羅門交談時，被一位青年婆羅門不斷打擾。佛陀忍無可忍，轉向對該青年說：「不要打斷我和年長婆羅門交談，等待對談結束後再說。」其中一位婆羅門為該青年辯護：「喬達摩尊者，不要訓斥伽巴提迦學童。他是一位聰慧多聞的子弟，善於言辭，能夠參與我們的討論。」佛陀意識到自己錯誤評斷該青年，不久後便向他提出一個問題，從而讓他參與交談。[69]

　　雖然佛陀欣賞和讚揚婆羅門教的某些方面，但也批評它的其他方面，其中有兩項與教學有關。婆羅門教的本質是其祭司婆羅門沒有向世人傳授吠陀宗教，不像佛教比丘、基督教牧師或猶太教拉比那樣教導信徒。相反，婆羅門僅僅進行所需的儀式，而信徒只是被動的旁觀者。婆羅門依靠收取服務費為生。他們的教學角色是訓練婆羅門男童背誦和牢記吠陀頌讚詩，以及如何進行各種儀式。學生們完成學業後，他們必須籌集學費。[70]

　　佛陀摒棄婆羅門教的三方面，並將其與他的法對比：保守《吠陀經》的祕密；收取舉行儀式的費用；要求學生支付學費。在遠古時代，《吠陀經》只可供給前三個種姓，即所謂的「再生族」閱讀，而僕人、不可接觸者和外邦人則甚至不允許聆聽吟唱的頌讚詩。但早在

---

[69]《中部》（M.II,168-169）。
[70] 關於《奧義書》導師為傳授知識所收取的高額費用，參閱 Black, pp.112-113。

佛世之前，婆羅門已經壟斷《吠陀經》，並密不外傳，部分原因是他們認為如果頌讚詩被其他種姓誦讀，或甚至聽到就會變得不淨，而且他們的收入依賴於對《吠陀經》的獨門知識。如果一名婆羅門將《吠陀經》洩露給婆羅門以外的其他人，將受到極其嚴厲的懲罰。[71]

當時的《奧義書》聖者正徹底重新詮釋婆羅門教，但仍希望透過闡述自己的思想獲得報酬，就如正統的婆羅門收取報酬舉行儀式一樣。例如，當著名的導師耶若婆佉被問及來到集會，是為參與啟發性的討論還是為獲得錢財，他回答：「兩者都是！」當荼那施魯地給羅伊婆一大群牛、黃金和一輛車為教學的報酬時，羅伊婆明確表示這還不夠：「你可以保留你的牛和其他東西，你這個賤民！」直到荼那施魯地增加更多牛隻，還加上自己的女兒，羅伊婆才最終同意。[72]

佛陀對付費才能學習或聆聽佛法的主張深惡痛絕。他曾說：「不要以佛法做買賣。」[73] 他認為真理是贈禮，而不是商品。他同樣厭惡認為佛法應限於獨特圈內的主張。他講授的真諦是眾人易懂、與眾人相關，並且向眾人公開。他說：「有三樣事物光芒顯露，而非隱祕。哪三樣？月亮、太陽，以及如來傳授的佛法與戒律。」[74] 他在入滅前

---

[71] 《喬達摩法經》(Gautama Dharmasūtra 20.1-7)。
[72] 《廣林奧義書》(Bṛhadāraṇyaka Upaniṣad 4.11)；《歌者奧義書》(Chāndogya Upaniṣad 4.2)。
[73] 《自說經》(Ud.66)。
[74] 《增支部》(A.I,283)。

重申這一點，他說自己在宣講佛法時沒有任何祕密和公開的想法，沒有把某些法義緊握拳中（*ācariya muṭṭhi* 解作「師拳」），有所保留。⑦ 佛陀對弟子或聽眾的期望無非是對教法的尊重，並在他教授時專心致志。⑯ 爲此，他制定五項可稱爲教學倫理的原則：

> 向他人說法實屬不易。你在說法前應先確立五法。向人說法時應心想「我會循序漸進地說法；我會牢記宗旨而說法；我會出於悲憫而說法；我不爲個人財利而說法；我不損害自己，也不損害他人而說法」。⑰

佛陀自稱非比尋常並不令人意外。縱觀歷史，大多數宗教或宗教運動的創始人都是這樣做：自稱神通廣大；能與眾神或某位神溝通；甚至他們自己就是神。佛陀最突出的宣稱是他覺悟萬物的實相。然而，他與其他所有自稱的精神權威不同之處，是他不要求追隨者完全相信自己，並毫無異議地接受他宣講的法義。事實上，他促請人們暫時不要判斷他聲稱的成就，直到他們徹底審視他是否眞的具備。

他知道大多數人都不能夠察覺別人的心思，於是吩咐想成爲追隨

---

⑮ 《長部》（D.II,100）。《彌蘭王問經》（Mil.94）補充說一位眞正的導師在教導學生時「不應藏祕和不應保留」。
⑯ 《增支部》（A.V,347）。
⑰ 《增支部》（A.III,184; III,196）。

者的人端詳自己的行為,看看是否與他所教導的一致。與此同時,他們還要留意從聽聞所知——從曾與他共處的人的評論,又或許從他說話的內容和方式。佛陀見識深遠,洞悉宗教領袖最初都是真心誠意,但會逐漸被成功和恭維所腐蝕,所以他說人們應持續審視自己一段時間。然後,他提出同樣精闢的看法,即一位導師在受眾面前可能堂堂正正,但在背後卻截然不同,因此人們應盡量在各種情況下審查佛陀。在現實中,這很容易做到,因為佛陀沒「公」和「私」兩面,也沒大群入室弟子將其他人拒之門外。他幾乎任何時候都可與人見面。他相信如果人們根據上述的做法,配合其他的審核和查詢,他們會親眼看到他的行為與他聲稱的完全覺悟是一致的。他指出人們對自己和他所教法義生起的敬信,都是「基於理由,植根於見解,堅定而不可動搖……」[78]

---

[78] 《中部》(M.I, 320)。

7
佛陀的一天

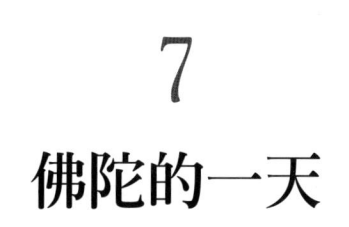

《三藏》的紀錄足以讓我們了解佛陀日常生活的大致情況。當然，一年中不同時間的生活會有所變化。例如，在雨季他會安居一處，而其餘的日子他則會遊方。他的日常生活也隨歲月而變，例如在他年輕和年長時就有所不同。不過，每天都有下列的活動。

佛陀提到自己慣常的晨間作息：

當我依靠村落或城鎮生活時，我在清晨穿好衣服，持缽和大衣入村落或城鎮托缽，吃過食物後，我便前往附近的樹林，將一些草或樹葉堆起來，然後坐下來，盤腿，端正腰背，使念安立在我面前。①

這段經文提及的三件事情是佛陀的服飾、食物和如何獲取食物，以及他的禪修，每一項都值得詳細考究。佛陀的衣服由三塊不同的布組成：一塊長布纏在腰間，用腰帶束緊；一件長方形上衣披在身上，搭在左肩繞過右腋，還有一件雙層大衣，供冬季使用。這三件衣物均用碎布縫綴而成，這既降低價值，又能減少被盜的機會。每件衣物均染成黃褐色或紅黃色，合稱「袈裟」。當佛陀需要躺下時，他常將雙層大衣摺爲四疊，當作一張薄墊。② 佛陀在修習各種苦行期間，或許

---

① 《增支部》（A.I,182）。
② 例如《長部》（D.II,134）；《中部》（M.I,354）。

偶爾在覺悟後的歲月，他也會從街上或荒塚撿來破爛碎布，用作縫綴袈裟穿著，這是眾多苦行者的慣常做法。佛經至少有一處提到他穿著用碎麻布縫綴的舊袈裟。③ 他後來也穿著這種服裝，但如果獲供養用新布料縫綴的袈裟，他也不反對穿著。較嚴格的沙門認為穿著特製、而不是用破布縫綴的袈裟並不恰當。不過，佛陀指出真正重要的是人心素質，而不是穿著服飾的類型。④ 佛陀穿的那種特式袈裟從何而來不得而知，但它可能是某些沙門教派的標準服裝，佛陀選擇它純粹是因為既方便又能遮身護體。

許多沙門，包括佛陀和他的比丘和比丘尼，都是通過一種稱為「托缽」（*piṇḍacāra*）的方式來獲取食物，它並不如人們常說的乞討般滋擾。⑤ 乞丐死乞白賴求人施捨，而托缽則是駐足靜立在施主的家門，以手持缽，雙眼低垂，等待布施。⑥ 在等候一段適當的時間後，比丘或比丘尼不管有沒有獲得施捨，都會一言不發地繼續前行。由於當時人們通常在傍晚煮食，準備當天的正餐和翌日的餐食，因此清晨是最適宜托缽的時間。⑦

---

③ 《相應部》（S.II,221）。菽麻（*Sāṇa*）是太陽麻（*Crotalaria juncea*）的粗纖維。在《增支部》（A.I,240），佛陀列舉一些其他教派的苦行者用作衣服的材料。
④ 《中部》（M.I,282）；《法句經》（Dhp.142）。
⑤ 《經集》（Sn. 710-712）。巴利文 *Piṇḍa* 解作一團或一把米飯；*cārita* 解作行走。
⑥ 《律藏》（Vin.III,243）。托缽的缽可以用鐵或陶土製成，有大、中、小之分，各容納半 *āḷhaka*、一 *nālika* 和一 *pattha* 的飯，以及大約少四分之一的生米。可惜無法確定這些容量單位代表什麼。
⑦ 《中部》（M.I,448），但參閱《增支部》（A.III,260）。眾多古代典籍提到，煮食和進食正餐的時間因地域和不同時期而異；參閱 Prakash。

雖然托缽是佛陀獲得食物的主要途徑，但他偶爾會獲邀到弟子或敬仰者的家中接受供食。隨著他的信眾增多和聲譽日隆，邀請也越來越多。《三藏》詳細描述佛陀在接受邀請時的行為舉止。一位施主邀請他翌日到家中接受供食，如果他接受的話，就會有人在約定的時間來通知他供食已經準備好，然後陪他前往施主的住處。佛陀在等待用餐、用餐期間和用餐後，不會坐立不安或隨便坐下，而是姿態優雅和莊嚴，每事謹慎守持。進餐前，他會先洗手。他不會狼吞虎嚥，每一口都細嚼慢嚥，吃完一口才再進食其他食物。據說他品嘗食物的味道而不貪著。飯後，他會洗手和缽，默坐片刻後答謝供食的施主。⑧ 可以推定，佛陀以上的行為舉止符合一個有禮貌、溫文爾雅的人在別人家中作客時應有的禮儀。

當人完全依靠他人的慷慨布施過活，意味著可能只得到碎米、酸粥和剩食，或者有時更一無所獲。⑨ 佛經有幾處提到佛陀托缽時空手而回，其中一篇經文提到他去到某村落，結果「空缽往空缽返」。⑩ 依靠托缽獲取食物的一個更嚴重問題是，人會被施捨佛陀所謂「陌生

---

⑧ 《中部》（M.II,138-139）。

⑨ 《增支部》（A.IV,392）。婆羅門教認為有三種殘羹剩飯：烹飪鍋剩下的、食物容器剩下的，以及餐後盤中剩下的。前兩種食物會給家中的僕人。第三種食物則會給乞丐或奴隸，被認為是令人厭惡和汙穢，與嘔吐物或排泄物一樣。這也是許多婆羅門鄙視吃殘羹剩飯的非吠陀苦行者的原因之一。有關婆羅門教對殘羹剩飯的規則，參閱 Olivelle 1999, p.354, note 3.27。

⑩ 《相應部》（S.I,114）。

人難辨的殘羹剩飯」，這些食物已經變質，人會因食物中毒而生病，甚至死亡。⑪

　　苦行者還必須謹慎，不要頻繁地托缽，以免讓人們感到厭煩。曾經有一次，王舍城的居民抱怨城內比丘的數目太多，可能是他們給人們的布施造成壓力。⑫ 佛陀告誡比丘們不要給他們的施主帶來任何不便。「就像蜜蜂採花蜜，不會破壞花的顏色和香氣，聖者入村落亦應該這樣。」⑬ 有一次，佛陀在舍衛城托缽，他站在某家人的門前，該人在佛陀的缽內盛滿米飯。第二天他又去，該人同樣布施。佛陀誤以為這位施主樂於給他豐盛的一餐，於是第三天再去，那人亦布施米飯，但喃喃自語說：「這個討厭的沙門一而再再而三地來」。⑭

　　佛陀如其他比丘一樣通常以粗茶淡飯裹腹，但如果被邀請到富裕人家接受供食時，他可能享用上等的米飯，搭配各種佐料和咖哩。⑮ 例如，在郁伽的家中，他吃到用娑羅花調味的菜餚、棗燉豬肉和炒菜

---

⑪ 《相應部》（S.II,281）。耆那教經文提到比丘們食物中毒的危險，參閱《教典經》（*Ācārāṅga Sūtra* II,1,3）。

⑫ 《律藏》（Vin.I,79）。

⑬ 《法句經》（Dhp.49）。往後幾百年，這做法稱為「蜜蜂的做法」（*mādhukāra*），參閱 Olivelle 1992, pp.198, 252.。

⑭ 《相應部》（S.I,174）。

⑮ 《中部》（M.II,7-8）。

莖，還有配上去除黑穀的上等米飯——顯然是豐盛的一餐。⑯較傳統的沙門批評佛陀享用這樣的美食，但他為自己辯護說：「如果一位具有這樣戒德、定力或智慧的比丘，吃上等的米飯，配以各種佐料和咖哩，也不會是他的障礙。」⑰同具爭議的是，佛陀一再告誡比丘和比丘尼要適量飲食，但他承認自己有時會吃掉一整缽或更多的食物，當然他並非出於貪欲。⑱他這樣做恐怕是前日或連續幾日沒有獲得施捨，又或只有稀少的食物而致。

佛陀曾經順帶提到肉飯（sāli maṃsodanaṃ）是當時日常飲食的一部分，因此可以作為供養宗教僧侶的食物，其他早期的印度文獻也證實這一點。⑲例如，一篇佛經描述一群人為佛陀和比丘們準備盛宴的情景，他們煲粥煮飯、熬湯和切肉或剁碎肉。⑳雖然素食尚未在印度成為一種普遍的習俗，但難陀瓦奢、其沙山奇奢和末伽梨瞿舍利等

---

⑯《增支部》(A.III,49)。娑羅花調味的菜餚（Sālapupphakaṃ khādanīyaṃ）：無論古今，都沒有證據指娑羅樹花被用作食物或佐料，但種子曬乾和磨成粉可用來煮粥。棗燉豬肉：豬肉和微酸的棗燉煮。炒菜莖（nibaddhatelakaṃ nāliyāsākaṃ）：意思不明；我跟隨菩提比丘（Bhikkhu Bodhi）的解說，而他則跟隨義註（2012, p.1727, notes 1029 and 1030）。去除黑穀的上等米飯（Sālinaṃ odano vigatakāḷako）：有關沙里米（sāli）可參閱 Dhammika, 2018b, p.102。在煮飯之前去除皺縮、變色或破碎的米粒非常耗時，也意味著財富，即有僕人做這樣的工作。這種做法使米飯在上桌時看起來更加美觀。

⑰《中部》(M.I,38)。
⑱《中部》(M.II,6-8)。
⑲例如《長部》(D.III,71)；《增支部》(A.III,49; IV,187)；《律藏》(Vin.III,208)。
⑳《律藏》(Vin.I,239)。

沙門，尤其是耆那教徒開始提倡這種習俗。㉑佛陀在修習苦行期間戒吃肉和魚，但在他覺悟後，他會進食任何放在他缽內，又或供食時奉上的食物。如果供食中有肉食的話，耆那教徒就會公開譴責他。㉒他吩咐比丘和比丘尼，如果他們看到、聽到或懷疑為他們提供餐食的人特意為他們屠宰動物，他們就不應該吃該道葷菜。在這個問題上，他沒有給予在家弟子們任何指導。㉓佛陀唯一拒絕吃的食物是在某些吠陀儀式中使用的祭餅（pūraḷāsa），他說覺者不會吃。㉔

佛陀過午不食，並將此定為戒律，規定比丘和比丘尼跟隨他的做法。他這樣做的原因與健康有關。他說：「我晚上不進食，所以我沒有病痛和苦惱，身體健康，精力充沛和自在。」㉕這條戒律可能還有其他原因。大多數人都能應付每天向比丘布施一次；每天兩次可能對在家人造成負擔。而且，比丘不從事體力勞動，實無必要一天吃兩餐或三餐。

早餐後，佛陀習慣到附近幽靜的地方禪修或靜靜安坐。如果他

㉑《中部》(M.I,238)。《教典經》(Ācārāṅga Sūtra I,10) 指耆那教比丘可以進食沒有太多骨頭的肉。

㉒《中部》(M.I,77)；《增支部》(A.IV,187)。

㉓有人說這與佛陀對吃肉的態度前後矛盾。如果按照佛陀所說，當屠夫和販賣肉類是不正當的，那麼無論動物是否專門為某人屠宰，人們會認為購買肉類也應是不正當的。

㉔《經集》(Sn.480)。這些祭餅是用米粉或大麥粉製成，在供奉給神靈之前唸誦特定的咒語潔淨，然後分給參加儀式的人食用。

㉕《中部》(M.I,473)。

決定禪修的話,他會用附近的荒草為自己做一個簡單的座位,或者使用自己或侍者攜帶的墊子。㉖ 在感到舒適後,他會把部分大衣拉到頭上,可能是為了防止昆蟲落在臉上,或者遮蔽眼睛免受光線照射,然後盤腿坐下。㉗ 蓮花坐是兩腳交疊盤坐的姿勢,現在通常與禪修和哈達瑜伽有關,但《三藏》並未提及。他還說自己會端正身體,意指他保持腰背挺直,但不是僵硬或不自然。禪修結束後,他會來回踱步片刻,肯定是為了舒緩腿部的僵硬和促進腿部的血液循環。㉘

關於佛陀禪修的記載多不勝數,但少有提及他禪修的方式。其中一處提到,他在三個月的獨自靜修期間,大部分時間都修習所謂的「入出息念」(ānāpāna sati),即覺知呼氣和吸氣。㉙ 他描述這種禪修可以達到一種「寂靜、殊妙、無染、安住在樂」(santo ceva paṇīto ca asecanako ca sukho ca vihāro)的狀態。㉚ 然而,他詳細闡述和教導弟子,並很可能經常安住的禪修境界則被稱為「禪定」。在佛教之前,這個詞的意思是「思考」「沉思」或「反覆思量」,但佛陀用它來指截然不同和特定的狀態。

有幾種禪修技巧可以達致禪定的境界——例如觀察呼吸、慈心禪

㉖ 例如《增支部》(A.I,136; IV,308)。
㉗ 《相應部》(S.I,170);《經集》(Sn.p.79-80)。
㉘ 例如《長部》(D.III,80)。
㉙ 《相應部》(S.V,326)。修習的詳細資料可參閱 Dhammajoti pp.251-288。
㉚ 《相應部》(S.V,321)。

和專注於一有色物體。達致禪定的基本先決條件包括持守道德、避免喧鬧和興奮，以及在日常生活提升正念和覺知。佛陀說這樣做可生起他所稱的「無過之樂」（anavajja sukha），即問心無愧，以及「無染之樂」（avyāseka sukha），即不受持續不斷的感官刺激的干擾。下一步是定期修習上述一種或多種技巧，直到削弱或至少暫時平息五蓋。[31] 當人達成這個目標，就會感到輕鬆自在，「他（即禪修者）心中生起歡悅；歡悅生起喜；因為喜，他的身心輕安；因為輕安，他感受樂；因為樂而心得定」。這些有益的特質為證得四禪定中的初禪創造條件。四禪每遞進一禪，境界就越淨澈微妙。

在初禪中，尋和伺雖少但仍存在，喜和樂因捨離感官欲樂而增強。當尋和伺止息，內心平伏、安住一境，有由定生起的喜和樂，進入二禪。在三禪，喜消逝，而有捨、有念，身住於樂。在最高的四禪，無樂亦無苦，只有由堅定不動的捨所淨化的清澈的念（upekhā sati pārisuddhiṃ）。禪定可生起智慧，而智慧則能通往覺悟。[32] 佛陀強調禪定在覺悟中的作用，他說：「就如恆河流向、斜向和傾向東方，同樣，培育和修習四禪的人流向、斜向、傾向涅槃。」[33]

《三藏》甚少記載佛陀會禪修多久，但他有一次提到自己禪坐七

---

[31] 它們是貪欲、瞋恚、昏沉睡眠、掉悔和疑惑。
[32] 《長部》（D.I, 62-84）詳細描述達致覺悟的修習內容和方式。
[33] 《相應部》（S.V,307-308）。

日七夜不發一言。禪修時,他會體驗到一種強烈的樂。㉞

在一天中的某個時間,可能是早上,佛陀會料理個人衛生,但《三藏》只有少量的相關資料。《三藏》沒有他清潔牙齒的記錄,但鑑於他評論過清潔牙齒的益處,可以肯定他會清潔牙齒。他說:「使用牙棒有五種益處。眼看美觀、口不會發出臭味、味蕾潔淨、膽汁和痰不會混雜食物、不會影響胃口。」㉟ 在一段意想不到的經文中,可以說是宗教文獻中絕無僅有的,他說旅途中需要大小便時,他會先在路上四處張望,確保沒有人過來後才解手。㊱ 一段經文簡短描述佛陀在舍衛城東城牆外,阿夷羅跋提河的東浴場沐浴後,身穿浴袍擦乾身體,㊲ 據說這是傍晚時分。還有一處也提到他在河中沐浴,同是在一日的稍晚時分。當他和一群比丘經過長途跋涉到達檀茶迦波迦後,他坐在一棵樹下,比丘們則進城查看議論堂能否讓他們借宿。回來後,大家一起到附近的河邊沐浴,洗淨一天旅途的塵土和汗水。㊳ 佛陀在

㉞《中部》(M.I,94)。

㉟《增支部》(A.III,250)。關於如何使用牙棒和製造牙棒的樹種,參閱 Dhammika 2018b, pp.20 and 120。另參閱 Heirman and Torck, p.109 ff。

㊱《增支部》(A.IV,334)。

㊲《中部》(M.I,161)。在《中部》(M.II,117),波斯匿王提到這條現稱拉布提河的河流,它會在北部山區下雨時決堤。在舍衛城以北約四十五公里處,拉布提河流入尼泊爾,並突然向東轉入一個狹窄和陡峭的山谷,即現今巴迪亞國家公園的一部分。這個山谷是一個集水區,將大量雨水沖入河流,導致下游突然洪水氾濫。筆者曾經親眼目睹過這個現象,儘管當時附近地區並沒有下雨。這段文字提及該河流的情況,明顯表明這段文字的作者或作者們對該國的這一地區非常了解。關於河流的不可預測性和危險性,另參閱《法句經註》(Dhp-a.I,360; II,263-264)。

㊳《增支部》(A.III,402)。

雪洞
一位西方女性的悟道之旅

作者／維琪・麥肯基（Vicki Mackenzie）
譯者／江涵芠
定價／480元

一位西方女性尋求證悟的故事
多次來台弘法的佛教傳奇人物
著有《活在微笑中：回到生命該有的自然》《心湖上的倒影》等經典之作
長年熱銷書，時隔22年全新翻譯！

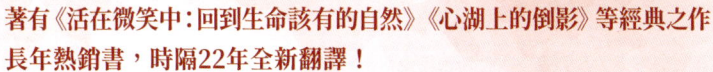

丹津葩默的勇氣與決心是如此的撼人，她的生命故事啟發了世間成千上萬有志求道的修行者。丹津葩默現為藏傳佛教中位階最高的女性出家眾，創立了道久迦措林尼寺。她真切的心和有力的行動如同一盞明燈，照亮無數修行者的求道之路。

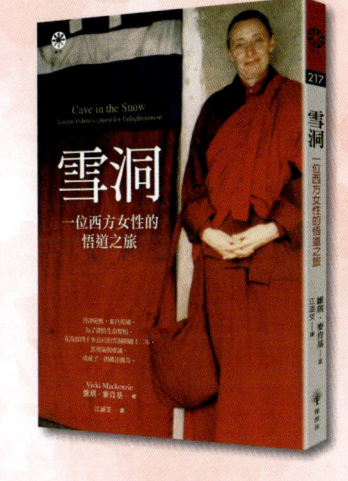

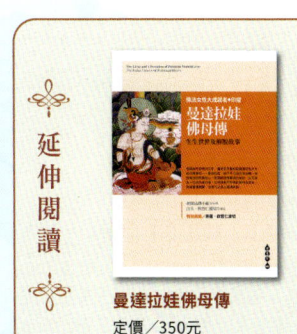

延伸閱讀

曼達拉娃佛母傳
定價／350元

伊喜・措嘉佛母傳
定價／400元

橡樹林全書系書目

橡樹林好書分享

|橡樹林|

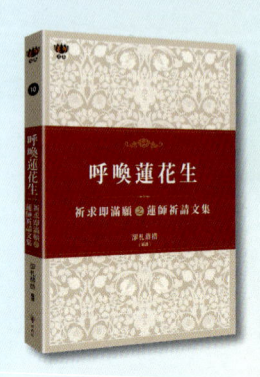

呼喚蓮花生
── 祈求即滿願之蓮師祈請文集

編譯者／卻札蔣措　定價／550元

中文世界第一本壯麗的蓮師願文大集結！
多篇來自蓮師埋藏的伏藏法！
《我的淨土到了》作者卻札蔣措親自編譯！

揚唐仁波切曾多次說過：「在亂世之中，我們要依靠的就是蓮師。」特別在當今疾疫戰爭的時刻，蓮師的威光就更顯珍貴。依照本書的願文來發願，念誦之中自然轉念為善，只要用虔誠的心來祈請，緣起力量不可思議，果報深廣也不可思量！

歪瓜── 一代禪師鈴木俊隆的平凡與不凡

作者／大衛・查德威克（David Chadwick）
譯者／薛亞冬　定價／760元

在作者的筆下，我們第一次見到古代公案中的禪師變得有血有肉，揚眉瞬目，站在面前，對我們微笑，鼓勵我們從他一生的言行中汲取力量。

本書作者是鈴木俊隆的弟子，擁有鈴木禪師親言教誨的第一手資料，以及同門師兄弟的回憶，還採訪了大量鈴木俊隆的親朋好友，可謂下足功夫，為讀者奉上這本生平傳記，將我們帶進他的生命中，一起見證禪師作為佛子，將生命化作不懈修行的一生。

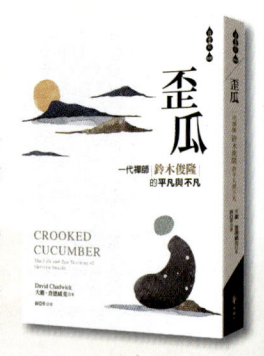

我們誤解了這個世界
── 高僧與哲人的對話

作者／濟群法師、周國平　定價／380元

西方哲學與東方佛學的精彩碰撞，
引領我們看清事物的本來面目，從迷惑走向覺醒。

本書根據濟群法師與著名學者周國平的六次深度對談整理而成。兩位從各自專研的領域出發，圍繞因緣與因果、命運的可變與不可變、無常與永恆等話題，展開深入的辨析，探討正確認識自己、認識世界、認識人生的智慧與哲思。

龍神卡—— 開啟幸福與豐盛的大門
(38張開運神諭卡+指導手冊+卡牌收藏袋)

作者／大杉日香理（Ohsugi Hikari）　　繪者／大野 舞（Denali）
譯者／張筱森　定價／699元

迎接龍年！找龍神當靠山！來自三十八隻日本龍神的強力祝福！無論是金錢、戀人、工作、人際關係，在全新的一年都會有令你驚喜的變化！

在日本，龍神自古以來一直是和人們很親近的神祇，時常被雕刻在神社或寺廟。龍神在神明中負責「結緣」，為我們人生的各個層面牽起人與人之間的緣分，並成為靈魂成長與發展的後援。透過牌卡，便能輕鬆得知龍神給予我們的提示與能量。

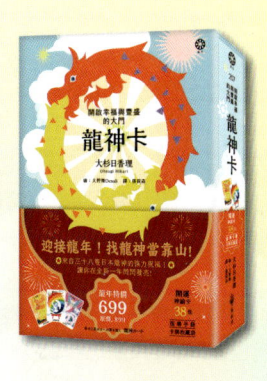

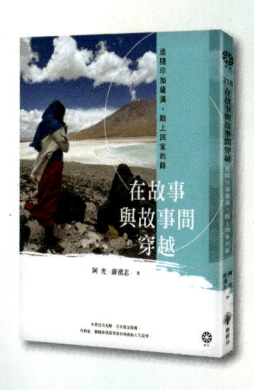

在故事與故事間穿越
—— 追隨印加薩滿，踏上回家的路

作者／阿光（游湧志）　定價／480元

廣播金鐘得獎主持人帶讀者體驗最原始、精煉的「薩滿」精神！一起找尋自身最深處的故事！

★本書沒有攻略、路線和景點導覽。有的是一個個你我都會深有同感的人生故事！
★上百張作者在南美親自拍攝的照片，包括火山、海底神廟、星際之門等聖地。
★掃書中QRcode便可以看到作者在當地探訪的影片！

走過蓮師三大隱密聖境
—— 尼泊爾·基摩碧／錫金·哲孟雄／西藏·貝瑪貴

作者／邱常梵　定價／720元

再次起程！踏上極少人到訪過的蓮師三大隱密聖境！橫跨尼泊爾努日、印度錫金、印藏邊界，一步一步與蓮師相遇！

書中四百多張珍貴的照片記錄作者在朝聖旅程中與蓮師相遇的過程，讓讀者彷彿跟著她走過一座又一座的山頭，親歷身體的痠痛與心靈的富足與信心。所有和蓮師有緣的人，請跟著作者一步一步走過蓮師授記的三大隱密聖境吧！

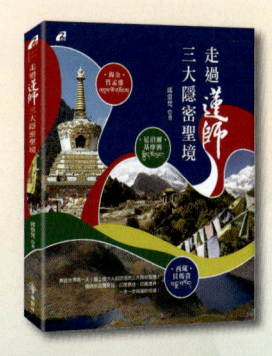

佛教繪本故事

不拘年齡！大人小孩皆可閱讀、都「繪」喜歡的佛教故事！

◎融入佛教中助人、慈悲等利他思想。勉勵讀者不畏失敗、跌倒了再爬起來！
◎亞馬遜近五星好評！精選10則《本生經》與最受歡迎的千手觀音故事！
◎學習千手觀音與佛陀的智慧，啟發善的品格與受用一生的道理！
◎融合大自然與動物的精美插畫，增添繽紛色彩，進入想像世界！

慈悲的英雄
千手觀音的故事

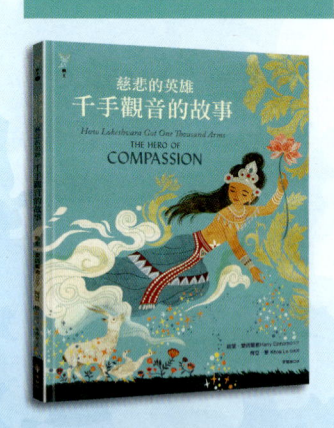

作者／哈里・愛因霍恩（Harry Einhorn）
繪者／柯亞・黎（Khoa Le）
譯者／李瓊絲　定價／380元

如同英雄一般的觀世音，
也曾因挫折而一蹶不振。
當千手觀音遇到困境，
祂該如何重拾勇氣？

佛陀的前世故事
與大自然、動物一起學習仁慈、友愛和寬恕

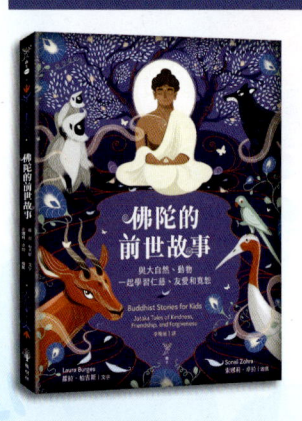

作者／蘿拉・柏吉斯（Laura Burges）
繪者／索娜莉・卓拉（Sonali Zohra）
譯者／李瓊絲　定價／600元

什麼？森林中的猴子、
鸚鵡和瞪羚……
都曾是佛陀的前世！

入滅之際來到波婆，他腹瀉發作，不久之後在腳俱多河（Kakutthā River）沐浴。他可能弄髒了身體，需要清潔。㊴

上午剩下的時間會用於各種活動：指導比丘和比丘尼、與訪客交談或外出會見特定人士，探望病人等等。

佛陀像大多數人一樣，也有自己的奇特習慣和處事方式。當他準備進入建築物時，他會發出咳嗽聲或清嗓聲，聲音足以讓裡面的人聽到，並知道他到來——這是對他們的一點禮貌。他從不轉頭向後看，而是完全轉過身來。如果有人邀請他說法或去某戶人家接受供食，他會保持沉默以示接受，雖然可能會有特定的表情或微微點頭。有時候，當人們期待他說話時，他卻默不作聲，以表明他認為有些事情不妥或不可接受。例如，有一次他要帶領比丘們誦讀戒律時，他只是靜靜安坐，比丘們等待他開始誦讀。在耐心等待了幾個小時後，目犍連走過來問他是否有問題，如果有的話是什麼問題。佛陀回答說，集會中的一位比丘德行不淨，不適合參與。該比丘被辨別並拖走後，佛陀才終於開始。㊵

在佛陀弘法初期，教授佛法令他沒剩多少時間照料個人所需，以及處理眾多瑣事，例如傳遞信息、宣布將集會說法，托鉢和洗滌袈裟

㊴《長部》（D.II,134）。
㊵《律藏》（Vin.IV,16）；《增支部》（A.IV,204）；《自說經》（Ud.51-52）；《中部》（M.II,91-92）。

等。因此,他獲安排一位侍者。他弘法生涯中共有九位侍者,包括須那迦陀、優波摩那、准陀、那耆多、那伽沙蔓羅、羅陀、彌醯、娑竭陀和阿難陀。其中首位侍者最終離開僧團,更公開批評佛陀。儘管這事一定令人感到尷尬,但仍然被記錄在佛經中,這是佛經忠於事實的另一例證。㊶優波摩那似乎具有一定的醫學知識;他陪伴佛陀走完人生的最後旅程,並在他入滅前伴隨左右。㊷在佛陀生命的最後二十五年,他的侍者是堂弟阿難陀。阿難陀說自己:「以慈愛的口、意和身業侍奉世尊,如影不離。」㊸許多佛經提及,阿難陀在眾多細微之處讓佛陀的生活輕鬆一點,他有時也參與佛陀與人的交談。當天氣炎熱時,他提供的小型服務之一就是在佛陀與人交談時,站在佛陀身後為他搧風。㊹

在正午左右,佛陀會午睡,不過他可能只在晚年,而且只在盛夏季節才這樣做。苦行者薩遮迦曾問他有否午睡,他回答說:「我記得在炎夏的最後一個月,在托缽回來和進食後,我會把大衣摺為四疊,攤放地上,然後躺下,有念和覺知地入睡。」薩遮迦對此不以為然,

---

㊶ 《長部》(D.III,2);《中部》(M.I,68)。
㊷ 《相應部》(S.I,174-175);《長部》(D.II,139)。
㊸ 《長老偈》(Tha.1039-1041-1043);《長部》(D.I,206)。
㊹ 《長部》(D.II,73);《增支部》(A.IV, 18)。但其他人有時也會這樣做,參閱例如《中部》(M.I,83; I.501)。扇子用大棕櫚葉做成,除了搧涼之外,也可用來驅趕蚊子,參閱《律藏》(Vin.II,130)。

並嗤之以鼻地說：「有人說這是愚癡。」㊺佛陀午睡時，會以他所謂的獅子臥姿勢躺下：右脅而臥，一腳放在另一腳上。

佛陀在下午沒有固定的日程安排，但可能有多種活動：指導比丘和比丘尼；與訪客交談；如果他在遊方的話則繼續旅程；或者獨自靜靜安坐。

《三藏》給人的印象是，佛陀所到之處都會吸引大量群眾。種德婆羅門說：「人們從異地異邦前來諮詢他……甚至其他教派或團體的導師亦前來諮詢他。」㊻隨著他的名聲日廣，各式各樣的人都來找他：對他的話真感興趣的人；好奇的人；一些存心爭辯的人；以及不可避免的只想與名人為伍的人。

雖然佛陀樂於接見任何想和自己交談的人，但有時應付群眾會讓他感到疲倦，他們不斷的提問也會讓他感到煩厭。㊼即使是走在街上托缽，或站在門口接受布施時，偶爾也會有人走近他，想和他說話或向他提問。當遇到這種情況，他會說現在不是合適的時間，以此打發對方。但如果對方堅持，有些人確實這樣，他會與他們簡短交談。㊽當伊奢能伽羅的村民知道他和比丘們已經到達附近的樹林時，他們蜂擁前來拜訪，並攜帶食物布施。他們興高采烈，吵吵嚷嚷。佛陀抱怨

㊺ 《中部》（M.I,249）。這顯示出於某種原因，佛陀有時會托缽和在早上稍晚進食。
㊻ 《長部》（D.I,116）。
㊼ 《中部》（M.I,168）；《長部》（D.II,93）。
㊽ 例如《相應部》（S.II,19）；《自說經》（Ud.7-8）。

說,他們聽起來像一群拉著滿網魚的漁夫。㊾佛陀住在毗舍離北面大林附近一處常去的地方時,也發生類似的事情。一大群離車顯貴乘車出城來探望他,他們談笑風生,大聲喧嚷。與佛陀同行的眾比丘聽到吵鬧聲,意識到即將發生的事情,於是連忙躲避,留下佛陀去應付人群。㊿

　　有些人希望能隨時見到佛陀,不理會當時他在做什麼。有一次,一群人來到佛陀的住處,當中包括一些摩揭陀和拘薩羅的顯赫婆羅門。他們問那耆多侍者佛陀身在何處和能否拜訪。由於佛陀早囑咐那耆多他不想被人打擾,那耆多於是回答:「現在不是探望世尊的適當時候,他正在休息。」㉛一眾婆羅門不習慣請求被人忽視,堅持要見佛陀。他們坐下,聲稱見不到這位名師就不會離開。不久之後,沙彌尸哈到來,看見所有人都在等候,便告訴那耆多,建議他通知佛陀有人想拜訪他。那耆多回答說自己不會,但如果尸哈這樣做,他也不會反對。尸哈走進佛陀的靜室,告訴佛陀眾人在外等待接見。佛陀無可奈何地對尸哈說:「你在靜室的蔭下為我設座。」然後他出來,坐下與婆羅門交談。㉜在極少數情況下,如果佛陀認為訪客對佛法不感興趣,只想閒聊而已,或者如果禪修使他全然恬靜而不想說話,他會與

㊾《增支部》(A.III,30-31)。
㊿《增支部》(A.V,133)。
㉛ 巴利文 *Paṭisallīna* 可解作休息、禪修、靜處或小睡。
㉜《長部》(D.I,150-152)。

訪客簡短交談，然後結束談話，讓他們離開。㊳

鑑於這一切，佛陀有時覺得需要獨處靜居以恢復精神，其實不足為奇。他偶爾會進行他所謂的「住於日間修行」，比如他吩咐阿難陀帶著坐墊，跟自己到遮婆羅廟度日，不被外間打擾。㊴另一個例子是，當他決定整天獨自在樹林度過時，他會指示常伴身邊的阿難陀不要跟隨。㊵有時候他會長期獨自靜修，宣布：「我想在接下來的半個月獨處，除了給我送食物的人，任何人都不要來找我。」㊶佛陀只有一次不辭而別。當時憍賞彌的比丘們發生爭執，佛陀試圖調停，但他們告訴佛陀應該置身事外，讓他們自行解決問題。佛陀對他們不服從感到厭惡。他整理住宿的房舍，收拾好所有東西，然後沒有通知眾比丘，甚至是他的侍者，就前往環境宜人的樹林。㊷

佛陀長期單獨靜修時，他會選擇在樹林附近進行。他喜歡的地方包括毗舍離北面的大林、憍賞彌附近稱為護林的王家御苑，還有那提迦附近的牛角林（Gosinga），其旁邊建有一座園林。一些出家人

㊳《中部》(M.III,111)。這句巴利文片語 *uyyojaniyapaṭisaṃyuttaṃ yeva kathaṃ* 可能有幾種不同的含意。參閱 Anālayo 2011, Vol. II, p. 692, note 43.c。
㊴《中部》(M.I,229)；《相應部》(S.V,259)。譯註：巴利文 *divāvihāra* 的中譯「住於日間修行」是根據蘇錦坤〈再探漢巴文獻的《比丘尼相應》——馬德偉教授〈《別譯雜阿含經》的比丘尼相應〉一文的回應〉，載《正觀雜誌》第五十一期／2009 年 12 月 25 日，頁 5-34。
㊵《增支部》(A.IV,438)。
㊶《相應部》(S.V,12; V,320)。
㊷《相應部》(S.III,95)。有關事件的詳細情況參閱《中部》(M.III,152 ff)。

喜歡樹林,不僅因為它們的環境幽靜和冷僻,還具有樹林之美。舍利弗提到牛角林的月下美景,娑羅樹花朵盛開,香氣瀰漫在空氣中。㊽ 佛陀也注意到樹林環境優美,當有人問他是否害怕在樹林獨處時,他回答說:「正午時分雀鳥無聲,我發現大樹林窸窣的聲音令人感到愉悅。」㊾

雖然佛陀的聲望具有好處,使他能夠向眾多人宣揚佛法,而他也能夠忍受其壞處,即較少時間用於其喜好的禪修和獨處,但他對名聲本身不屑一顧。「利得、供養和聲譽……是達致無上安穩的障礙。」㊿ 佛陀獨具慧眼,指出即使是誠懇的人,當獲得名聲時亦容易偏離正道:「一名比丘在獲得盛名和聲譽前沒有過患,但當擁有時便易於生起。」㉑ 這些過患是自滿、傲慢和妄自尊大。

佛陀不卑不亢,他相信自己的覺悟使他超越沒這種體驗的人,他接受別人對自己的尊敬,認為這是他應得,但亦不堅持要求。然而,他不喜歡過度的尊敬,或因盛名而來恭維,他將一些人從名聲中獲得的快樂比作糞便。㉒ 當人們對自己的恭維太過時,有時候確實這樣,他會出面制止,而在一次事件中,他更果斷拒絕。在到訪失悅摩羅山

㊽ 《中部》(M.I,212)。
㊾ 《相應部》(S.I,7)。
㊿ 《相應部》(S.II,226)。
㉑ 《中部》(M.I,318);另《中部》(M.I,193)。
㉒ 《增支部》(A.III,342)。

期間，菩提王子邀請他到宮殿接受供食。為迎接他的到來，王子在通往宮殿入口的階梯鋪上一塊白布，這是一種相當尊敬的行為，相當於現今的紅地毯待遇。當佛陀見到白布，便在它前面停下。王子感到困惑不解，於是問有什麼不妥之處，但佛陀一言不發。當王子第二次、第三次詢問，仍然沒有得到答覆時，阿難陀向他解釋佛陀不會走在布上，因為他「顧及後人」。[63] 阿難陀的意思是，佛陀想為未來的比丘和比丘尼樹立榜樣，他們可能會因虔誠在家人對他們的尊敬過於歡喜，因而被傲慢所害。菩提王子讓人收起白布後，佛陀進入宮殿。

如果佛陀認為對自己的虔敬過度或多餘，他不會接受，並堅決甚至直截了當阻止。當他知道跋迦梨比丘病重時，便前往探望。跋迦梨見佛陀到來，試圖起床，但佛陀吩咐他不必。「夠了，跋迦梨，不用起來。這處有座位，我會坐在這裡。」佛陀如其他探病的人，詢問跋迦梨的病情和感受。跋迦梨告訴他，說自己的病情非但沒有穩定或好轉，反而惡化。佛陀問道：「你是否有為什麼事悔疚或自責？」跋迦梨回答說自己只遺憾一事：「我很久以來想探望世尊，但因病重而無法做到。」佛陀回答說：「跋迦梨！你為什麼要見我這個汙穢的身體？見到法的人即見到我；見到我的人即見到法。」[64]

---

[63]《中部》(M.II, 91-92)。
[64]《相應部》(S.III, 119-120)。他所說的「汙穢的身體」（pūtikāya）並不是指自己缺乏個人衛生，而是指人的身體，包括他本人，會持續排出令人厭惡的排泄物，需要不斷清潔。另參閱《如是語經》(It.91)。

有幾次人們對佛陀虔敬過度,但他卻默然接受。有一次,波斯匿王郊遊,知道佛陀正好住在附近,決定前往拜訪他。兩人見面時,國王向佛陀頂禮,親吻和撫摸他的雙腳,同時自報姓名。佛陀只問國王為何他認為自己值得這樣的舉動。佛陀或許認為對波斯匿王的誇張行徑不予置評是謹慎的做法——畢竟他是一國之君。㊺

　　一般而言,佛陀的弟子都會效仿他的做法,盡可能避免接受過分的崇敬。當波斯匿王探訪阿難陀時,他鋪開一張華麗的象毯,邀請阿難陀坐在上面交談。阿難陀禮貌地婉拒,表示自己有座墊。國王對兩人的交談感到歡喜,在交談結束後將自己的斗篷送給阿難陀,說這件斗篷長十六肘,幅寬八肘,是阿闍世王贈送給自己的。阿難陀再次禮貌地婉拒。㊻一些弟子也許意識到自己容易驕傲,所以他們特意培養謙遜的心態,例如舍利弗說自己努力保持像一塊低賤的抹布,或賤民孩童般的心態。摩訶迦葉在王舍城托缽時,喜歡到城內貧民區的織工街。㊼

　　佛陀曾經說出家弟子應該視他為父親,而他則把他們當成子女。㊽比丘和比丘尼自稱「沙門釋子」或「沙門釋女」,別人也這樣稱呼他們。佛陀對所有弟子,無論是出家人還是在家人,都表現出慈

㊺ 《中部》(M.II,120)。
㊻ 《中部》(M.II,113; 116)。
㊼ 《增支部》(A.IV,376);《自說經》(Ud.4)。
㊽ 《律藏》(Vin.I,45)。

父般的關愛，關心他們的精神和身體健康。蘇那從阿槃提遠道而來舍衛城探望佛陀，兩人見面時，佛陀問他是否安好。「我希望你一切順利、身體健康、旅途不會疲勞困頓、托缽不會遇到問題。」蘇那回答說他一切都好，然後佛陀吩咐阿難陀為這位新來的比丘安排合適的住處。㊻佛陀教導弟子如何健康飲食、運動的價值、定期清潔牙齒的好處，甚至如廁的禮儀。㊼當有人身體不適時，他會抽空前往探望他們，無論是在寺院療養室的比丘，還是在家中的居士。㊽在探訪時，他會詢問病人的病情，並向他們宣講佛法以作鼓勵。如果需要，他甚至會幫忙照顧病人所需。

　　佛陀在阿難陀的陪同下到訪一間療養室，遇到一位患有腹瀉的比丘躺在自己的糞便中，無人照料。糞便、蒼蠅和臭味必定讓人極為難受。儘管如此，兩人還是給病人洗澡，然後把他抬到一張乾淨的床上。後來，佛陀召集眾比丘，責備他們對同伴漠不關心。他最後說：「誰願意照料我，就讓他照料病人。」㊾佛陀可能是針對此事或類似的事件，列舉一名關懷備至的看護所需的素質：

　　看護擁有五樣素質就能夠照顧病人。哪五樣？他能夠處理

㊻《自說經》（Ud.59）。
㊼《增支部》（A.III,250）；《律藏》（Vin.II,222）。
㊽例如《增支部》（A.III,142; 379）；《相應部》（S.IV,210; V,344-345）。
㊾《律藏》（Vin.I,301-302）；de Silva, p.29 ff。

藥劑；知道什麼對病人有益或無益，提供有益的，而不是無益的；他以慈心照顧病人，不求利益；他不厭惡糞便和尿液，嘔吐物和痰；他能夠不時說法來開示、啟迪、激勵和讓病人歡喜。⑦

在另一場合，他在關於「以慈心」看顧病人的指示中加入重要一環。他說如果醫生或看護意識到病人康復無望，他們仍然應該繼續照料。⑦他認為只要病人還活著，就應該關懷伺候。眾所周知的是「世尊稱讚對病人的照顧」（bhagavatā kho āvuso gilānupaṭṭhānaṃ vaṇṇitaṃ）。⑦

按照當時的標準，佛陀非常長壽，實是非比尋常，因為他出家後的生活非常艱苦：吃殘羹剩飯；經常露宿荒野；一年中大部分時間，包括炎熱的夏天，都在中國塵土飛揚的道路和小徑行走。雖然他體魄健壯，但有時也會生病，《三藏》幾次提到他病倒需要接受醫治。有一次，他感染風病，他吩咐侍者拿熱水給自己喝。⑦侍者拿來熱水和

---

⑦ 《增支部》（A.III,144）；另參閱 Wujastyk 2022, pp.5-7。
⑦ 《增支部》（A.I,121）。
⑦ 《律藏》（Vin.I,303）。
⑦ 《相應部》（S.I,174-175）。這是阿育吠陀醫學中關於「三體液說」（tidosa vidya）的最早記載之一。三體液據稱是調節身體狀態的無定形物質：風、膽汁和痰。它們被認為與淋巴、血液、肉、脂肪、骨骼、骨髓和精液互相影響。疾病被認為是由這些體液的異常所致。

148

一些糖蜜,建議他洗個熱水澡。佛陀照做,然後侍者給他喝摻有糖蜜的熱水,他的不適便有所減輕。他不止一次患上胃氣病——可能不是阿育吠陀理論所指的風(vāta),就像剛才提及的事件,而是那種導致腹脹、疼痛和腸胃脹氣的腸氣。每當出現這種情況,他都會用芝麻、米或青豆熬煮稀粥,摻入所謂的三辛,食用後就會痊癒。[77]

這則記載很有趣,因為它表明佛陀至少具備一些基本的醫學知識。他整理的幾份藥物清單——葉子、根莖、樹脂、脂肪和礦物——以及他就如何配製和儲存藥物,還有儲存多久不失藥效的說明,更加深人們對其醫學知識的印象。一位研究古印度醫學的權威學者認為,這些清單雖然簡短,但卻是印度現存最早的藥典。[78] 學者們還指出佛陀的譬喻和隱喻中常出現醫學意象,這表明他熟悉醫學,或者至少對醫學感興趣。至於他如何獲得這些知識,我們只能推測——可能來自他早年接受的教育,也可能來自他所屬的沙門傳統。

佛陀的另一種常見疾患是背痛,這可能在他年老時才顯現出來,通常發生在年長男性身上。[79] 有一次,他站在祇園精舍的大堂外,以免打斷堂內的說法。這次說法的時間很長,當說法結束後,他走進講堂坐下,說自己在外面等候時感到腰酸背痛。該名說法的比丘向佛陀

---

[77] 《律藏》(Vin.I,210)。三辛的成分眾說紛紜,可能是生薑、蓽拔(*Piper longum*)和黑胡椒。
[78] Zysk, p.73.
[79] 《長部》(D.III,209);《中部》(M. I,354);《增支部》(A.IV,184)。

道歉,佛陀察覺自己無意中讓這比丘感到尷尬,於是稱讚他的說法和前來聽講的聽眾。⑧ 其他幾篇佛經提到,當佛陀坐在講堂時,他會背靠一根柱子,再次表明他的背部需要支撐。當中最有趣的片段是描述佛陀傍晚時坐在陽光下暖背,阿難陀看到後行近佛陀,在兩人談話時為他按摩。⑧

《三藏》記載佛陀四次患上更嚴重的疾病,其中一次他患上體液不調。阿難陀諮詢為僧團免費治療的御醫耆婆,他建議給佛陀「塗油」數天。塗油可能指以下其中一項:用藥油按摩;喝下藥油;將藥油滴入鼻腔或耳朵;或灌腸——所有治療方法均見諸早期的阿育吠陀文獻。這個療程結束後,耆婆為佛陀開了一道強力的通便處方,其中包括吸入幾束用某種藥物處理過的藍睡蓮(uppala)的香氣。⑧ 同樣,這種藥物如何使用尚不清楚,可能在睡蓮上灑上草藥粉,然後吸入香氣。經過治療後,佛陀聽從耆婆的建議,洗了個熱水澡,並在痊癒前只喝湯。⑧

還有一次,佛陀在王舍城時「患病、不適、重疾纏身」。這次他沒有求醫,而是吩咐侍者為他念誦七覺支。侍者念誦後,過了一段

---

⑧ 《增支部》(A.IV,358-359)。
⑧ 《相應部》(S.V,216)。
⑧ 藍睡蓮,學名 Nymphaea nouchali,含有阿撲嗎啡,可以緩解焦慮和誘發嘔吐,不過吸入香氣的影響可能非常輕微。
⑧ 《律藏》(Vin.I,279-280)。《中部》(M.I,245)提到四種湯。

時間他便痊癒。經文暗示聽聞這些法義對佛陀的康復起到一定的作用。㊳

《三藏》的另一段經文簡要提到，佛陀在到訪迦毗羅衛城時剛從一種不明疾病中康復，這可能與上述其一事件有關。㊵ 在他入滅的前幾個月，他曾經兩次患病，身體變得非常虛弱，並可能加速他的離世。第十三章將會詳細討論這些事件。

日落之後，佛陀會減少與人往來，讓自己有更多的機會休息和放鬆。《三藏》甚少提及佛陀晚上何時入睡和睡眠多久。他吩咐比丘和比丘尼在初夜和後夜保持清醒，進行坐禪或行禪，只在中夜睡眠。他大概也跟隨這個時間安排。㊶ 夜晚從日落開始，到日出結束，間分為三更（yāma），每更的長短因季節而異。㊷ 據說佛陀有時會用大半夜的時間來行禪或說法。㊸ 其他佛經只說他露天而宿，而不是在建築物或窩棚下，不僅在夏天，甚至可能在非常寒冷的冬夜也是這樣。㊹ 當他住在阿羅毗的樹林時，他用樹葉鋪設臥具，在上面坐禪。他不會採

㊳ 《相應部》（S.V,80）。七覺支（satta bojjhaṅga），即是念覺支、擇法覺支、精進覺支、喜覺支、輕安覺支、定覺支和捨覺支。
㊵ 《增支部》（A.I,219）。
㊶ 《增支部》（A.I,114）；另參閱《法句經》（Dhp.157）。
㊷ 關於早期印度計時法和水鐘，參閱《占星吠陀支》（Vedāṅgajyotiṣa II,5-6）和《政事論》（Arthaśāstra I,19,6）。
㊸ 《相應部》（S.I,107）；《長部》（D.II,86）。
㊹ 《律藏》（Vin.I,196）；《相應部》（S.I,10）；《自說經》（Ud.59）。

摘樹葉，而是收集地上的落葉。⑨⓪另兩篇佛經描述即使下著小雨，他仍然在露天過夜。⑨①證據表明，佛陀習慣在黎明前結束禪修，開始一天的活動。

⑨⓪《增支部》（A.I,136）。
⑨①《相應部》（S.I,104; I,109）。

8
雲遊四方

疲者由旬長

《法句經》六十偈

隨著公元前六世紀和公元前五世紀大陸貿易的增長，整個中國地區的道路網絡也在擴展，通道的質量亦得到提升。過往的小路和叢林小徑，逐漸變成像樣的道路。強大的中央集權政府，例如摩揭陀、拘薩羅和跋蹉的政府也在這一轉變中發揮作用。政府鼓勵貿易，因為關稅和使用公路和渡船的徵費有助充實庫房，並且可以迅速派遣軍隊到發生事端的外省，或迎擊外敵。渡船和淺灘過河設置標準收費，而遊方的苦行者、婆羅門和孕婦通常獲免費放行。① 宗教在這種轉變中也起了次要作用，朝聖吸引信徒前往聖地。佛陀觀察到人們會到孫陀利迦河、薩羅娑縛底河和波富摩底河等聖河，以及伽耶和巴耶伽等地沐浴。佛陀鼓勵弟子們一生至少一次到訪他生命中發生重要事件的地方：他出生、覺悟、第一次宣講佛法，以及他將入滅的地方。②

　　《三藏》提到幾種道路：小路；叢林小徑；小巷；大道，例如舍衛城和毗蘭若、舍衛城和娑祇多之間的道路，③ 以及鬱迦羅貫通優樓頻螺的道路。還有所謂的車道，可能保養良好，方便車輛行駛。④ 然而，幾乎可以肯定的是，即使最好的道路也是塵土飛揚、車轍縱橫，

---

① 《摩奴法論》(*Manusmṛti* 8,406-407)。根據《方廣大莊嚴經》(*Lalitavistara* XXVI 18) 的記載，佛陀促成摩揭陀頒布法例，允許苦行者免費使用渡船。
② 《長部》(D.II,140)。
③ 《律藏》(Vin.IV,228) 提到往返這兩個城市時要過河，雖然現今已經看不到這條河流。不過，衛星攝影顯示有一長串牛軛湖和沼澤，一條大河曾經穿過這條路線，證明《三藏》中的地形資料大致準確。
④ 《增支部》(A.II,57; IV,187)；《律藏》(Vin.I,4) 提到小路、叢林小徑、大道、道路和街道。有關更多當時道路和道路網的資料，參閱 Agrawala p.142。

只有間歇維修,在雨季時可能無法通行。佛陀提到一位車夫在平坦的大道抄近路,最終因為旁道崎嶇而車軸斷裂。⑤《本生經》記載一位熱心公益的村民,他動員朋友幫忙清除道路上的大石,砍伐路旁可能擊中駛過的車輛和折斷車軸的樹木,修建橋樑、飲水處和旅舍以方便旅人。這些故事必定反映人們實際所做的事情,鼓勵其他人效法,從而緩解旅途中遇到的困難。⑥

中國的河流眾多,交通不便。當地橋樑十分罕見,雖然在一些主要河流上有渡口,但過河主要依靠淺灘。在沒有這些便利設施的地方,旅人不得不隨機應變。《三藏》記述一些比丘來到一條河邊,恰好遇到一個牧牛人趕牛群下水,他們於是抓住牛尾巴和牛背,由牛群帶著過河。⑦在更偏遠的地區,人們可使用附近的樹枝、樹葉和草臨時扎成筏子或漂浮物來過河。除了經陸路前往目的地之外,乘船是另一方法。《三藏》提到阿難陀可能在波吒釐村上船,船隻沿著恆河航行到憍賞彌,這是《三藏》中為數不多關於長途河上旅程的記載。⑧許多道路穿過有人居住的村莊和耕地,也有不少道路穿過叢林或半沙漠荒野。一位旅人表示:「這些荒野道路缺水少糧,如果不帶補給

---

⑤ 《相應部》(S.I,57)。
⑥ 《本生經》(Ja.I,199)。
⑦ 《律藏》(Vin.I,191)。
⑧ 《律藏》(Vin.II,290)。《律藏》(Vin.II,301) 提到比丘們在毗舍離登船,逆流而上,到達薩寒若(Sahajāti),現在被確定為安拉阿巴德附近的比塔。如若屬實,逆流而上應是指恆河和亞穆納河一段的航程。

品,很難在這些道路上行走」。⑨ 在夏季,如果缺水的話,即使是相對較短的路程也會構成危險,因此比丘們在長途遊方時會攜帶水瓶和濾水囊。

除此之外,匪患是印度旅行的長年問題。佛陀形容一些道路「令人恐懼、危險且必須攜帶武器上路」,因為旅人有可能被搶劫,又或遇到更糟糕的事。旅人攜帶貴重物品穿越荒野,安全脫離危險時會感到如釋重負。⑩ 在舍衛城和娑祇多之間的路上,旅人經常遭到搶劫。央掘魔羅是一名令人聞風喪膽的強盜,他曾經在拘薩羅的樹林出沒,殺害了不少人。⑪ 佛陀觀察到強盜會攔路襲擊,然後消失於「茂密的草叢或叢林、溝壑或大樹林」。⑫ 其中有些強盜會劫持一群旅人,然後釋放其中一人,實行擄人勒贖。⑬ 有一次,佛陀和侍者那伽娑摩羅在拘薩羅行到一個岔路口。佛陀說他們應該走其中一條路,而侍者堅持走另一條。這分歧持續一段時間,最後侍者怒氣沖沖地放下佛陀的缽,走他認為正確的路。他沒走多遠就被土匪襲擊,土匪對他拳打腳踢,還撕破他的袈裟。⑭

---

⑨ 《律藏》(Vin.I,270)。
⑩ 《律藏》(Vin.IV,63);《中部》(M.I,276)。
⑪ 《中部》(M.II,97);《律藏》(Vin.III,212)。
⑫ 《增支部》(A.I,153–154);《中部》(M.III,158)。
⑬ 《本生經》(Ja IV,115)。
⑭ 《自說經》(Ud.90)。作為比丘並不能免於被土匪殺害;參閱《長老偈》(Tha.705 ff) 和《中部》(M.II,97-98)。有關此類遭遇的例子,參閱 Ajahn Sucitto and Nick Scott, *Rude Awakening*, 2010, pp.237 ff,這是一本極具可讀性的著作。

一般來說，長途旅行既不舒服又枯燥乏味，只有在必要時才會進行。儘管有諸如此類的問題，但佛陀仍常踏旅途，以盡量接觸更多的民眾──這就是他的決心和慈悲所在。他遵守自己制定的戒律，並按照沙門的悠久傳統，在雨季的三個月安居一處，年中剩下的時間展開步行之旅。根據後來一個相當可信的傳統，在佛陀弘法二十五年後，除了最後一個雨季之外，每個雨季都在舍衛城或其附近度過，這解釋為何他多在舍衛城而不是其他地方說法。⑮如果屬實，他決定將遊方限於舍衛城附近，因為當時他已經大約六十歲，年事已高；因為拘薩羅語與他的語言相同或相似；也許還因為這座城市距離他的家鄉只有四到五天的步行路程。

佛陀覺悟後長途跋涉尋找昔日的五位同伴，與他們分享他領悟的法義。同樣重要的是，他指示五人和其他的弟子到鄉間遊方，將他所教的法義傳授給其他人，以「利益廣大眾生」。⑯佛陀告誡比丘和比丘尼不要長期漫無目的遊方，也不要久留一處。長期漫無目的的遊方令他們無法與博學的僧侶相處，亦無法與其他人建立友好情誼。久留一處則令他們積聚過多的物品，牽涉進在家人和他們的問題中，或變得過於依戀某處。⑰

---

⑮ 《佛種姓經註》（Bv-a.4）。
⑯ 《律藏》（Vin.I,5）。
⑰ 《增支部》（A.III,257-258）。

佛陀弘法期間到訪的地方大體可知。他的北行受到人跡罕至的喜瑪拉雅山山麓阻礙，儘管有一項記載提及，他曾在拘薩羅控制的山區的樹林小屋居住。⑱沒有證據顯示他曾經到過恆河亞穆納平原南緣的山區——密札浦山（Mirzapur Hills）、拉傑馬哈爾山和溫迪亞山脈——甚至沒有走近這些地方。他東行最遠所到的加將伽羅現今仍然可辨，西行則是摩偷羅。加將伽羅是賈坎德邦拉傑馬哈爾縣的現今城鎮坎喀爾（Kankjol），而摩偷羅則是現今的馬圖拉，位於德里以南一百五十公里處。坎喀爾和馬圖拉相距近一千公里。佛陀有否走遍這一地區無法確定，但在五十年的遊方期間，他很可能遊歷當中的大部分地區。《三藏》列出他到訪或經過的九百多個地方：城市、城鎮、村落、山丘、洞穴、河流、樹林和其他地標。因此，他遊方的地區至少有二十八萬平方公里，但主要集中該地區的東部，即介於舍衛城、王舍城、毗舍離和憍賞彌等大城市之間的地方。

《三藏》記錄了佛陀幾次遊方的行程，從中對他有時會走多遠有所了解。例如，我們知道在他覺悟後的十二個月內，他從優樓頻螺出發，途經伽耶和波羅奈，到達仙人住處，在當地度過三個月的雨季，然後返回伽耶，繼續前往拉提那和王舍城。這些地方都能明確識別，因此可以推算，佛陀從優樓頻螺到王舍城至少步行三百公里。在另一次遊方，他從毗蘭若出發，途經須離、僧伽施和羯若鞠闍，在波夜迦

---

⑱《相應部》（S.I,116）。

渡過恆河，到達波羅奈。雖然經文沒有明確提及，但他很可能在波夜迦乘船沿恆河至波羅奈。[19] 毗蘭若是現今艾塔（Etah）附近的阿特蘭基赫拉，羯若鞠闍是現今的卡瑙傑，它們都在北方邦。古代的波夜迦被認為是現今安拉阿巴德對岸的久西（Jhusi）。[20]《三藏》記載佛陀最長途的遊方是從王舍城到毗舍離，然後到舍衛城，再經枳吒山和阿羅毗回到王舍城，往返行程約一千六百公里。[21] 阿羅毗是現今城鎮埃華（Airwa）。他大概於雨季結束後開始遊方，並在九個月後的下一次雨季前及時返回。

佛陀遊方所需的時間多久只能猜測，不過古代註釋提到，他從王舍城到迦毗羅衛的旅程耗時兩個月，每天步行一由旬。我們從著名的《大般涅槃經》得知，他從王舍城出發，途經那爛陀、波吒釐村（現今的巴特那）和毗舍離到拘尸那羅，全長約三百公里。根據以上經文，他在雨季結束後（十月中旬）離開毗舍離，傳統上說他在衛塞月（Vesākha，五月、六月間）的滿月於拘尸那羅入滅。如果佛陀在雨季結束後不久就離開毗舍離，那意味著他步行大約九十五公里，耗時七個月，這似乎是很長的時間，更何況他年老體弱。然而，在離開毗舍離之前的某個時間，他預言自己的壽命只剩下三個月，這意味著他將

---

[19]《律藏》（Vin.III,1-11）。
[20] Chakrabarti, 2001 p.263。安拉阿巴德最近更名為普拉亞格拉吉（Prayagraj）。
[21]《律藏》（Vin.II,171ff）。

在一月入滅。㉒不過，必須指出我們不知道他在何時離開毗舍離，可能是雨季結束後數週，甚至一、兩個月，而且《三藏》也沒有明確說佛陀於衛塞月入滅。㉓

可以推測當佛陀在徒步遊方時，他會在日出前醒來，前往最近的地方托缽：他所住附近的村落、城鎮或城市。進食後，他會趁天氣涼快上路。他可能會步行到正午酷熱難耐的時候，在下午稍作休息，或者若途中的一座村落適合停留和與人交談，他可能會在該處停留一天或兩、三天。如果他下午稍晚時候到達城鎮或村落，他大概會留在該處直到第二天早上。

根據記載，佛陀在路邊的旅舍、糠屋、婆羅門的火堂、陶工的舊棚舍過夜，而當沒有其他住處時，就在樹下的空地。㉔有一次，他回到達迦毗羅衛時，因為找不到住處，只能住在苦行者跋羅陀（Bharaṇḍu）的簡陋茅舍。還有一次，他在拘樓時，住在一間鋪設草座的小茅屋。㉕方便的時候，佛陀會寄宿宗教聖地或聖樹下，這些地方旁邊通常有某類住處，偶爾會有大型聚會。其他地方可能只有相連的小茅舍，簡陋但方便入住幾晚。

㉒《長部》(D.II,106)。
㉓傳統上，佛陀的誕生和覺悟也在衛塞節慶祝，現在以斯里蘭卡僧伽羅語的 Vesak 廣為人知。
㉔《中部》(M.I, 206; III,238)；《長部》(D.II,131)；《增支部》(A.I,136; III,402)。糠屋（bhusāgāra）位於打穀場附近，供工人休息和用來儲存秸稈的地方。
㉕《增支部》(A.I,276 ff)；《中部》(M.I,501)。

中天竺

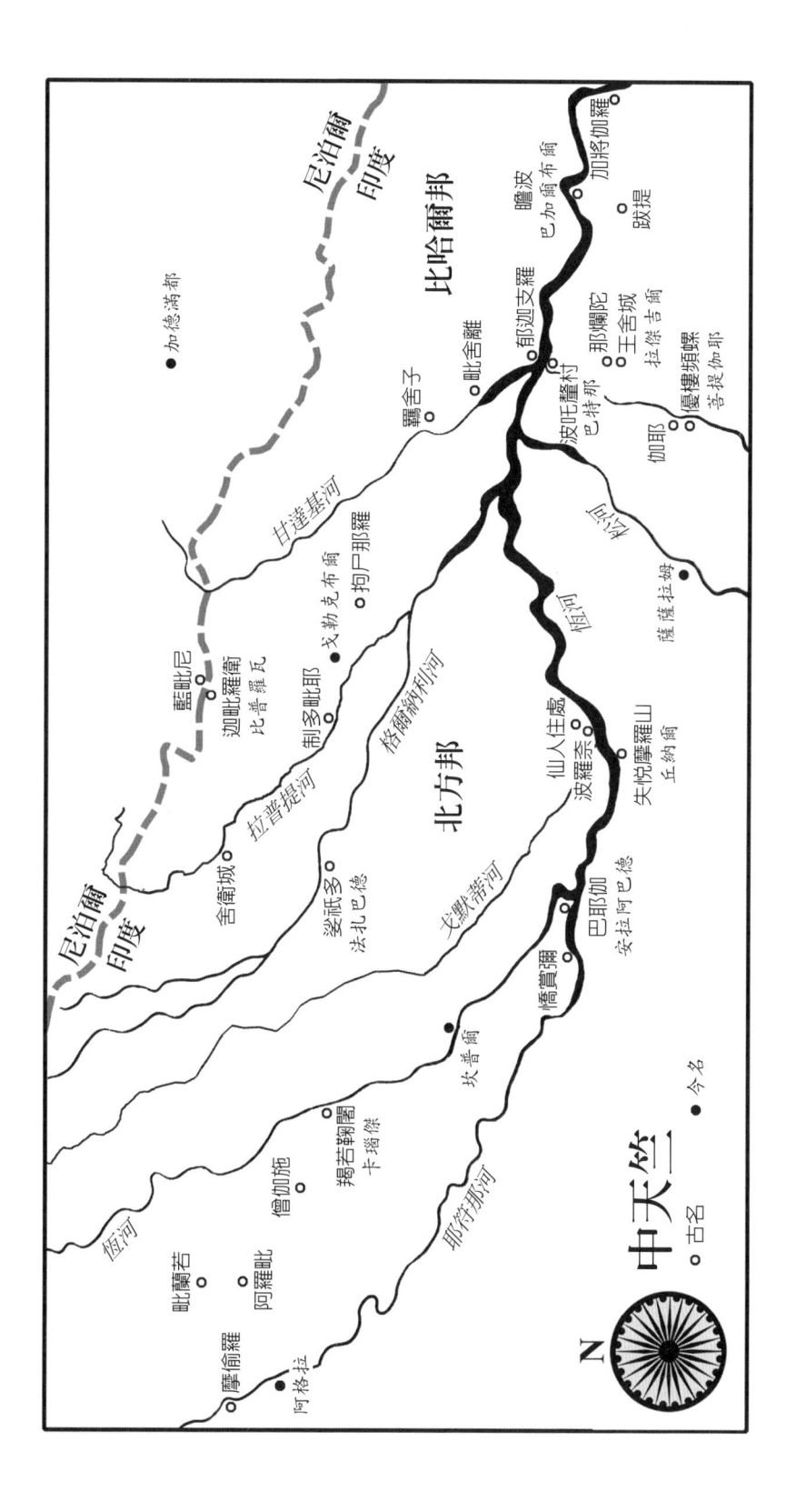

○ 古名　　● 今名

比哈爾邦

- 加德滿都
- 毗舍離
- 郁迦支羅
- 羅舍子
- 瞻波
- 巴加爾布爾
- 加將伽羅
- 跋提
- 那爛陀
- 王舍城
- 拉傑吉爾
- 優樓頻螺
- 菩提伽耶
- 伽耶
- 巴特那
- 波吒釐村
- 薩薩拉姆

北方邦

- 藍毗尼
- 迦毗羅衛
- 比普羅瓦
- 制多毗耶
- 戈勒克布爾
- 拘尸那羅
- 舍衛城
- 梁祇多
- 法札巴德
- 仙人住處
- 波羅奈
- 失悅摩羅山
- 丘納爾
- 巴那伽
- 安拉阿巴德
- 憍賞彌
- 坎普爾
- 揭若鞠闍
- 卡瑙傑
- 僧伽施
- 毗爛若
- 阿羅毗
- 摩偷羅
- 阿格拉

河流

- 甘達基河
- 拉普提河
- 格爾納利河
- 恆河
- 戈默蒂河
- 亞穆納河
- 閻牟那河
- 伽河

尼泊爾 / 印度

N

另一選擇是住在政府、行會，或善心人士沿著道路或在城裡為方便旅人而建造的旅舍。許多城市的城門外都設有旅舍，讓晚上城門關閉後到達的旅人住宿。㉖ 還有一些王家旅舍，供國王或因公出差的官員入住。㉗ 大多數的大眾旅舍僅供遮風擋雨，甚少提供其他物品。不過，例如在鬱多羅，鎮長婆多利耶建造和管理的旅舍則備有基本但充足的傢俱和設備。㉘ 一些旅舍會為到來的人提供食物。有一次，一群比丘經常到一間旅舍托缽，當地人因而抱怨說：「施捨的食物不是專門為他們準備的；食物是為所有人準備的。」佛陀憂慮比丘們會因此背上貪婪的惡名，於是規定比丘們除非生病，否則不得到這些地方托缽多過一次。㉙ 他還規定比丘們出行時不得使用雨傘或手杖。就雨傘而言，這是因為它們與權力和地位有關，他不想讓人覺得比丘們在張揚炫耀。一群打著雨傘的比丘被人嘲諷看似財政官員。㉚ 比丘和比丘尼可以穿涼鞋，佛陀是否擁有或穿著涼鞋則沒有記載。

㉖ 例如《本生經》(Ja.I,115)。
㉗ 巴利文 āvasathāgāra（賓館）、āgantukāgāra（旅舍）、sabhā（會堂）、āvasatha（住宅）和 sālāya nivāsa（居所）之間的區別尚不清楚；《相應部》(S.IV,219)；《本生經》(Ja.I,115; 302, IV,147)；《律藏》(Vin.IV,16)。前三個地方對任何人開放，因為佛陀提到即使是低種姓的旅人也可以住宿，而最後一個地方可能是某類商業旅館或酒店。議論堂是一個城市或城鎮的市政廳；《中部》(M.I,353)。有些地方的議論堂必須徵得許可才可逗留；《律藏》(Vin.IV,17)。一些城鎮有布施堂（dānasālā），可能兼作大眾旅人的休息處；《本生經》(Ja. I,231)。
㉘ 《相應部》(S.IV.348)。
㉙ 《律藏》(Vin.IV,69-70)。
㉚ 《律藏》(Vin.II,130-131)。

8 雲遊四方

　　佛陀在某處停留多久取決於眾多因素：當地人是否前來與他交談和聆聽他說法；是否有布施和水；氣氛是否融洽。當佛陀在人口眾多的城市停留時，他的住宿會相當舒適，而且獲得很好的照顧。當他覺悟後回到王舍城時，頻毗娑羅王將他的一個遊園，即竹林園捐贈給僧團。往後的幾十年，許多人都仿效他的做法。最初在這些地方建築的寺院只不過是茅草覆頂的泥巴小屋，或用樹葉、枝葉或草搭建的窩棚。只有在佛陀弘法後期，才開始興建更多的永久性建築。祇園精舍是首座專門建造的大型寺院建築群，設有講堂、有頂走廊、水井、浴室和其他設施。[31] 這座寺院一直興盛到十二世紀印度佛教的末期。

　　佛陀一定很享受遊方生活帶來的自由。他說：「居家生活充滿障礙，是一條塵垢的道路。出家生活就像微風般自由。」[32] 四處遊方讓他得以傳播佛法，但這背後還有其他原因。他明白親身接觸對弟子很重要，尤其是剛出家的比丘和比丘尼，這往往是他決定前往哪些地區和到訪次數的一個因素。[33] 遊方期間，他可能會到一處弘法，接受一些信眾皈依，甚至為若干比丘或比丘尼授戒，然後可能多年不會再來。對於身負家庭責任的居士來說，難以千里迢迢去見佛陀，因此他們要等待，也許要等上數年才能再次見到他。一篇經文提到，當一處

---

[31]《律藏》(Vin.II,159)。
[32]《長部》(D.I,62)。
[33]《相應部》(S.III,90)。

偏遠地區的居民聽說佛陀可能正前往他們的村莊，他們心情興奮。而當他快抵達的消息傳至時，他們更爲雀躍。[34]有一次，一位比丘與佛陀在舍衛城度過雨季後到了迦毗羅衛。人們知道他來自何方時，便向他問及佛陀和其教授的法義，該比丘發覺自己應接不暇。[35]

當然，佛陀不可能同時身處各地，因此比丘和比丘尼有時不得不長途跋涉，才能有幸親近佛陀。例如，當他住在車頭時，數百名比丘到來探望他和聽他說法。[36]另一個例子有關蘇那俱胝耳比丘，他在摩訶迦旃延座下出家。在出家大約一年後，他萌生一個願望，想見到那個他皈依其教義的人。他對戒師說：「我還未親身見到世尊；我只聽聞他的樣子，如果你允許的話，我將前去見世尊、應供、正等正覺者。」[37]結果他得償所願。

那些想知道佛陀在哪處以便與他會面的人，如果來自遙遠的地區或其他國家，可能會遇到困難。但波斯匿王的宮廷有一位景仰佛陀的官員，他收到大概是來自比丘、商人，或邊遠地區甚至異國王室官員的信息，有時候能夠知道佛陀的行蹤，或者他的出發地和目的地。[38]

從三個中國境外民眾到來見佛陀的例子，可證明他的名聲已經

---

[34]《相應部》（S.V,348-349）。
[35]《相應部》（S.V,450-406）。
[36]《中部》（M.I,456）。
[37]《自說經》（Ud.58）。
[38]《相應部》（S.V,349-350）。

傳播到印度的鄰近地區。有一處記載苦行者婆和利（Bāvari）的十六名弟子，他們從哥達瓦里河可能是流經摩訶剌侘的地方出發前往中國，希望與佛陀見面。當他們聽說他在舍衛城時，便前往該處，途經憍賞彌和娑祇多，抵達後發現他已離開了一段時間。他們沿著他的路線，途經制多毗耶、迦毗羅衛、拘尸那羅、波婆和毗舍離，最後在波沙那迦塔寺追上他。㊴一名稱為婆醯裏樹皮者的苦行者從蘇波羅哥遠道而來見佛陀。㊵這個地方現稱索帕拉，位於印度西海岸，距離孟買以北約五十五公里。佛陀的名聲能傳播如此之遠，婆醯能長途跋涉約一千三百公里，並不像乍看那麼難以置信。蘇波羅哥是一個主要的海港，也是以憍賞彌為起點的主要公路南路的終點站，早在公元前五世紀已經是一個重要的商埠。商人們很可能將佛陀的消息帶到蘇波羅哥，婆醯亦很可能跟隨一支前往中國的商隊到來。㊶另一個故事提及蘇那比丘，他從阿槃提不遠千里而來拜見佛陀。阿槃提王國位於中國以南，通過南路與中國相連。㊷這些事件顯示當時的苦行者靈活遊走

㊴《經集》（Sn.1014）。桑吉（Sañchi）的銘文提及他們途經的地方，大部分至今仍可辨認；參閱 Marshall, pp.299-300。有關他們最先到達的波底那（Patiṭṭhāna），參閱 Kennet et al, pp.10-11。
㊵《自說經》（Ud.6）。有關苦行者以樹皮作衣的資料，參閱 Dhammika 2018b, p.160。
㊶有關索帕拉的佛教文物，參閱 Falk, 2006, p.136-138。
㊷《自說經》（Ud.58）。《長老尼偈》（Thi.110）記載徒跋提比丘尼（Bhaddā）在其五十年的耆那教比丘尼生涯中遊歷印度北部的大部分國家。

各地。

中國曾經有著和現今該地區一樣多的語言和方言,這給像佛陀一樣的四處遊方者帶來特別的問題。雖然《三藏》沒有提到佛陀的母語,但上座部傳統聲稱佛陀說巴利語。佛陀就像商人、外交官和要經常長途往返各地的其他行業的人一樣,很可能精通幾種語言。佛陀曾說,在異地執著使用自己的語言或方言只會造成混亂和分歧:

有人說過「人不應過於依賴當地語言……」怎樣才能做到這樣呢?在不同的地方,人們可能稱同一個物件為缽、盆、碟、罐、器皿、蓋碗、凹形容器或圓形容器。但無論在一個地方他們如何稱呼它,人使用這詞時心想:「這個人好像指那個東西」,而他也相應地使用那個詞。㊸

他也不相信任何一種語言能比其他語言更好地傳達他的佛法,他說:「我希望你們用自己的語言學習佛陀的訓誨。」㊹佛陀對地方的習俗同樣持開放的態度。有一次他說:

㊸《中部》(M.III, 235)。
㊹《律藏》(Vin.II,139)。另一譯文,參閱 Levman 2008-2009, pp.33-39。有關佛陀對語言的態度,參閱 Gombrich 2018, pp.86-90。

> 我清楚地記得貴族、婆羅門、居士、沙門和天神的所有集會……我都曾出席。在我與他們同坐、交談和討論之前，我依隨他們的神態和語言，不論什麼，然後我向他們傳授佛法。㊵

這正是人們期望一個彬彬有禮、開明通達和遊歷甚廣的人會做的事情。無論怎樣，佛陀都不是狹隘的人，無疑遊方使他變得更靈活和寬容地對待差異。

㊵《長部》（D.II,109），扼要引文。

9
稱道與譏誹

完全受到指責或讚揚的人，
過去沒有，現在沒有、
未來都不會有。

《法句經》二二八偈

佛陀長期置身於群眾之中，宣揚的思想挑戰許多現有的觀念，必然招致反對、抨擊，有時甚至是反感。當這種情況發生時，他會設法更詳盡地自我解釋，為自己的立場辯護，同時保持沉著冷靜，不反擊批評者。同樣，他吩咐弟子當自己、他們或佛法成為指責或歪曲的目標，甚至三者其中之一受到讚揚時，情緒不應被挑動，而是盡量保持客觀：

「如果有人指責我、佛法或僧團，你不應因此而憤怒、怨恨或不滿。因為這樣只會妨礙你，你就無法知道他們所說是對是錯。你能嗎？」

「世尊，不能。」

「所以，如果其他人指責我、佛法或僧團，只需解釋不正確之處：『這是不正確的，這是錯誤的，我們不是這樣的，這不是我們所做的。』同樣，如果其他人稱讚我、佛法或僧團，你不應因此而歡喜、得意或自滿。因為這樣只會妨礙你。所以，如果其他人稱讚我、佛法或僧團，只用闡明正確之處：『這是正確的，這是對的，我們是這樣的，這是我們所做的。』」①

---

① 《長部》(D.I,3)。

9 稱道與譏誹

佛陀覺悟後不到一年，就度化了五位前同伴、富有的年輕人耶舍和他的好友，以及摩揭陀最著名和最受人尊敬的沙門迦葉三兄弟，還有他們的所有追隨者。不久之後，另一位沙門導師散若夷毗羅梨沸的大部分弟子，共約二百五十人都離他而去，加入佛陀的僧團。最後兩件事在摩揭陀引起極大的關注，並使佛陀在他弘法早期就聲名鵲起。不久，許多青年男子紛紛請求出家，佛陀都欣然接納他們。但他願意為任何請求出家的人授戒卻衍生若干問題。培育不足和無人監督的比丘到處遊蕩，造成尷尬。此外，許多青年和男人捨棄家庭，令蒙受影響的民眾焦急不安，對佛陀心生抱怨。人們說：「沙門喬達摩令我們沒有孩子、令我們變成寡婦，拆散家庭。」即使佛陀對這感到擔憂，他也沒有公開回應。當知道人們對他的議論時，他不予理會，並評論道：「這種喧囂不會持續太久；它將持續七天後停止。」[2] 只有在這之後，他才開始制定戒律，考核請求出家的人、授戒和培育比丘。顯然，他在接納眾多男性出家之前，沒有深思熟慮僧團的妥善組織。

雖然佛陀堅定認為自己屬於非吠陀的沙門傳統，但卻無視其中若干最基本的前提，尤其是嚴格的苦行和自虐。因此，他有時會受到其他苦行者的責難。在他實踐苦行數年後，他最終放棄，重新開始洗澡和正常飲食，令跟隨的同伴怒不可遏。他們指責他過著富足的生活，心感厭惡地離開他。一名苦行者貶斥他為「禿頭居士」

---

[2]《律藏》(Vin.I,43)。

(　*muṇḍagahapatika*　)，即冒充苦行者的俗人。④ 苦行者迦葉向佛陀轉述關於他的指責：「沙門喬達摩反對一切苦行，斥責和抨擊所有過著苦行生活的人。」佛陀否認這一指責，解釋自己讚揚能夠達致證悟和解脫的苦行，批評那些無效的苦行。④ 如下文所示，提婆達多與佛陀決裂，並成立自己僧團的真正原因，很可能就是佛陀不強調苦行和自虐的價值。

一些較極端的苦行者指責佛陀草率度日。當苦行者摩犍提看到佛陀睡覺的地上鋪設草堆，便評論道：「我們看到沙門喬達摩的床鋪，那個傷害生命的人，這真是令人不忍目睹。」⑤ 這批評的意思尚不完全確定，但摩犍提似乎接受當時某些沙門流行的信念，即植物是有情眾生，因此採摘或砍伐植物等同於殺生，這是較謹慎的苦行者所避免的。有些苦行者甚至攜帶掃帚或拂塵，邊走邊掃他們的前方，以免踩踏或殺死小昆蟲。⑥ 鑑於這種謹慎的態度，作為嚴格素食主義者的耆那教徒，他們攻擊佛陀及其弟子吃肉並不令人意外。

一群耆那教徒穿過城鎮，從街道到街道，從廣場到廣場，

---

③《律藏》（Vin.IV,91）。
④《長部》（D.I,161）。
⑤《中部》（M.I,502）。
⑥《相應部》（S.IV,300）。現今的耆那教比丘攜帶由孔雀羽毛或羊毛線製成，稱為 *oghā* 的掃帚，目的亦是一樣。

揮臂大喊：『今日悉哈將軍屠宰一隻大牲畜，供養給沙門喬達摩。喬達摩將會吃掉它，他知道這牲畜特意為他屠宰。』⑦

佛陀沒有回應接受施主的肉食就等於殺生的指控。然而，他規定如果比丘和比丘尼看見、聽見或懷疑肉食是來自專門為他們屠宰的動物，則不得接受。⑧

有些人對佛陀存有一個有趣的疑惑，就是儘管他相對年輕，但他自稱已經完全覺悟，而其他多數這樣宣稱的人通常年紀老邁。波斯匿王就此詢問佛陀：

那些沙門婆羅門，他們身為教派和宗派的首領，著名的導師，有名聲和為人所推崇——即使是他們也不會聲稱已經證得無上正等正覺。因此，當你還那麼年輕，而且才剛剛成為沙門，你怎能作出這樣的斷言？

佛陀回答說覺悟無關年齡，就如一位年輕的剎帝利、一條初孵化

---

⑦《增支部》(A.IV,187)。
⑧《中部》(M.I,369)。人們普遍認為佛陀主張素食，但這一說法並不正確。雖然在幾個世紀後，一些印度的佛教徒提倡素食。參閱 Dhammika 2016。

的蛇或一把剛點燃的火般亦具有力量，因此應該認眞看待。⑨

如前所述，公開討論和辯論宗教問題是佛世時代印度社會的一大特色。對一些人來說，這些活動是了解新思想的機會，而對少數人來說，則可趁機自我吹噓爲聰明和有趣的爭論者。「有些博學的刹帝利，他們聰明且精通別家學說，是糾纏細枝末節的人。他們用敏銳的機智駁倒別人的論點。當他們知道沙門喬達摩將到訪某村落或城鎭時，便擬定問題，心想：『我們會去向他提問，如果他這樣回答，我們就這樣說。如果他那樣回答，我就那樣說，從而駁倒他的佛法。』但當他們面對沙門喬達摩時，他說法來開示、振奮、激勵和令他們歡喜。他們連提問也沒有，更何況說駁倒他的佛法。」⑩ 由於佛陀有能力消除批評者和爭論者的敵意，並打動他們，令有些人懷疑他施展幻術。⑪

一位村長曾問佛陀，他是否眞的運用某種幻術使人們皈依，他承認確實這樣做，這使村長非常驚訝。「那麼這是眞的：沙門喬達摩是一位幻士！」但佛陀隨後指出，懂得幻術並不必然是幻士。⑫從另一次與人討論幻術的對話中，可以清楚知道他的意思。跋提問他是否眞的懂得幻術，並用幻術令其他導師的弟子改投門下。佛陀首先回答

---

⑨《相應部》（S.I,68-69）。
⑩《中部》（M.I,176），扼要引文。
⑪《中部》（M.I,375）。
⑫《相應部》（S.IV,340-341）。

說，一個人不應被假定的啓示、傳統、傳聞、經典的權威或某位導師的聲稱所引導。然後，他詳細解釋佛法。當佛陀說完時，跋提深深地受到感動，請求成為弟子。佛陀回答說：

「跋提，我有否對你說過『成為我的弟子，我會作為你的導師』？」

「大德，沒有。」

「雖然我以剛才的方式對你宣講法義，但一些沙門婆羅門卻不誠實、不正確地歪曲我，說我以幻術引誘其他導師的弟子。」

「大德，這是精妙絕倫的幻術！如果我至親的族人和家屬能被這幻術所誘導，他們將得到長久的利益和快樂。」⑬

---

⑬《增支部》(A.II,190-194)。在印度，自古以來幻術（*māyā*）和魔術（*indrajāla*）就與神靈和聖人，同時也與騙子和江湖術士聯繫一起。《白騾奧義書》(*Śvetāśvatara Upaniṣad* 4,9-10)：「自然是幻術，上主是幻士；世間萬物不過是他的元素。」《勇健王所行紀》(*Vikramacarita* 114-115)：「使用狡猾的幻術和魔術，以假當真。」佛陀在《相應部》(S.III,142) 評論幻士，解釋他為何不想被視作其中之一。有關運用幻術贏得辯論的資料，參閱 Bronkhorst 2011, pp.185-187。Lee Siegel, *Net of Magic, Wonders and Deceptions in India*, 1991 是印度幻術史的傑出著作，可惜未能闡明佛陀對神通和幻術的區分。有趣的是，一些最早的基督教護教士為耶穌辯護，反駁別人指控他只是個幻士，例如 Tertullian's *Apologeticus* 21.17; 23.7,12 和 Justin Martyr's *Dialogue with Trypho* 69.7。

對佛陀的另一個批評,就是他的涅槃說和無我觀相當於一種斷滅論,有趣的是,這批評至今仍然存在。當被人指責教授這一法義時,他回答說:「有一種如實的說法,就是可以說我教授一種斷滅論,並用來培育弟子。我教授斷滅貪、瞋、痴,我教導斷滅一切惡與不善的心念。」⑭

人們與佛陀結束討論時,通常會表示歡喜佛陀的說法,但並非總是這樣。佛陀到訪迦毗羅衛時,遇到舅父但陀吧尼白(Daṇḍapāni),他請佛陀解釋佛法。聽佛陀說完後,該老人不作評論,「搖了搖頭,晃了晃舌頭,挑起眉毛使額上出現三道皺紋,然後扶著手杖離開」。⑮佛陀在郁伽羅村對眾比丘說法,我們得知他們並不歡喜佛陀的說法。⑯有一次,佛陀與一位婆羅門交談,他將自誇能夠解釋古代聖人教義的婆羅門比喻為一列盲人。「第一個人看不見,中間的人看不見,最後的人也看不見」。婆羅門聽後極其憤怒,恐嚇佛陀說:「沙門喬達摩將名譽掃地!」⑰在這個例子,兩人達成和解,討論得以繼續。最終,婆羅門對佛陀生起一點敬意。

《三藏》也記載一些弟子離棄佛陀的例子。在經文中,與佛陀交談過的人通常會讚嘆他說的話,並表示希望終身皈依為他的弟子。雖

---

⑭ 《律藏》(Vin. I, 234-235)。
⑮ 《中部》(M.I,108)。
⑯ 《中部》(M.I,6)。
⑰ 《中部》(M.II,200)。

然這種情感表達的措辭千篇一律,但無疑很多人確實這樣說。然而,這不代表他們真心誠意:有些人大概只是出於禮貌,而另一些人或許是真心的,所以當最初的熱情消退後,他們可能重拾舊有信仰,或者對佛法興趣不再。一些人可能霎時想成為比丘,但後來重新考慮。苦行者善生優陀夷在聽過佛陀說法後,表示希望成為佛陀的弟子。他的追隨者感到驚愕,懇求他說:「尊者,不要成為沙門喬達摩的比丘!你已經是一位導師,不要變成弟子!這就如大壺變成小杯。」善生優陀夷一想到地位不保即改變主意。[18]

細讀《三藏》會發現有些人曾經是佛教徒,甚至是比丘,後來離開僧團。有一次,阿難陀指導的三十多名比丘集體還俗,難以確定他們是否不滿阿難陀的教導,還是意識到出家生活不適合他們,或者不再相信佛法。[19] 還有一次,佛陀向眾比丘說法,吩咐他們要非常謹慎使用善信供養的資具,要為自己的利益精進不懈,同時為他人的利益設想。有六十多位比丘極度憤怒,也許認為佛陀是在間接責備他們,又有六十位比丘告訴佛陀:「世尊,這很難做到,非常困難。」然後宣告他們決定還俗。[20] 須那迦陀曾是佛陀的侍者。當他看到許下嚴格誓言的苦行者,例如將自己的活動限於極為狹小的地方,或修習怪異

---

[18] 《中部》(M.II,39)。巴利文 Maṇika 和 uddekaṇika 解作水壺或某種盛水的容器,Maṇika 的容量較 uddekaṇika 大。
[19] 《相應部》(S.II,217)。
[20] 《增支部》(A.IV,134-135)。

的苦行，例如赤身露體，模仿狗或牛的行為，他對他們生起欽佩之心。與這些引人注目的修行相比，佛陀所教的戒律和生活方式顯得相當平淡無奇。最後，他來到佛陀面前說：「大德，我將離你而去，我不再跟從你。」佛陀質問須那迦陀：

「我有沒有對你說過：『來吧，跟從我？』」
「大德，沒有。」
「你是否對我說過：『我想跟從你？』」
「大德，沒有。」
「所以，如果我從未對你這樣說，而你也從未說過這番話，你這愚鈍的人！你是誰，你捨棄什麼？」
「但大德，你從未向我展示任何超凡的神通和神變。」
「我是否曾對你說：『來吧，你跟從我，我向你展示這些？』」
「大德，沒有。」

佛陀然後解釋他對神變和神通的立場，他說神變和神通是一回事，滅除苦則是另一回事，而他主要對後者感興趣。這番話未能安撫須那迦陀，他離開了僧團。隨後，他到處宣揚自己不再對佛陀有任何淨信或敬意。

沙門喬達摩沒有任何過人之法，或聖者的智見。他所教導的是依靠推論和個人的想法。他教導眾人的佛法只能滅除苦。

當佛陀聽到須那迦陀對大眾說的話，便說：「他是一個憤怒和愚蠢的人，他的話出自憤怒。」㉑

當時，改信其他宗教被稱為「化作弟子」（sāvakattaṃ upagaccheyya），即轉投新信奉的教派或教義的門下。在家人決定皈依為佛教徒時，他們很多時候會選擇穿著白衣以示區別，通常被稱為「白衣居士」。外道的苦行者或比丘皈依佛教時，他們幾乎都會捨棄原本宗教的裝束和實踐、戒律，穿上佛教比丘特有的黃褐色袈裟，遵守戒律。但顯然，情況並非總是如此。

遊方者舍羅步自稱是佛陀的弟子，但至少表面仍留在自己的教派。一段時間後，他決定不再當佛教比丘，並告訴任何他遇到或願意聽他說話的人，他捨棄佛法是因為自己已經通曉。佛陀不會對這種話置之不理，他前往質問舍羅步：「你是否真的一直說你捨棄沙門釋子的佛法和戒律，因為你已經明白佛法？」舍羅步默然不語。佛陀繼續說：「解釋你所知的佛法和戒律。如果你未完全學識，我將為你補足。如果你完全學識，我樂意聽你解釋。」舍羅步繼續沉默，但佛陀

㉑《長部》(D.III,2-4)，扼要引文；《中部》(M.I,68)。

接二連三追問，直到無助的舍羅步顯然不會回答，或者更可能無法回答。佛陀向目睹這次會面的人闡明責問舍羅步的原因，然後起身離開。㉒

那些捨戒還俗的人有時仍然信受奉行佛法。

即使棄學還俗的人仍然稱讚佛、法、僧。他們自責說：「我們不幸，我們福薄，雖然我們在這樣善說的佛法出家，但未能一生修習圓滿清淨的梵行。」他們成為守園人或優婆塞後，受持五戒。㉓

佛陀逗留毗舍離期間，發生了他弘法生涯其中一件最令人不安的事件。他向一群比丘教授一種稱為「不淨觀」的禪修。這種修習包括觀照身體穢惡的方面——排泄物本身就令人厭惡，或者如果身體不定時清潔很快亦會一樣。這種修習的目的是令人不執著肉身，平息淫欲，並對治過於注重外表。佛陀說法後，宣布將獨處靜修半月。在他離開期間，比丘們修習這種觀照，結果在部分人中釀成悲劇。《三藏》敘述約三十名比丘變得極為厭惡自己的身體，以致自殺身亡。當

㉒《增支部》（A.I, 185）。
㉓《中部》（M.II, 5）。根據《眾真善奧義書》（*Śāṭyāyanīya Upaniṣad* 329-330），還俗是苦行者觸犯最嚴重的罪過之一，而根據《耶若婆佉法經》（*Yājñavalkya Dharmasūtra* 1.152），這行為可判處死刑。

佛陀靜修歸來，看不見一些熟悉的比丘，便詢問他們的下落，有人告訴他所發生的事。《三藏》記載，他隨後宣講入出息念，強調它能帶來輕安，但沒有記錄他談及這場悲劇。[24]《三藏》也對其他人可能就這件事的評論隻字不提，儘管可想而知人們會深感震驚，如果發生在今天的話，大多數人亦會有同感。人們常說佛陀能夠洞悉人的心思，或至少察覺他們的能力和志趣，並運用能引起他們特別共鳴的方式來開示佛法。這次事件證明他未必一定能做到。

如前所述，佛世時代的婆羅門教正被重新評估和詮釋，奮力在瞬息萬變的世界維持其重要性，並試圖與沙門傳統競爭。因此，有些婆羅門對佛陀教授的若干法義表示興趣和讚賞，或者至少願意聽聽他說的話。其他較正統和保守的婆羅門則視佛陀為嚴重的威脅，從不放過任何機會向佛陀、比丘和比丘尼宣洩敵意。這種敵意甚少以批評佛陀所教法義的形式出現，而大多是抨擊其低劣和儀式不淨。有一次，佛陀托缽時來到一位婆羅門的住宅，當時他正在舉行晨祭。婆羅門看佛陀走近，不想他的出現玷汙儀式，於是大聲喊道：「站住，你這個禿頭！卑鄙的沙門！賤民！」[25]還有一次，另一位婆羅門知道族中一人加入僧團，便怒氣衝衝地跑到佛陀面前辱罵他。[26]然而，有些事件表

---

[24]《相應部》(S.V, 321-322)。
[25]《經集》(Sn. p.21)。
[26]《相應部》(S.I,161-162)。

明婆羅門之間對佛陀的看法不一,有人鄙視他,也有人尊敬他和其弟子,有些更是非常尊敬。

女婆羅門陀耶奢尼似乎對佛陀很虔敬。有一次,她差點摔倒,她連喊三聲:「禮敬世尊、應供、正等正覺者!」婆羅門傷歌邏碰巧在附近聽到,心生厭惡地說:「這個陀耶奢尼應被羞辱和貶低,她竟在婆羅門面前稱讚這剃頭沙門。」㉗有一次,幾位比丘尼途經一座村落,她們無處可住,便來到一位女婆羅門的住宅,請問可否借宿一晚。女婆羅門請她們等待丈夫回來後決定。她們於是走進屋內,鋪設墊子坐下等候。婆羅門在入夜後回家,看到眾比丘尼,問妻子這些陌生人是誰。她回答說:「她們是比丘尼。」他憤怒地要求說:「把這些剃頭娼婦趕走!」㉘至少在這兩個故事中,女婆羅門較男性更容易接受佛教徒。其他故事則顯示,人與人之間的接觸能為闡釋佛法創造機會,敵意可以轉變為寬容甚至尊敬。

有一次,摩訶迦旃延長老比丘住在樹林,有幾個年輕的婆羅門

㉗《中部》(M.II,209-210)。傷歌邏可能提議剝奪陀耶奢尼的種姓地位,對她來說相當於「社會性死亡」(social death)。幾部《法經》(*Dharmasūtras*)明文指出加入沙門教派會喪失種姓地位。《長部》(D.I,98)簡略提及逐出種姓的儀式,而《摩奴法論》(*Manusmṛti* 11,183-189)和《寶陀耶那法經》(*Baudhāyana Dharmasūtra* 2.1.36)訂定了後來的執行方式。
㉘《律藏》(Vin.IV,274)。

弟子外出拾柴,路過他的茅舍。㉙當他們知道茅舍內住了一位佛教比丘,便圍繞茅舍徘徊,喧譁吵鬧,大聲叫嚷說只有愚昧的鄉里鄙人才會尊敬比丘。迦旃延決定不坐視這無禮行徑,於是出來對他們說,古代的婆羅門簡樸過活,但現今的繼承者卻不守護根門,只專注於吟唱頌讚詩、毫無意義的儀式和外表。眾學生不慣被人這樣說,氣憤地回到導師魯醯遮(Lohicca)的住處,告訴他一名佛教比丘侮辱《吠陀經》。魯醯遮非常憤怒,決定前往與迦旃延對質,但認為最好先聽迦旃延敘述這件事。當他來到茅舍時,眾弟子跟在後面,他禮貌地向迦旃延問訊。在閒聊過後,他問迦旃延是否曾說眾弟子向他陳述的那番話。迦旃延回答確實說過這些話,隨後必定出現片刻令人不安的沉默。但是,魯醯遮並未如預期般責罵迦旃延,而是問他不守護根門的意思。迦旃延藉機講述有關六觸的禪修、其捨離的益處和由此生起的洞見。魯醯遮對這非常折服,他告訴迦旃延到他家托缽時,都會得到自己和眾弟子布施食物和畢恭畢敬的對待。㉚

儘管佛陀遭受一些人的批評和否定,但他與年長約十歲的耆那教領袖摩訶毗羅一樣,都是當時最受人尊敬的導師。一位出席過佛陀說法大會的人注意到,當說法結束時,聽眾不情願地起身離開,眼睛一

㉙ 吠陀宗教學生的入門儀式包括手持一根木柴接近老師,每天拾柴是學生對老師的一項重要義務,參閱例如《歌者奧義書》(*Chāndogya Upaniṣad* 5.4,8;5.11,6);《剃髮奧義書》(*Muṇḍaka Upaniṣad* 1.2,12)。
㉚ 《相應部》(S.IV,117-121)。

直回望佛陀。㉛這一有趣和幾個類似的觀察證實佛陀魅力非凡,至少對某些人來說,最初吸引他們對佛法的興趣正是他的英俊外表和威嚴氣度。

《三藏》有關佛陀外貌的記述甚多。我們得知他比英俊年輕的異母弟難陀高四指寬,從遠處看,難陀可能會被誤認為是佛陀。㉜佛陀說自己出家前留有一頭黑髮,可能很長,還蓄有鬍鬚。㉝雖然佛陀的雕像通常展示他的頭髮鬈曲,但這只是一種造像慣例,沒有任何歷史依據。他出家後剪掉頭髮和鬍鬚,並像其他比丘一樣定期剃頭和刮臉。他說自己:「穿上袈裟,離開家庭,四處遊方,剃掉頭髮。」㉞當不喜歡佛陀的婆羅門遇到他時,他們常稱他為「禿頭」或「剃頭」(muṇḍa),以表達他們的蔑視。

所有資料一致認為佛陀相貌俊朗。種德形容佛陀「英俊、儀容端正、容顏悅目、膚色明亮和外貌俊美。」㉟頭那則指佛陀「優雅、使人生淨信、根門和意寂靜、取得最上的調伏和平靜,就像一頭已調伏和守護根門的大象」㊱。天生的英俊外表反映他內心深沉寂靜,就如

㉛ 《中部》(M.II,140)。
㉜ 《律藏》(Vin.IV,173)。Srinivasam 認為一指寬(aṅguli)約 2.54 公分,參閱 pp.9-11。
㉝ 《中部》(M.I,163)。
㉞ 《經集》(Sn.456)。
㉟ 《長部》(D.I,115)。
㊱ 《增支部》(A.II,38)。

另一位觀察者提到：「真是令人讚嘆和不可思議，喬達摩賢者的根門這麼清淨，膚色純淨明亮。喬達摩賢者的膚色正如秋天黃棗般純淨明亮，又或如初摘的棕櫚樹果實般純淨明亮。」㊲古印度人認為理想和漂亮的膚色是「不太黑不太白」，而佛陀經常被稱讚膚色良好，想必他的膚色就是這樣。㊳他說活在當下的人往往擁有秀麗的膚色。㊴薩遮迦注意到，在一次辯論期間，當佛陀被謾罵時，他的容貌似乎有所變化：「真是令人讚嘆和不可思議，當喬達摩賢者不斷被斥責，被無禮的言辭攻擊時，他的膚色變得秀麗，面貌明亮，這正是應供、正等正覺者所應有的。」㊵

佛陀說話的方式增強其外表的吸引，一位聽過他幾次說法的人描述他說話的聲調與音色「清晰、明確、美妙、悅耳、充盈、分明、深遠、響亮」。㊶

佛陀觀察到年老帶來「牙齒掉落、頭髮花白、皮膚起皺、壽命縮減和感官退化」，毫無疑問，隨著歲月的增長，他也出現其中一些特

㊲《增支部》（A.I,181）。棗（*Ziziphus jujube*）成熟時呈黃色，然後逐漸變成銹棕色。以上提到的棕櫚果是糖棕（*Borassus flabellifer*）的果實，外殼灰褐色，內部金黃色。

㊳《中部》（M.I,88）。

㊴《相應部》（S.I,5）。

㊵《中部》（M.I,250）。

㊶《中部》（M.II,140）；清晰（*visaṭṭha*）、明確（*viññeyya*）、美妙（*mañju*）、悅耳（*savanīya*）、充盈（*bindu*）、分明（*avisārī*）、深遠（*gambhīra*）、響亮（*ninnadī*）。

徵。㊷阿難陀在佛陀壽命將盡時這樣說:「世尊的膚色不再純淨明亮,四肢弛緩和起皺,身體駝背,感官退化。」㊸佛陀在去世前的幾個月說:「我現在年老,疲憊不堪,走完人生的道路,到了生命的盡頭,快八十歲了,就像一輛舊車要繩捆才能繼續行走,我的身體亦要繩捆才可行走。」㊹

自古以來,佛陀的圖象通常顯示他的耳垂拉長,部分裂開,這種造像慣例很可能起源於對佛陀身體特徵的真實記錄。古代印度男性佩戴水晶、漆器、瑪瑙、象牙、黏土或貝殼耳環,一旦除下耳環,喬達摩成為苦行者時就這樣做,拉長的耳垂便會垂下。㊺

《三藏》的一些經文聲稱佛陀的身體具有「三十二大人相」,這是早期佛經中最奇異、最令人費解的新穎之說——奇異是因為這些印記太不可思議,令人費解則是因為它們與其他經文相矛盾。㊻當阿闍世王去拜見佛陀時,他無法區分佛陀與旁邊的眾比丘。如果佛陀有這些印記的話,阿闍世王就能立即區分。㊼年輕人弗區沙提坐著與佛陀

㊷《相應部》(S.II,2)。
㊸《相應部》(S.V,216)。
㊹《長部》(D.II,100)。巴利文片語 *vegha missakena*(strapped together)的意思隱晦。另一解讀方式和譯本,參閱 Gombrich,1987 and Levman, 2020, pp.81-82。
㊺參閱 Postel, pp.9-10 and Banerjee pp.220-225。
㊻這些經文將這個概念歸因於婆羅門教,但吠陀典籍沒有明確提及。參閱 Levman 2013 pp.163-165。
㊼《長部》(D.I,50)。

交談幾個小時才意識到他是誰。如果佛陀有任何印記的話，弗區沙提會立即注意到，並知道他面前的人非比尋常。㊽如前所述，當鬱婆迦在優樓頻螺到伽耶的路上遇到佛陀時，引起他注意的不是佛陀獨特的身體，而是他根門清淨和膚色明亮。㊾更重要的是，佛陀駁斥身體特徵使人與眾不同的觀念，認為擁有解脫心才有資格被稱為「大士」。㊿

佛陀以其透徹的智慧和說服力來闡釋佛法，它們一再被提及是他最不同凡響的能力之一。《三藏》記錄了兩位婆羅門之間的對話：

> 「當時，婆羅門迦羅那正為離車人修建一座樓房。他看見婆羅門賓闍尼從遠處來，便走上前問：『現在怎樣了？賓闍尼賢者這麼早從哪處來？』」
> 「我從沙門喬達摩處來。」
> 「你認為他的智慧怎樣？你認為他是智者嗎？」
> 「但與他相比，我算什麼？我憑什麼判斷他的智慧？只有與他相等的人才能判斷他的智慧。」
> 「你對沙門喬達摩作出很高的稱讚。」
> 「但與他相比，我算什麼？我憑什麼稱讚沙門喬達摩？誠然，他受到被稱讚者的稱讚。他是天與人之間至高的。」(51)

㊽《中部》（M.III,238）。
㊾《中部》（M.I,170）。
㊿《相應部》（S.V,158）；《增支部》（A.II,35 ff）。
(51)《增支部》（A.III,237）。

有一次，佛陀與離車大臣難陀迦交談。兩人談話剛結束，難陀迦的僕人似乎急於離開，低聲對他說是時候沐浴。難陀迦回答說：「外在的沐浴夠多了，對我來說，以對佛陀的淨信沐浴內心就足夠。」㊾佛法和佛陀開示的方法甚至可以對人的外貌特徵產生明顯的影響。當舍利弗遇見那拘羅父時，注意到他神態恬靜，便對他說：「你今天是否曾與世尊面對面交談？」那拘羅父回答說：「大德，怎會不是呢！我剛被世尊的佛法甘露所灑淨。」㊽

人們不時對佛陀的雅量和開明表示驚訝，尤其是在宗教事宜方面。有一次，佛陀遇到一群苦行者，他們的領袖請求他解釋佛法。他回答說：「你們有不同的見解、傾向和偏見，跟隨不同的導師，難以明白我教授的法義。因此，讓我們討論你的教義。」眾苦行者對此感到驚詫：「真是令人讚嘆和不可思議，沙門喬達摩的力量多麼大，他竟然不談論自己的教義，而是邀請其他人討論他們的教義！」㊾

有些導師會告訴他們的弟子或崇拜者，不要幫助其他宗教的人，即使在今天，若干宗教黨派中仍不乏這種態度。雖然佛陀會批評其他教義，但他稱自己：「我先作分析，不會一概而論。」㊿他避免籠統概括其他信仰，而是審視它們，並承認當中或有的真理，同時也指出它

㊾ 《相應部》（S.V,390）。
㊽ 《相應部》（S.III,2）。
㊾ 《長部》（D.III,40）。
㊿ 《中部》（M.II,197）。

們不足之處。同樣,他肯定其他宗教的追隨者亦可能竭誠追求眞理,因此值得鼓勵和支持。當曾經是耆那教信徒的優波離決定皈依爲佛教徒時,佛陀對他說:「你們家長期供養耆那教的苦行者,所以當他們來到你家時,你應該考慮布施他們。」㊼在另一場合,有人對佛陀說:

「喬達摩賢者,我曾聽說你教導只可布施給你,不可布施給其他人,只可布施給你的弟子,不可布施給其他導師的弟子。說這番話的人是否代表你的意見,沒有歪曲事實?他們是否依據你的法義而說?喬達摩賢者,我實在不想誣衊你。」

佛陀回答說:

「他們所說的不是我的主張;他們誣衊我並說一些虛假的話。凡是阻撓別人布施的人會造成三種障礙:他阻礙布施者獲得功德;他阻礙受施者獲取布施;他因吝嗇而損害自己。」㊽

㊼《中部》(M.I,378-379)。
㊽《增支部》(A.I,161),扼要引文。

佛陀開明對待和尊重其他人的信仰，人們如何看待這做法不見記載。但他們很可能認爲這有別當時眾多其他教派間常見的嫉妒和競爭，是值得歡迎的。人們必定注意他言行一致。他的一位景仰者曾斷言：「世尊言行若一，除他之外，縱觀過去還是現在，我們都找不到像他這樣始終如一的導師。」(58)

人們也注意到和讚賞佛陀喜歡寧靜。他說：「從河流學習：流過裂縫和溝壑的河流洶湧澎湃，大河卻靜靜流淌。空虛的容器會發出聲響，盛滿的容器則安靜無聲。愚者就像半滿的壺，智者則像深靜的湖泊。」(59)他特別稱讚面對侮辱和誣告時保持莊重的沉默：「不以瞋怒的言辭回應瞋怒，就是贏得一場難以取勝的戰鬥，這是利益自己和對方，雖然不認識佛法的人會視你爲愚蠢的人。」(60)

儘管佛陀說法、對話和辯論的記載不勝枚舉，但他有時仍會徹夜禪修、獨自靜修或靜坐。據說他「在樹林、叢林深處、僻靜的地方尋找住處，這些地方遠離喧囂、無人騷擾且適宜獨處」。(61)有一次，一群苦行者坐著吵吵嚷嚷，爭論不休，看見佛陀從遠而來。其中一人對其他人說：「各位賢者，不要作聲。沙門喬達摩喜歡寧靜、稱讚寧靜。

(58)《長部》（D.II,224）。

(59)《經集》（Sn.720-721）。

(60)《相應部》（S.I,162）。

(61)《長部》（D.III,38）。

如果他看到我們是安靜的一群，他或許會來探訪我們。」㉒他確實前來展開一場討論。

見過和聽聞佛陀說法的人，即使未必成為弟子，有時也會對他表達欽佩之情。地位崇高的種德婆羅門所作的評論就是一個好例子：

> 沙門喬達摩的母系父系都出身名門，至少上溯七代都是血統純淨，就他的出身而言沒有瑕疵。他離開眾多親族出家，捨棄藏於地下地上的大量黃金。他具備聖者的戒行、具有善戒、成就善戒。他的聲音和言辭優雅、有禮、清晰、無瑕、言傳意會。他是眾導師的導師，滅盡貪欲和自負。他教授行和業的法義，尊重無可指責的婆羅門傳統。他是一位出身高貴的沙門，來自顯要和大富大貴的剎帝利種姓家庭。人們從異地異邦到來諮詢他。他有禮、和藹、親切、友善，口齒伶俐和率先發言。眾多天和人對他生起淨信，當他住在某村落或城鎮時，非人不會侵擾該處。他的門徒眾多，是群眾的導師，就連各教派的領袖都來與他商討。他有別其他苦行者和婆羅門，他的聲譽是基於其無上的明、行具足。就連摩揭陀的頻毗娑羅王、他的兒子和妻子，以及隨從和大臣亦皈依為其弟子，拘薩羅的波斯匿

㉒《長部》（D.I,179）。

王和沸伽羅娑羅（Pokkharasāti）婆羅門也是一樣。(63)

種德的讚譽揭示當時婆羅門階層的關注和興趣所在，以及他們認爲值得欽佩的事物，但也同時披露了一些關於佛陀的事情。

(63)《長部》（D.I,115-116），扼要引文。

10
出家眾與在家眾

比丘或比丘尼、優婆塞或優婆夷，遵循佛法生活，按照佛法修行，就是以最上的恭敬來尊敬如來。

《長部》（D.II,138）

佛陀覺悟後，他意識到需要建立某種由共同價值觀和規範為紐帶的團體，它可為達到覺悟營造最佳的環境，並能廣傳佛法。於是，由比丘和比丘尼，還有優婆塞（男居士）和優婆夷（女居士）組成所謂的「四眾」逐漸形成。①他預期四眾各部會互相依賴——出家人依靠在家人滿足他們的基本需要，而在家人則依靠出家人獲得佛法知識。此外，由於佛陀認為佛法有別其他教法，所以他理所當然要求弟子應該在德行，甚而裝束方面也與眾不同。其他教派的苦行者往往穿著他們找到或獲贈的任何衣服，款式各隨所好。但佛陀則要求出家人穿著同一款式，染成相似顏色的大衣，以便能夠即時區分他們與其他苦行者。這種顏色被稱「袈裟」，可能是指黃褐色。②雖然佛陀從未要求這樣做，但在家弟子會穿著白色的衣服，以替代較華美、色彩豔麗和刺繡的服裝，也許是因為白色被視作純潔和簡樸的緣故。

在佛陀弘法的初期，無論是出家人還是在家人都會通過所謂的「三皈依」，表達成為佛陀弟子的意向。皈依是指一處能使人免受威脅或危險的地方。佛陀被認為是一個皈依處，因為他的覺悟表明可以超越生死輪迴；佛法是皈依處，因為它提供實現這一目標的方法；僧團（saṅgha）亦是皈依處，它提供超越因緣所生法所需的指導和鼓

---

① 參閱 Analayo 2018, pp.9-17。
② 《律藏》（Vin. I,306）提到出家人的袈裟不該有的顏色，包括紅色、黃色和橙色等。現今的佛教比丘據說通常穿著「藏紅色」的袈裟。事實上，他們袈裟的顏色有時類似藏紅花的亮橘色。然而，在公元前五世紀的印度，人們還不知道藏紅花這種植物，甚至後來亦因其價格昂貴和難以固色而從未被用作染料。

勵、榜樣和支持。巴利文 saṅgha 意指團體或集會，通常用於教團，例如比丘和比丘尼。然而，在三皈依的誓詞中，僧團也不一定指比丘和比丘尼，而是任何將會證得覺悟或已經覺悟的人。時至今日，人們決心成為佛教徒時會念誦一簡單的口訣三遍——我皈依佛；我皈依法；我皈依僧——他們藉此聲明對佛教的敬信和承諾。

佛陀發展信眾團體的第一步是建立僧團。僧團不受家庭關係和社會義務的束縛，為培養覺悟所需的心靈要素提供最好的機緣。此外，比丘亦能有效地傳播佛法。起初，加入僧團需要到佛陀面前請求出家，但隨著時間過去，佛陀發現需要一個更正式、結構更嚴密的組織，因而發展成後來的僧團。在第一批比丘出家幾年後，一群婦女表達成為比丘尼的願望，比丘尼僧團也隨之成立。

佛陀從未設想比丘和比丘尼具備婆羅門擔當的祭司角色，亦不預期他們如基督教牧師和猶太教拉比般成為社區領袖。他們只是深切渴望達到完全覺悟的人，捨棄社會及其要求，以便全神貫注於實現這一目標。與此同時，他們被鼓勵與人分享如何理解和修持佛法。

舍利弗和目犍連是佛陀的兩位上首弟子，兩人是兒時玩伴，一起在導師散若夷毗羅梨沸的座下出家為苦行者。③最後，他們對散若夷毗羅梨沸和他的哲學感到失望，於是離他而去。兩人分道揚鑣，各自尋找更好的導師。一日，舍利弗聽聞佛法後改變信仰，立即去找他的

---

③《古仙人書》(Isibhāsiyāiṃ 38) 和 Schubring (p.88) 提及的 Sānṭiputta 應該就是舍利弗。參閱 Brill's Encyclopedia of Buddhism, Vol. II. 2019. p.411。

同伴,告訴他自己發現的妙法。當兩人再次相遇時,目犍連聽聞佛法後也為之信服,然後就一同去尋找佛陀,以便在他的座下出家。④他們輕鬆地適應出家生活。後來,佛陀視他們為最卓越和最信賴的弟子和傳人。

舍利弗擅長理解佛法中較深奧的方面,並能以清晰易懂的方式闡述,正因這樣佛陀授予他「佛法大將」的稱號。目犍連輕易獲得神通,而且作為一位精進的禪修者,他的神通達到極高的境界。佛陀用以下說話向其他比丘推薦這兩位弟子:

「你們要親近舍利弗和目犍連,與他們交往,因為他們是智者,能夠幫助同伴修習梵行。舍利弗就如生母,目犍連則如養母。舍利弗指導比丘們證得入流果,而目犍連則指導比丘們證得最上的目標。舍利弗能夠宣說、教導、施設、建立、揭示、分析和顯發四聖諦。」⑤

天眼通是目犍連的神通之一。有一次,他和舍利弗住在王舍城竹林園的一間小茅舍。目犍連整日獨自禪修,兩人在傍晚見面,舍利弗注意到同伴面容安祥微笑,便向他詢問原因。目犍連回答說自己一直

---

④ 《律藏》(Vin.I,38 ff)。
⑤ 《中部》(M.III,248)。

與佛陀交談,當時佛陀恰好在舍衛城,距離很多由旬之外。舍利弗知道後便問:「世尊是否運用神通到你那處,或是你運用神通到世尊那處?」目犍連回答說:「都不是。世尊清淨天眼和天耳與我交談,我清淨天眼和天耳與世尊交談。」⑥佛陀有時被形容能夠洞悉他人的心思,看到或聽到正常視覺和聽覺距離之外的事件或對話。在大多數宗教中,這些能力被歸因於神的恩寵,或擁這些能力的人的神性。佛陀教導說當一般意識得到培育和淨化時,神通就會被喚起,任何人都可以獲得神通。因此,佛陀的大部分神通與一些弟子(如上述事件所提及),或甚至其他教派沙門的神通並無差別。

《三藏》收錄許多舍利弗和目犍連與佛陀、同修比丘、其他教派沙門和在家弟子的交談。這些交談涵蓋一系列主題和事項,印證兩人嫻熟佛法,善於解說,偶爾也能瞥見他們人性的一面。當一位病入膏肓的比丘說要自殺時,舍利弗懇求他不要這樣做:「闡陀不要自殺,活下去!我想要你活下去。如果你沒有合適的食物或藥物,我會為你準備。如果你沒有合適的照顧,我會照顧你。不要自殺。活下去!我想要你活下去。」⑦

---

⑥《相應部》(S.II,275-276)。天眼通和天耳通這兩種神通的巴利文分別是 *dibbacakkhu* 和 *dibbasota*。*Dibba* 解作奇妙、神聖或上天。顯然,這些神通需要淨化(*visujjhi*)才能運用,意味著它們是潛伏的,要經過一些準備後才能展現出來。應該指出的是,有關任何超感官知覺的科學證據甚少。

⑦《中部》(M.III,264)。

舍利弗和目犍連都先於佛陀入滅,《三藏》關於舍利弗去世的情況著墨不多。⑧ 在佛陀入滅後的幾十年裡,其他主要弟子,例如阿難陀、阿那律陀、喝陀伽、讖摩、摩訶迦葉和優波離的事蹟均有描述,但沒有記載他們如何、在哪處或何時入滅。

四眾的第二部分是比丘尼。佛陀弘法初期恰巧到訪迦毗羅衛,他的繼母摩訶波闍波提請求允許她出家為比丘尼,但被他拒絕。不久之後,他前往毗舍離,摩訶波闍波提和其他幾位立志成為比丘尼的婦女決定跟隨他上路。當她們到達後,阿難陀發現摩訶波闍波提「雙腳腫脹、四肢沾滿塵土、淚流滿面」,於是決定代她和其他婦女請求佛陀。佛陀再次拒絕讓婦女出家。最後,阿難陀問佛陀女性能否與男性一樣證得覺悟。佛陀回答說:「婦女出家後,同樣能夠成為四果聖者。」即阿羅漢。佛陀最終心軟,准許建立比丘尼僧團。⑨ 此事給人的印象是,佛陀不太情願讓婦女出家,也讓人感覺到摩訶波闍波提喬達摩是一位決意要達成自己目標的堅強女性。

婦女對比丘尼僧團的成立反應熱烈,視出家生活為擺脫丈夫、子女和家務的機會,但更重要的是,這是證得徹底覺悟的途徑。有一次,摩訶波闍波提喬達摩和五百名比丘尼前來探望佛陀,而佛陀亦曾提到超過五百名比丘尼證得覺悟。⑩ 雖然這個數字不可全信,但它確

---

⑧《相應部》(S.V,164)。
⑨《律藏》(Vin.II,253)。
⑩《中部》(M.III,270; I,490)。

實表明比丘尼的數目眾多。

比丘尼通常被比丘、在家人和同修尊稱為「女士」，或以較不拘禮的「姊妹」相稱。

曇摩提那是以精通和能夠清晰解釋佛法而聞名的比丘尼，佛陀稱讚她「說法第一」。⑪有一處記載她和一位優婆夷長談，該優婆夷的問題巧妙，而曇摩提那的回答則詳實精確。⑫讖摩是另一位出類拔萃的比丘尼，她的學識和自信足以向最有權勢的人解釋佛法。波斯匿王從娑祇多前往舍衛城，晚上入住王室旅舍，翌日清晨再出發。他查問附近是否有值得拜訪的沙門或婆羅門，知道一位佛陀的弟子讖摩比丘尼住在附近，她以「睿智和有說服力、博學多聞、優雅而自信的講者」而盛名。國王對讖摩深感欽佩，於是前去探訪。讖摩對他的提問作出明智的解答。⑬

可惜，與比丘相比，《三藏》中關於首批比丘尼的事蹟和成就鮮有記載，甚至有證據表明，許多可能存在的資料後來因被忽略而散佚。例如，沒有佛陀與比丘尼交談的經文，但卻有五位比丘尼——婆斯據、阿奴波摩、遮羅、優波遮羅和尸羅婆遮羅——特別提到佛陀傳授她們佛法。⑭同樣顯而易見的是，儘管曇摩提那和讖摩被佛陀稱讚

---

⑪《增支部》(A.I,25)。
⑫《中部》(M.I,299 ff)。
⑬《相應部》(S.IV,374-379)。
⑭《長老尼偈》(Thi.136, 155, 185, 192, 201)。

為出眾的導師,但《三藏》卻只保留她們各一篇說法的經文。

也有證據顯示有些比丘對比丘尼不予認同,或心存某程度的嫉妒,甚至敵意。薄拘羅對一位友人說,他自出家幾十年來從未與比丘尼或在家婦女分享佛法。[15]第一次結集在佛陀入滅後不久舉行,期間一些長老比丘譴責阿難陀公開支持婦女,尤其是比丘尼,指責他鼓勵佛陀允許婦女出家,堅稱這是他的「惡作」——違反戒律的錯誤行為。[16]阿難陀強調不相信自己的行為等同惡作,但或許認為最好不作自辯,以免引發爭執,他還是接受他們的判斷。

他本可以輕易引用佛陀的言論來自辯。佛陀曾說:「對導師的教誡存有敬信和致力理解的弟子,他應該這樣想:『世尊是導師,我是弟子。世尊知道的,我不知道。』」[17]那些長老比丘自以為是,認為佛陀在創立比丘尼僧團時,他並不知道自己在所做何事,而他們則比他更清楚。佛陀曾肯定女性如男性一樣有能力覺悟,而且不止一次明確表示,他認為比丘尼是梵行僧團不可或缺的一部分。[18]此外,阿難陀說不認為自己的行為違反戒律,這說法正確無誤,因為《律藏》中並沒有這樣的規定。

佛陀偶爾會向一位比丘尼授戒,大概在授戒前或後向她傳授佛

---

[15]《中部》(M.III,126)。
[16] 參閱 Upasak, p.114。
[17]《中部》(M.I,480)。
[18]《增支部》(A. II,8);《長部》(D.II,105;138; III, 123-124)。

法。然而如上所述,佛陀可能向這些比丘尼傳授的法義並沒有記錄。⑲ 阿難陀一向樂於與比丘尼分享佛法,但當她們未能得到應得的鼓勵和支持時,她們就互相依靠。例如烏達摩、輸那、旃陀、須婆和伊西達西都是經其他比丘尼教授佛法,當中大多因此而證得覺悟。⑳ 對於有人認為女性因為所謂的「二指慧」(*dvaṅgulapaññāyā*)而修行難有成就,蘇摩比丘尼作出機智的回應,說:「當心得安住,智慧顯現和領悟佛法,與女性又有什麼關係?誰認為『我是女人』或『我是男人』,又或『我是這個還是那個』,魔羅就能與他們說話。」㉑

值得一提的是,佛陀的首批弟子是商人多富沙與婆梨迦兩位在家人,他們與覺悟不久的佛陀在優樓頻螺相遇。或許同樣重要的是,在幾個月後,佛陀試圖說服五位前同伴相信他已經證得覺悟,但最初遭到懷疑,而多富沙與婆梨迦卻及時意識到他精深的梵行成就,並且不用誘導就皈依為他的弟子。在往後幾十年,成千上萬的普羅民眾,由社會最卑微到最尊貴的階層,都以這兩人為榜樣,皈依為佛陀的弟子。

佛陀說作為一個有德行的在家弟子,必須以「淨信心」求受三皈依,並真誠地持守五戒,即佛陀學說的基本道德原則。㉒ 五戒是不

---

⑲ 《長老尼偈》(Thi.108-109)。
⑳ 《長老尼偈》(Thi. 42; 102; 122; 338; 400)。
㉑ 《相應部》(S.I,129)。
㉒ 《長部》(D.I,145);《增支部》(A.IV.222)。

傷害或不殺害任何眾生、不偷盜、不邪淫、不妄語和不飲酒。換句話說，五戒是尊重他人的生命、財產、尊嚴和選擇權，並尊重他們被誠實對待的權利。第五戒是保持神智清醒，以維護自尊。當然，五戒是最基本的要求；佛陀期望他的所有弟子在道德、知識和心靈方面有最高的追求。「無論是在家人或出家人，我都讚揚正道。無論他們是在家人或出家人，只要他們修於正道，都會因踐行正道而證得善法」。[23]

如果沒有精於佛法的在家弟子，梵行就不會圓滿。「就如恆河流向、斜向和傾向大海，並互相融合。同樣，喬達摩賢者的出家和在家弟子流向、斜向、傾向涅槃」。[24] 在往後幾個世紀，出家人和在家人之間出現明顯的劃分，出家人被視為佛法的唯一保存者、導師和詮釋者，而在家人則淪為出家人物質需求的供養者，這種情況很大程度上持續至今。這種不良的劃分與佛陀的願景不相符，亦不存於第一代的佛教徒中。佛陀鼓勵所有弟子要熟諳佛法，以助他們保存佛法、教導別人並從中受益：

> 「在比丘、比丘尼、優婆塞和優婆夷仍未多聞、聰慧、嫻熟、精通、博識佛法，依據佛法修行，在他們仍未能將尊師所學向人傳授、講解、闡釋、建立、剖析、明辨，在他

---

[23]《相應部》(S.V,19)。
[24]《中部》(M.I,493)。

們仍未能以佛法駁倒異論,廣宣奧妙的佛法時,我不會入涅槃。」㉕

他說正是因為這些弟子——比丘和比丘尼、在家男女弟子,無論是否獨身——他的佛法得以「繁榮昌盛、傳揚各處、廣受歡迎、遠近聞名、善說於天和人之間」。㉖

《三藏》提到優婆夷難陀母會在黎明前起床,念誦一些佛陀的經文。另一位優婆夷迦梨向一位比丘吟誦幾段經文,然後請他解釋經文的意思。有些在家人對佛法有足夠的認識,可以向別人講解,並糾正他們對佛法的誤解或歪曲。佛陀稱讚跋耆擅長這方面。㉗他還提到一種假設的情況,即一位比丘可能會到一位在家人的家中,向他學習一篇自己不曉得的經文。這表明至少在某些地方,可能會有在家人致力於背熟經文,而同一地區的出家人卻沒有。㉘根據傳統,女僕久壽多羅牢記佛陀在憍賞彌宣講的眾多開示,令這些開示得以流傳。㉙

《三藏》也收錄了幾位在家弟子講授佛法,甚至比丘向他們請教

㉕ 《長部》(D.II,104)。
㉖ 《長部》(D.III,124-126),扼要引文。
㉗ 《增支部》(A.IV,63; V.46;191)。
㉘ 《律藏》(Vin.I,140-141)。幾百年來均有在家人精於佛經。在來自公元前二世紀和一世紀的桑吉(Sañchi)銘文中,一些在家的施主稱自己「精通佛經」「能夠吟誦〔一篇經文〕」「是通曉一篇佛經的婦女」。參閱 Rhys Davids 1903, pp.167-169 和 Marshall, pp.298 ff。
㉙ 《自說經註》(Ud-a.32)。

的例子。質多和訶哆是優婆塞的典範,佛陀鼓勵其他人學習兩人的學問和品行。有一次,佛陀說:「如果一位慈母希望以適當的方式鼓勵心愛的獨子,就應該對他說:『嘗試成為質多居士和阿羅毗的訶哆居士般的人。』」質多是摩叉止陀鎮的一位富商和地主,該鎮離舍衛城不遠。他似乎最先從比丘摩訶男處聽聞佛法,之後把自己的一座園林捐贈給僧團,並在該處興建一座寬敞的寺院。此後,任何前來摩叉止陀的比丘或比丘尼都會受到衷心的歡迎,得到充足的供養。佛陀認為質多在居士說法者中最學識淵博。質多信奉佛法後,向鎮上的其他市民講解,使數百人皈依佛法。有一次,質多帶這批新皈依的信眾去舍衛城拜見佛陀。《三藏》中有向質多宣講的經文,也有由他所說的,均顯示他領悟佛法最微妙的義理,後來他證得通往覺悟的三果。

有一次,一群比丘坐在質多修建的寺院涼亭討論佛法。有些比丘說感官對象繫縛著心,而另一些比丘則堅持認為問題是由感官造成。質多來到寺院,看到比丘們,便問他們在討論什麼。當他們告訴他後,他發表自己的看法:

「大德們,感官對象和感官是兩種不同東西。我將舉一譬喻,以便你們可以理解我的意思。想像一頭黑牛和一頭白牛用牛軛或繩綁起來,說黑牛是白牛的繫縛或白牛是黑牛的繫縛是否正確?」

「當然不是。黑牛不被白牛繫縛,白牛也不被黑牛繫縛,

牠們都被牛軛或繩繫縛。」

「同樣道理,大德們,眼不是色的繫縛,色也不是眼的繫縛,而是兩者為依緣生起的貪染才是繫縛。」

比丘們對質多的清晰解釋和回答感到歡喜。

還有一次,比丘迦摩浮對佛陀一個不尋常和隱晦的說法感到困惑,問質多可否解釋它的含義。這偈頌是:「無瑕的車輪,白色的頂篷,單輻的輪車向前駛。看那個車上來的人,他是圓滿的斷流人,沒有繫縛。」質多以其相當的創見和洞察力解釋這偈頌,他說:

「無瑕的車輪指戒行,白色的頂篷指解脫,單輻指正念,向前駛指往返,車指身體,車上來的人指阿羅漢,流指渴愛,圓滿的斷流人和沒有繫縛指斷除染汙的人。」

質多對一首似乎只是優美的偈頌作出靈性的詮釋,讓迦摩浮感到意外和信服。

質多不僅能教授佛法,而且還能夠證明佛法優於其他學說。有一次,摩訶毗羅帶領大批弟子來到摩叉止陀,質多前往會見。摩訶毗羅知道他是佛陀的弟子,便問他是否相信佛陀所教導的,即可以達到一種思維止息的定境。質多回答說:「我不相信。佛陀是這麼教導,但我不相信。」摩訶毗羅對質多的說話又驚又喜,因為質多似乎懷疑佛

陀的某些教導。摩訶毗羅環顧所有的弟子說:「看看質多為人多麼直率和聰明。任何人相信思維止息的定境,可能也相信能用網捕風,或者用手阻截恆河的流水。」質多在他說完後便問:「大德,你認為智慧和信仰哪樣更勝一籌?」摩訶毗羅回答說:「智慧遠勝信仰。」質多說:「我可達到思維止息的定境,既然我知道佛陀所說的是真的,為什麼還要相信它呢?」摩訶毗羅因被捉弄而惱火,再次環顧弟子說:「看看這個質多為人多麼卑鄙、虛偽和狡猾?」質多對斥責毫不在意,他說:「如果你先前的說法真實,那麼之後的說法必定虛假,如果之後的說法真實,那麼先前的說法必定虛假。」質多說完後起座離去,摩訶毗羅惱羞成怒,苦思怎樣回應。㉚

　　阿羅毗的訶哆是另一位備受佛陀稱讚的傑出在家弟子,他是阿羅毗統治者的兒子。訶哆第一次見到佛陀,是在一個冬天的下午外出散步時。他驚訝眼前這位獨處的苦行者身穿一件單薄的袈裟,而且顯然睡在一張以樹葉鋪成的床上,便問佛陀是否安樂。佛陀回答說:「是的,年輕人,我很安樂。」訶哆再問:「但大德,現在是霜降時節,地面被牛隻踐踏不平,樹葉稀疏,而你的袈裟單薄,寒風吹來,你怎麼能安樂呢?」佛陀問道,一個人住在舒適的房子,有一張舒服的床,是否有可能因為被貪、瞋、痴所折磨而感到不安樂,訶哆承認確有可能。佛陀說:「我已斷除一切貪欲、瞋恚和愚癡,因此無論我睡

㉚《相應部》(S.IV,281-283; 291-292; 298-299)。

206

在哪處都安樂;我一直很安樂。」㉛

訶哆並不是以佛法知識而聞名,而是因他具備引導大眾皈依佛教的能力。有一次,他帶領數百人到舍衛城拜見佛陀。佛陀問他怎樣引起眾多鄉親對佛法的興趣,他回答:

> 「大德!我以世尊教導的四攝法來攝受民眾。㉜當我知道有人會被布施攝受時,我就施予布施。當我知道他們會被愛語攝受時,我就會和善地對他們說話。當我知道他們會被利行攝受時,我就會幫忙他們。當我知道他們會被同事攝受時,我就會平等地待他們。」

似乎人們在出席訶哆舉辦的佛法講座時,總會受到熱情接待,使他們感到被喜愛和尊重,因此他們會再次到來,逐漸對佛法產生興趣。佛陀稱讚訶哆的技巧:「訶哆,十分好,十分好!這是攝受大眾的方法。」訶哆離開後,佛陀對比丘們說:「阿羅毗的訶哆有八樣非

㉛ 《增支部》(A.I,136-137)。
㉜ 巴利文 Catu Saṅghavatthu(四攝法)的意思很難用英語表達,它曾被譯成「the four bases of gathering」(聚集的四個基礎)和「the four bases of sympathy」(同感的四個基礎)。菩提比丘(Bhikkhu Bodhi)譯成「the four means of sustaining a favourable relationship」(維持良好關係的四種方法),並對該詞提出可取的意見(參閱 Bodhi 2012, p.1684 note 687)。在《長部》(D.III, 192),佛陀認為四攝法幫助世界平穩轉動,就像一個穩固的車輪。

凡和不可思議的品質。他有信心、有道行、知羞恥、有慚愧心、博學、慷慨、有智慧和少欲。」㉝

佛陀經常被描述向在家女眾宣講佛法，偶爾也會記錄她們向佛陀提問。但她們除了供養比丘們的基本所需之外，甚少主動參與其他事務。儘管如此，當她們獨自處事時，她們能夠發揮影響力。其中一個例子與優婆夷毗舍佉有關，她被形容為「賢能、聰明、有智」。㉞有一次，舍衛城的僧團規定在雨季的三個月內不會舉行授戒儀式。湊巧毗舍佉的一名孫兒想出家，卻遭受舍衛城的比丘們拒絕，告訴他現在不是合適的時間，等待雨季後再來。雨季結束後，比丘們告訴他現在可接受他出家，但他回覆自己已不感興趣——似乎他對早前被拒而感到被冒犯。毗舍佉知這條規定和孫兒的反應後，便評論說：「什麼時候不合適修持佛法？」佛陀聽聞這件事以及毗舍佉所說的話——沒有什麼時候不能或不應該修持佛法——這足以影響佛陀，他告訴比丘們制定這樣的規定是錯誤，隨後予以廢除。㉟毗舍佉的評論非常符合佛陀關於布薩日的想法，即對於清淨者來說，每一天都是或應被視為是布薩日。㊱

佛陀並不僅止於闡述一套道德原則和哲學思想，他的佛法是一

㉝《增支部》（A.IV, 219-220）。
㉞《律藏》（Vin.I, 291）。
㉟《律藏》（Vin.I, 153）。
㊱《中部》（M.I, 39）。

項個人培育和改造方案。整套佛法可概括為他所稱的「四聖諦」：苦（苦諦）、苦的成因（集諦）、苦的解脫（滅諦）和解脫苦的途徑（道諦）。巴利文 Dukkha 一詞通常譯作苦，它不只是生理和心理上的痛苦，還包括平凡生活的不完滿、不足和不順心，即使是我們愉快的體驗，也從未令人真正滿足或持久，當然還有死亡在等候我們——如果不是現在，就是未來某個時刻。

前三聖諦概括佛陀對世界的理解和解釋，而第四聖諦則教導弟子應如何修持。他稱第四聖諦為「八正道」：之所以稱為「道」，是因為人沿著它從起點（有為法）走到終點（無為法）。佛陀親身踐行這條道路，是踏上這條道路的人無與倫比的嚮導和導師。但作為這樣的導師需要具備各種技能：機智和洞察力；同理心；耐心；有時還有毅力——這些都是佛陀在對待弟子時展現的特徵。《三藏》中佛陀作為「無上士調御丈夫」的例子比比皆是。

有一次，一位比丘發現一隻動物誤觸陷阱，他因憐憫這隻可憐的動物而將牠放生。一般認為獵物是設置陷阱者的財物，其他比丘知道這名比丘的做法後，便指責他盜竊。當佛陀被問及這事件時，他認為該名比丘的行為是出於憐憫，因此不能指責他偷竊。[37] 在一相關事件中，比丘畢陵伽婆蹉運用神通拯救兩個被強盜綁架的孩童，並將他們安全地送回父母身邊。較為僵化和拘泥成規的比丘指責他違反禁止

---

[37]《律藏》（Vin.III,62）。

施展神通的戒律,但佛陀為畢陵伽婆蹉開脫,因為他的行為是出於憐憫,可能拯救了兩個孩童的生命。㊳

種德是一位年長和博學的婆羅門,他非常欣賞佛陀解釋佛法的方式,表達成為佛弟子的願望,而佛陀亦接納了他。然後,他向佛陀吐露,成為佛陀的弟子會對他帶來一個潛在的麻煩,如果他在公開場合像弟子對待導師般禮敬佛陀,他就會被婆羅門同儕唾棄,在同儕間的聲譽也會受損。而且,正如種德承認的那樣,「如果一個人的聲譽受損,他的收入也會受損」。因此,他問如果佛陀來集會時自己不起座,而只是行合掌禮,能否視這等同起座。佛陀一向仁慈,亦或許理解和同情種德的困境,認為這種安排可以接受。㊴

比丘帝須是佛陀親屬,他有一個惹人討厭的習慣,就是他喜歡勸誡別人,但被人勸誡時卻會惱怒。這令他不受同修比丘的歡迎,更因被他們嘲諷和責備而落淚。他盡力改變但沒有成功,令他越來越意志消沉,對佛法生起疑惑,甚至想離開僧團還俗。佛陀知道後,便問他一些關於佛法的問題,並對他的每個回答都說「十分好,十分好!帝

㊳ 《律藏》(Vin.Vin.III,66)。
㊴ 《長部》(D.I,125-126)。種德不是他的個人名字,而是一個綽號,表示他使用輸那樹木(soṇa, Oroxylum indicum)製成的手杖。手杖在婆羅門中具有重要的儀式意義,必須由非常特殊的木材製成,主要是波羅奢樹、頻螺樹和優曇婆羅樹,參閱 Dhammika 2018b。然而,我沒有發現任何關於使用輸那樹的記錄。就婆羅門教手杖的製作及使用規則,參閱《海螺氏家庭經》(Śaṅkhāyana Gṛhyasūtra 2.1.18-24)和《喬達摩法經》(Gautama Dharmasūtra 1. 22-26)。

須！你說的對！」以此作為鼓勵。然後，佛陀告訴帝須，他的問題是由態度造成，因此他必須改變。最後，佛陀承諾會幫助和指導帝須：「帝須！生起歡喜心，生起歡喜心。我是來鼓勵你的，我是來幫助你的，我是來教導你的！」㊵這番話恢復帝須繼續嘗試的決心，他最終證得覺悟。

將以上事件與佛陀如何幫助比丘蘇那比較很有意思。蘇那的問題不是疑惑或缺乏動力，而是精進過度。蘇那一心想證得覺悟，但由於過度勞累，最終導致精疲力竭和沮喪。佛陀知道他在家時是一位精湛的樂師，便問他：

「告訴我，蘇那，你出家前不是很擅長彈奏維納琴嗎？」
「大德，是的。」
「你怎麼想？當琴弦太緊或太鬆時，你的琴調音是否良好，易於彈奏？」
「大德，不是。」
「當琴弦既不太緊也不太鬆，而是鬆緊適中時，維納琴就可以彈奏嗎？」
「大德，是的。」
「同樣，如果精進過剩會帶來掉舉，如果精進不足則會帶來懈怠。因此，蘇那，保持精進平衡，維持五根適中。」㊶

㊵《相應部》（III,106-109）。
㊶《增支部》（A.III,374-375）。

佛陀從不挑戰、駁斥他人或與人爭辯的形象深入人心，這與《三藏》中對他的描述不相符。他自比為一位馴馬師，使用軟硬兼施的方法，讓他的馬匹發揮出最佳的水平。㊷ 他所說的「強硬」方法當然不是施行體罰，而是口頭責備，對比丘和比丘尼的最終手段則是逐出僧團。有一次，佛陀被問及是否會說任何可能令人不高興的話，他承認會，但補充說如果他不得不說，他的動機永遠是出於對當事人的憐憫，而他會選擇合適的時機才說。㊸

比丘阿黎吒不知何故認為放任沉溺欲樂不會障礙修習梵行，不理會佛陀在這方面的教導。佛陀知道後召見阿黎吒，然後毫不含糊地糾正他說：

「你這愚癡的人！你知道我有教導這些嗎！你這愚癡的人，我在眾多說法中，不是闡明沉溺障礙法會為人帶來長期的苦和困惱嗎？……但你這愚癡的人，你誤解法義來誹謗我，傷害自己，造下很多惡業。」㊹

有一次，舍利弗和目犍連帶領一群出家不久的年輕比丘來到釋迦城鎮車頭的郊外。他們人聲鼎沸，驚動了正好也在鎮上的佛陀。他派

㊷《增支部》（A.II,112）。
㊸《中部》（M.I,393）。
㊹《中部》（M.I,132）。

人傳話，叫比丘們來見自己。他們來了之後，他問：「比丘們，你們為什麼大聲吵鬧？你們聽起來像拉著滿網魚的漁夫。」比丘們解釋他們正在安排住宿，並與鎮內的其他比丘聊天──佛陀對這解釋並不滿意──他說：「比丘們，離去吧！我著令你們離開，你們不能留在我這處。」這些被懲戒的年輕人收拾行裝離去。車頭的長老們正巧在議論堂聚集，看到比丘們離開，便向他們查問原因。長老們知道事件的始末後，都為他們感到惋惜，於是前往拜見佛陀，替比丘們說情：

> 「大德，願世尊一如既往歡喜、歡迎和寬容對待僧團。他們年輕，出家不久，剛接觸佛法和戒律。如果見不到世尊，他們可能會轉變和衰退，就如幼苗得不到水而轉變和凋萎，又如水牛見不到母牛而轉變和衰弱一樣。」

這些意見軟化佛陀的態度，比丘們得到他的允許返回住處。這次他們無疑安靜多了。[45]

比丘觸犯四重禁戒會被逐出僧團，且永不再接受出家：邪淫；偷盜；殺生或教唆殺生；謊稱體證過人的修行境界。[46] 佛陀甚少因較

---

[45] 《中部》（M.I,457-459）。
[46] 比丘尼還有另外四重禁戒：允許男性撫摸她從肩膀到膝蓋的任何地方；隱瞞另一位比丘尼最嚴重的罪行；追隨被彈劾的比丘；做出八種涉及男女之間的打情罵俏行為。

輕的罪行或行為而放棄和將弟子逐出僧團。有一次,一些比丘責備一名同修觸犯戒律,但他堅拒承認。他在接受訊問時迴避回答,心生惱怒,即使證據確鑿仍然堅持清白。訊問的期間,佛陀碰巧走進來,觀察一會後,確定該比丘並非真誠學習或改過,便厲聲說:「比丘們!擯棄他,趕走他,驅逐他!為什麼要讓其他人惹惱你們?」[47]

我們不應該因此而認為比丘和比丘尼經常違反戒律,或者佛陀時常看管和檢查他們。有一次,他吩咐長老比丘們,他們不應該因每一輕微犯戒而懲治新比丘,尤其是當他們的敬信和敬愛仍未完全培育時,這樣做只會讓他們氣餒,毀壞他們已有的優良品質,並令他們離開。相反,正如一個只有一隻眼睛的人,他的親友會盡力確保他剩餘的眼睛得到保護和不會退化,長老對剛出家的比丘亦應一樣。[48] 當犯戒者承認自己的錯誤,真誠懺悔和請求寬恕時,佛陀會原諒他們的愚蠢或不當行為,並對他們說:

> 「你確實犯錯,你愚昧、糊塗和不善。但既然你承認過失,並依照佛法改過自新,我就寬恕你。能認清過失,改過自新且在未來保持克制,是聖者戒律修行中的進步。」[49]

---

[47]《增支部》(A.IV,169)。
[48]《中部》(M.I,444)。
[49]《相應部》(S.II,128, II,205),扼要引文。

11
佛陀論俗務

引言提到，大多數的佛陀傳記都用較多的篇幅敘述他的講經說法，而不是講述他的個人特徵和生平事蹟。但即使這樣，在討論他的教義時，重點放在被視為較深奧和具哲學性的內容上。這是意料之內，因為這些法義構成他對實相理解的核心。然而，這也意味著佛陀的其他法義甚少或不獲關注，他因此常被認為是一位深邃的思想家，宣揚一門高深精妙的學說，專注於解脫和針對少眾精英，對廣大民眾影響甚微或毫不相干。佛陀說自己只①教導苦和滅苦的方法。雖然苦的起因和苦的止息方法是佛法存在的意義，但簡要閱讀《三藏》就能發現，佛陀其實對各形各色的態度和行為予以評論、表達見解和提出建議，內容與任何人都息息相關，無論是出家人還是在家人，活在公元前五世紀的印度，或者是二十一世紀的歐洲、澳洲或美國。

佛陀一再強調佛法的兩個特點。首先，他指佛法是「利益廣大眾生」，不僅是為出家人，也是為所有試圖要在日常生活的困惑、禍患和誘惑中找到出路的人。第二，他認為自己的教法是一種「次第學，次第做、次第實踐」。②他顧及眾人的悟性和能力各有不同，因此佛法應該設初步的目標，為至上和終極的目標——涅槃的寂靜和解脫——做準備。從輪迴的觀點來看，次第實踐的概念變得更有意義。在有神論的信仰中，如果人死前沒完成為達救贖所必須做的事，天堂

---

① 《中部》（M.I,140）。巴利文 *Eva* 也可解作「只是」或「僅僅」。
② 《中部》（M.I,479）。

之門就會永遠關閉。相比之下,輪迴意味著如果在今生沒有完全覺悟,或證得某個聖果,在下一生或再下一生仍有機會實現。

　　佛陀的基本法義本身就很重要,也因為它們有助進一步了解他的為人,以及他對各種事物的態度和觀點,下面將審視其中若干部分。佛陀的某些態度和觀點可能是從成長經歷養成,其他的則來自他生活的社會,還有一些大概是來自他覺悟所得的洞見。

　　由於佛陀以苦作為他整套哲理的基礎,以致有人認為他視人生為沮喪和痛苦,喜樂遙不可及。這種看法相當稚拙,是出於對佛法的淺薄了解。佛陀是一位較其評論者所認為的更具洞察力的思想家,他欣然承認世間有其積極的一面。對他來說,身心不悅、緊張和痛苦是日常生活的必然部分,任何現實和清醒的人定會同意這看法。他察覺到人們試圖避開或減輕這種痛苦,盡可能極力體驗更多的歡愉,但過程中往往只會加重自己的痛苦,或將痛苦帶給其他人——因此,他對苦、苦的成因,以及貪著欲樂的後果的分析占首要地位。

　　但是,強調苦並未令佛陀忽視人生有眾多快樂和滿足的機遇,以及這些時刻的重要性。「如果世間沒有樂味,眾生就不會對世間貪染。」③「我尋找世間的樂味,我找到了。但我以智慧看清樂味,亦明白它在世間的過患。」④「樂味」一詞譯自巴利文 *assāda*,有享

---

③《增支部》(A.I,260)。
④《增支部》(A.I,259)。

受、滿足、喜悅，甚至甜蜜的意思。佛陀承認許多人將在「世間」生活，至少是在他們今生，於是他在佛法中考慮及此，並提供明智和切實可行的建議，教導人們如何正當地生活，並以不損害他人的方式獲取快樂。

佛陀關於物質財富的建議就是一個好的例子。他認為最有意義和合理的快樂是擁有財富之樂、受用財富之樂和無債之樂：

「一個人合法地積累財富，不損害他人，在過程中讓自己快樂和歡喜，與他人分享，行善積德，受用財富時不貪著或迷戀，意識到它的過患，並牢記個人的心靈成長，所有這些方面都值得稱讚。」⑤

因此，富人是否值得稱讚，取決於他們如何創造財富、如何利用財富，以及對財富的態度。佛陀囑咐弟子應該「通過勤奮工作，憑藉勞力和汗水，誠實合法地」獲取財富，即通過道德的方式，合法並以不剝削或損害他人的方式獲取財富。⑥ 其次，他們應該有意義地運用財富，讓自己、家人、朋友和同僚獲得一定程度的快樂。⑦ 行善是第

---

⑤ 《增支部》(A.V,181)，扼要引文。
⑥ 《增支部》(A.V,181)。
⑦ 《增支部》(A.III,45)。

三項標準，包括布施給沙門、婆羅門，以及「弱勢群體、窮人、無家可歸者和乞丐」。⑧ 佛陀說善行也包括造福大眾的事情，例如植樹、挖井、修建橋樑和路邊旅舍。⑨

佛陀建議謹慎的弟子應該努力保持生活平衡，不要入不敷出，避免揮霍無度或過於節儉。⑩ 他還建議人們將財富分成四份，一份用於生活基本所需，兩份用於工作，作為投資或重新投入到自己的業務，還留一份以備將來不時之需。⑪

佛陀注意到並告誡人們提防財富的負面影響，其中之一就是財富會使擁有者感到驕傲自滿，尤其是當他們突然或輕易獲得財富時。他評論說：「世間上甚少人在得到巨額財富後，不會因財富而迷失，變得懈怠放逸，耽於欲樂，傷害眾生。」⑫ 因此，他提醒富裕階層要反思財富的過患。他說他們應該謹記，儘管金錢在某些方面用途甚廣，但它無法實現人生中一些最重要的事情，他們要視財富為達到目的的手段，而不是目的本身。他們也要考慮到還有其他類型的財富，價值更大，眾人都可以獲得，永遠不會被偷盜或丟失，並且可以帶往來生：「有這五種財富。哪五種呢？信心的財富、戒行的財富、學問的

---

⑧ 《如是語經》（It.65）。
⑨ 《相應部》（S.I,33）。
⑩ 《增支部》（A.IV,282）。
⑪ 《長部》（D.III,188）。《本生經》（Ja.I,277）列出另外四項：一份用於食物，一份用於儲備，一份用於投資自己的業務，一份用於善舉。
⑫ 《相應部》（S.I,74）。

財富、布施的財富、智慧的財富。」⑬他說任誰擁有這些和其他的心靈財富,「無論男女,他們都不貧困,人生不會空過」。⑭

　　佛陀經常關注的另一種快樂與家庭生活相關,而婚姻是家庭生活的基礎。在當時的高種姓中,父母不用與女兒商量就可把她嫁出去,甚至買妻子的做法亦不罕見。佛陀批評婆羅門這樣做,他明顯認為夫妻「因彼此相愛而結合」是更好的結婚動機。⑮

　　佛陀相信夫妻如果深愛對方,業緣相近的話,來生便可再續前緣。⑯那拘羅父和那拘羅母是佛教的模範夫妻,兩人同是佛陀的虔誠弟子,多年來婚姻一直美滿幸福。有一次,那拘羅父在妻子面前對佛陀說:「大德!自那拘羅母來到我家,那時我還是個男孩,而她只是個女孩,我從未對她不忠,甚至是思想上也沒有,更不用說身體行為上。」⑰另一次,在他久病期間,妻子那拘羅母悉心照顧,一直鼓勵和安慰他。佛陀知道後,對那拘羅父說:「居士!你有對你充滿憐憫,充滿愛的那拘羅母作為你的導師和老師,真是有福,真是非常有福。」⑱從佛陀的角度來看,以下要素是持久和豐盛關係的祕訣:忠誠、互愛、憐憫,以及一同學習佛法。

---

⑬ 《增支部》(A.III,53)。
⑭ 《增支部》(A.IV,5)。
⑮ 《增支部》(A.III,222)。
⑯ 《增支部》(A.II,61-62)。
⑰ 《增支部》(A.II,61)。
⑱ 《增支部》(A.III,295-298)。

除了情愛的紐帶之外，佛陀還就美滿婚姻的其他方面提供建議。他說一對遵循佛法的夫婦應該「互訴愛語」。[19] 丈夫應該敬重和尊重妻子，從不貶低她、對她忠誠、在家庭中賦予她權威，並在經濟上供養她。妻子要做好本分、管理僕人、忠於丈夫、守護家財和精勤持家。[20]

在談到父母和子女時，佛陀再次肯定愛的核心作用，以及其帶來的快樂：「母愛和父愛是世間真正的快樂。」[21] 他說子女應該愛戴、尊重和孝敬父母，「因為父母為子女付出很多：撫養他們，培育他們，並向他們展示世間」。[22] 當父母被孝敬和愛護，心中將「對子女懷有善念和憐憫，並會祝福他們，說：『願你長壽！』因此他們只會健康成長而不會衰退」。[23] 佛陀說慈愛的父母除了愛護子女之外，還要「制止他們作惡，鼓勵他們行善，給他們教育，為他們安排合適的婚姻對象，並給他們留下遺產」。[24] 他似乎要強調感恩的意義，斷言子女難以報答父母為他們所做的一切。然後，他補充說：「但凡是鼓勵沒有敬信的父母生起敬信，鼓勵破戒的父母持戒、鼓勵吝嗇的父母施行布施，或是鼓勵愚昧的父母培育智慧的人，這樣就是報答父母，

---

[19] 《增支部》（A.II,59）。
[20] 《長部》（D.III,190）。
[21] 《法句經》（Dhp.332）；《經集》（Sn.262; 404）；《相應部》（S.I,181-182）。
[22] 《增支部》（A.II,70）。
[23] 《增支部》（A.III,76-77）。
[24] 《長部》（D.III,189）。

而且不止是報答父母。」㉕

除了喬達摩母親、繼母和父親的名字，以及其他若干次要的細節之外，我們對他的成長經歷、他與父母和親屬的關係，還有後來他的婚姻是否美滿一無所知。他出家不能如一些人所說的那樣，證明他的家庭生活不如意。相反，出家是被追求超凡入聖的深切願望所驅使，即使是最快樂的人有時也會受到啓發而這樣做，就算這意味著離開家庭。佛陀對夫妻之愛、父母之愛和孝敬的評論和忠告，表明他來自一個充滿情愛的家庭。

如上所述，佛陀希望在家弟子參與並受益於世間的善行。但與此同時，他勸導他們遠離許多社交活動中常見的瑣事、紛擾和誘惑。他的性格明顯有拘謹的一面，但不會動輒指責人或自以為是。他勸喻弟子們要避免閒聊、開玩笑、飲酒、賭博、懶惰、晚起、晚歸，以及各種輕鬆的娛樂活動。這對比丘和比丘尼尤其適用：

「比丘們，在聖者的戒律中，歌唱是哭泣，跳舞是神智失常，露齒笑是幼稚的行為。因此，不要唱歌跳舞。如果佛法令你感到喜悅，可報以微笑。」㉖

㉕《增支部》（A.I,61-62）。
㉖《增支部》（A.I,261）；《經集》（Sn.328; 926）。

有一次，他告誡兒子羅睺羅不要說謊，即使是開玩笑亦不可。㉗這番話很有道理，因為修習梵行是嚴肅的事，致力於超越現生有為法的不足和局限：「當世間燃燒時，為何會有歡笑和喜樂？籠罩在黑暗中，你不會尋找光明嗎？」㉘這些意見也可能有實際原因。佛陀希望比丘們得到在家人的高度評價，以吸引支持，而讓人感到認真、莊重和不愛社交的出家人更能促成這一點。在王舍城一年一度的山頂節期間，人們注意到一群比丘觀看慶祝活動，評論他們與普通人沒有分別。當佛陀知道這些評論後，他規定比丘們避開節慶和集市。㉙

佛陀也對在家人傳達類似的信息，但是出於不同的原因。他認為酒非常有害，因而將不飲酒列為五戒之一。他的理由是喝酒浪費金錢、招致爭吵、生病、損傷聲譽、當眾蒙羞（跌倒並暴露生殖器）和損害智力。㉚他同樣貶斥賭博遊戲，儘管他沒有將賭博納入五戒中。佛陀以敏銳的眼光洞察到賭博的社會現實，指出與其相關的問題：贏家被人怨恨；輸家自嘆損失；賭博會導致財務問題；賭徒被認為不值得信任；朋友疏離賭徒，因為他們經常借款；沒有父母會將女兒嫁給賭徒。㉛應當指出，在古印度賭博成癮的不良後果遠超這些問題。男

㉗《中部》（M.I,415）。
㉘《法句經》（Dhp.146）。
㉙《律藏》（Vin.II,107）。
㉚《長部》（D.III,182-183）。
㉛《長部》（D.III,183）。

人有時會用自己的妻子、子女甚至自己作賭注。如果他們賭輸，他們自己或家人將淪為奴僕，直到還清債務為止。㉜佛陀對過度飲酒和賭博成癮的評價，凸顯他憂慮它們對個人和整體社會的影響。幾乎所有他提到的不良後果，現今的社會科學家、心理學家和犯罪學家都耳熟能詳，反對這些行為並不是要讓人掃興。

不過，佛陀對許多人可能認為是無害的娛樂活動也不以為然。「經常參加節慶有六種過患。人總是在想：『舞蹈和歌唱在哪處？音樂和吟誦在哪處？鼓掌和鼓樂在哪處？』」㉝他指出喧鬧的娛樂活動對任何準備禪修的人都是有損無益。㉞他大概也認為嚴謹和誠摯的在家弟子可以將時間運用在更好的地方，而不是參與這類活動。另一方面，他之所以反對，可能是因為這些場合上發生的事情，包括鬥獸、粗俗表演、酗酒、暴飲暴食和調情賣俏。一個戲班的班主向佛陀提到，他聽說年老的戲劇演員死後會投生喜笑天，他問佛陀有什麼看法。佛陀避而不答，但在班主再三追問下，佛陀終於回答。他說演員在觀眾中喚起，以及他們在表演時試圖投入的情緒——貪欲、瞋怒、興奮、憤怒、悲傷、激動等——意味著他們死後更可能往生喜笑地獄。聽到這個回答，這位可憐的班主淚流滿面。㉟

㉜ 《中部》（M.III,170）。

㉝ 《長部》（D.III,183）。

㉞ 《增支部》（A.V,134）。

㉟ 《相應部》（S.IV,306-307）。佛陀對戲劇和演員的評價很低，意見相同者大有人在。參閱 Jonas Barish's *The Antitheatrical Prejudice*,1981。

佛陀與大多數同時代的人有一不同之處，是他對時下隨處可見的流行迷信思想和習俗的態度。在一篇佛經中，他列舉眾多他稱之為「畜生明」的行為，並說自己永遠不會涉足其中，他的出家弟子也不應該參與。其中一些行為包括手相術；預測降雨的吉凶；選擇建築的吉地；觀察天體的運行或日食月食來預測未來；施行妖術和行醫撞騙；使用符咒；祈求眾神恩典，尤其是吉祥天女。㊱他說弟子不應念誦巫咒、解夢、占星或占相，這可能是對比丘和比丘尼所說。㊲但他也告誡在家人不要從事這些行為，說依靠算命為生的人將與劊子手、屠夫、誹謗者和貪官一樣，投生極為悲慘的世界。㊳他說從事這些行為的人將是「在家眾中的賤民、汙點和渣滓」。㊴有一次，當有人向他問及最靈驗的吉祥事情、吉兆或祈福儀式是什麼時，他列舉一長串善行、善念和豐盛的人際關係。這是他為舊觀念和習俗賦予全新意義（通常是道德意義）的又一例子。㊵

佛陀甚至反對可能被認為無傷大雅的迷信和民間信仰。有一次，他在說法時打了個噴嚏，聽眾大聲齊呼「長壽！」，人們通常回應說

㊱ 《長部》（D.I,8-11）。亦參閱《經集》（Sn.927）和《相應部》（S.III,238-239）。《律藏》（Vin.II,139）禁止修習這些行為。
㊲ 《經集》（Sn.927）。這處的魔咒是「阿闥婆」（āthabbaṇa），即《阿闥婆吠陀》（Atharvaveda）中的咒語和巫術。
㊳ 《相應部》（S.II,255-266）。
㊴ 《增支部》（A.III,206）。
㊵ 《經集》（Sn.258-267）。

「你也一樣！」。佛陀作為理性主義者，立刻中斷說法，問一個人打噴嚏時說「長壽！」是否會延長他的壽命。觀眾承認不會，他於是要求他們以後不要再這樣做。㊶

佛陀不認同民間信仰、習俗和迷信，可能是因為它們或多或少牴觸業力，或聲稱能夠規避業力。業力是指人的今生境況和來生命運，取決於具意識的身、口、意行為的善惡。他也肯定知道這些信仰和習俗等涉及欺詐和招搖撞騙。

在古印度，民間迷信與特異功能之間存在眾多重疊之處。佛陀明確厭惡前者，而對後者的態度是謹慎接受。在探討其原因之前，有必要先釐清幾點。神變（$pāṭihāriya$）通常被認為是由超自然生靈造成，或某方面與其相關，無論是善良還是邪惡的各類神或精靈。然而，當時許多人認為不可思議的事，佛陀則理解為心智培育，尤其是密集禪修的結果或副產物。因此，在佛教方面，談論神通（$iddhi$）較神變更為合適。佛陀坦率承認在他所處的時代，一些苦行者通過精神修練獲得神通。他們很可能誤解神通的意義，或從中得出錯誤的結論。但他拒絕接受展現神通的人獲得某個神靈的賜福，或被邪靈利用的說法。無論如何，他大體上對所有超凡力量的說法持保留態度。

有人曾請佛陀讓他的一位比丘「施展超凡力量、神通或神變，以令更多人對世尊生起敬信」。他回答說深思熟慮或懷疑的人有理由懷

㊶《律藏》(Vin.II,140)；《本生經》(Ja.II,15)。

疑這些力量。但是，他說當中有一種力量是所有人都心存信心的：教誡神通或教誡神變。他說這包括鼓勵別人尋思，以特定方式思考和行為，並安住在該境界一段時間。[42]

還有一次，一名富商將一個價值不菲的檀香缽放在一根竹竿上，豎立在城鎮中心。然後，他發表聲明，大意是任何人運用神通登上竿頂，就可以得到這個缽。比丘賓頭盧聽聞後，便施展神通騰於空中，接受挑戰和取回缽。佛陀知道後，嚴詞訓斥賓頭盧：「你就像一名妓女，為一枚微不足道的錢幣而掀起衣裳。」其後，他將比丘和比丘尼施展任何神通定為犯戒行為。賓頭盧驚人表演後發生的事情有助於解釋佛陀的反應：「喧鬧和興奮的群眾跟著賓頭盧。」[43] 佛陀希望人們尊重自己、比丘和比丘尼，是因為他們的戒德和智慧，而不是因為被他們異常或不可思議的力量迷住。

與展示神奇力量相關的另一問題，是散布無法證實的誇張言論，甚至是謊言。波梨子是一名裸形苦行者，以擁有神通而聞名，並因此獲得慷慨的供養。他在毗舍離的一次集會上拋出戰書：

「沙門喬達摩自稱是智者，我也作同樣的宣稱，智者應該通過施展神通來證明。如果他走一半路，我將走另一半

---

[42] 《長部》（D.I,211 ff）。
[43] 《律藏》（Vin.II,110-111）。

路,我們在相遇時就可各展神通。如果他施展一種神通,我就施展兩種;如果他施展兩種,我就施展四種;如果他施展四種,我就施展八種。無論沙門喬達摩施展多少神通,我將施展多兩倍。」㊹

結果,波梨子未按時赴約,他的挑戰也不了了之。

佛教傳統早就指出,神通不應被視為精神甚至道德成就的證據。就佛陀而言,神通是一回事,而佛法則完全是另一回事。他說:「無論施展超凡力量、神通或神變與否,我教授佛法的目的是引導任何修行佛法的人徹底離苦。既然如此,施展神變又有什麼意義?」㊺

佛陀對種姓的態度是另一使他與不少民眾相左之處,即使其他沙門教派,特別是耆那教與他的看法相同。公元前六世紀和公元前五世紀的種姓制度並不如後期般嚴格或全面,但它在一個群體中產生一種優越感和權利感,並以多種方式壓迫另一個群體。《吠陀經》教授說,人類由天神波闍波提依據其身體部位創造,分成四類,在佛陀之前的幾個世紀,則認為是由新天神梵天所創造。年輕的吠陀學者阿攝恕與佛陀討論時,闡述正統婆羅門教的種姓觀念:「婆羅門是高種姓,其他種姓是低種姓;他們是白淨的,其他種姓是漆黑的;他們是

㊹ 《長部》(D.III,12-17)。
㊺ 《長部》(D.III, 4)。

純淨的,其他種姓是不純淨的。婆羅門是梵天的後代,由梵天口中所生,由梵天所生,是梵天的後裔。」㊻ 與此同時,還有一種教義認為,每個種姓在社會中都有神賦予的地位和角色。婆羅門鬱瘦歌邏這樣解釋:

「我們婆羅門主張婆羅門可以伺候婆羅門,剎帝利可以伺候婆羅門,吠舍可以伺候婆羅門,首陀羅可以伺候婆羅門。剎帝利可以伺候剎帝利,吠舍可以伺候剎帝利,首陀羅可以伺候剎帝利。吠舍可以伺候吠舍,首陀羅可以伺候吠舍。但首陀羅只可伺候首陀羅,還有誰可以伺候首陀羅呢?」㊼

簡而言之,婆羅門比所有其他種姓都高貴,而首陀羅則比所有其他種姓都低賤。

佛陀唯一接受以居士和出家人,即僧尼,作爲主要的社會劃分方式。這兩種身分都不是由任何所謂神的旨意或與生俱來而決定,而是取決於人的生活方式和人生目標,不像種姓般固定不變,人可以選

㊻ 《中部》(M.II, 149)。
㊼ 《中部》(M.II, 177-178)。《摩奴法論》(*Manusmṛti* 8, 413-414) 說:「首陀羅由自存神創造,用來充當婆羅門的奴隸。即使他被主人解放,但首陀羅還是奴隸,這是他的本性,沒有人能改變。」

擇轉換身分。佛陀有時被人說成是剎帝利,嚴格來說他確實是,但在他覺悟之後,他不再以剎帝利自居。當被人問及他的出身時,他回答說:「我不是婆羅門、剎帝利或吠舍,因為我確實什麼都不是。」[48] 在他看來,在選擇婚嫁對象時可能考慮是否匹配、他們的出身、家族或地位,但對真正重要的事情而言,即達致無上的智慧和德行,這些都無關重要。[49]

佛陀在多方面批評種姓制度。種姓制度由至高天神命定的說法純屬虛構。當一位婆羅門告訴佛陀,指婆羅門是生自梵天之口時,他打趣說婆羅門如其他人一樣由母胎所生,這是顯而易見的事實。[50] 他指出臾那、甘菩遮和鄰近的地方沒有種姓制度,因此這只是一種地方習俗,並不是普遍和自然之真理。[51] 不同種姓具有與生俱來的能力和特

---

[48]《經集》(Sn.455)。
[49]《長部》(D.I,99)。
[50]《中部》(M.II,148)。參閱 Malalasekera and Jayatilleke, pp.40 ff。
[51]《中部》(M.II,149)。臾那是印度對希臘和移居印度西北邊境地區犍陀羅的希臘人的稱呼。一些移民很可能去到更東邊的地方。佛陀提到臾那,可用作證明經文的時間必定在公元前三二六年亞歷山大入侵印度之後。但幾乎可以肯定,在亞歷山大之前,犍陀羅就有希臘人。阿契美尼德帝國(Achaemenid Empire)的疆域從小亞細亞延伸到印度西部,為帝國服務的希臘人和無畏的商人在該處自由往來。卡里安達的西拉克斯(Skylax of Karyanda)是第一個已知到訪印度的希臘人,他於公元前五二〇年率領一支海上探險隊從旁遮普前往印度河河口。米利都的赫卡塔埃烏斯(Hekataios of Miletos,公元前 549－公元前 486 年)和希羅多德(Herodotus,公元前 484－公元前 425 年)都寫過關於印度的文章,他們的部分資料可能來自對印度有一手知識的希臘人。來自中國(中天竺)的印度人也可能前往犍陀羅,帶回有關希臘人和他們習俗的故事,希臘人對種姓的態度成為話題,並引起佛陀的注意。參閱 Anālayo 2011, p.551-552。

質的說法得不到經驗的印證，因此不成立。(52) 佛陀承認首陀羅和賤民可能骯髒，因爲他們被迫從事汙穢的工作，但他們可以洗掉汙垢，變得和其他人一樣潔淨。(53) 同時，他表示婆羅門有關「純潔」的斷言，與一些婆羅門有混雜種姓祖先的已知事實不符。佛陀進一步觀察到，種姓所謂的神聖起源甚至與實際、經濟和政治事實相矛盾。一位國王希望增強國防能力，他在招募士兵時會根據他們的本領和體能，而不論他們的種姓。成功致富的首陀羅可以僱用窮困潦倒的婆羅門，強迫他伺候、服待和聽從命令。此外，即使是一位顯赫的婆羅門，也要隔著簾幕才能夠覲見國王。(54)

從佛陀的觀點來看，如果人與人之間存在差異，應是基於他們的道德行爲和智慧深淺，而不是由人爲武斷的社會或神學分類：

「我將按照適當的順序並根據事實向你們解釋生物之間的區別，因為有許多不同的物種。草木、昆蟲、大小不一的四足動物、爬行動物、魚類和鳥類，有許多不同的物種。區分一個物種與另一個物種的特徵有許多，但人類之間的特徵沒有差異。不是在頭髮、頭部、耳朵或眼睛，不是在

(52)《中部》（M.II,150）；《經集》（Sn.116）。
(53)《中部》（M.II,151）。
(54)《相應部》（S.I,100）；《中部》（M.II,85）；《長部》（ D.I,103）。

頸項、肩膀、腹部、背部、臀部或乳房，不是在男性或女性的生殖器官，不在手、腳、手指或指甲，不是在小腿、大腿、膚色或聲音，都沒有像其他生物那樣的差異。雖然在某方面各有不同，但人的身體是相同的，所謂的差異只是約定俗成的說法而已。」(55)

有些人在評論佛陀對種姓的態度時指出，他並不是一個試圖廢除種姓的改革者，這是相當正確的。他既沒有權力也沒有辦法發起這樣的改革。但在他影響所及的範圍，即他的僧團中，他明確表示不容種姓存在。這並不表示當人穿上黃褐色的袈裟，根深柢固的偏見就此消失。比丘們因種姓、宗族或家庭出身而嘲笑和貶低同修的事件時有發生，需佛陀制定戒律禁止。(56)但他反對種姓的論點廣爲人知，肯定產生一定的影響。他評論道：

「就如恆河、耶符那、阿夷羅跋提、薩羅遊、摩醯等大河流至大海後捨棄本來的名稱和身分，剎帝利、婆羅門、吠舍、首陀羅向如來所教之法和律出家，捨棄本來的名稱和

---

(55)《經集》(Sn.600-611)，扼要引文。「慣例」(conventional) 一詞譯自巴利文 *samaññā*。*Pali-English Dictionary* 給出的意思是「稱呼」「名稱」「通稱」「俗稱」(designation, name, common appellation, popular expression)。

(56)《律藏》 (Vin.IV,4)。

身分，只稱『沙門釋子』。」(57)

因此，佛陀對種姓的否定和批判動搖它的正當性，至少在幾個世紀期間削弱它的影響力。在現今印度，遭排斥的種姓和賤民受到佛陀教義的啓發，積極爭取平等和公義。

在佛陀的時代，奴隸制在印度和幾乎其他地方一樣普遍並被人所接受，而且與種姓制度重疊。有幾種方式可以使人淪爲奴隸：母親是奴隸；被人販買；在戰爭中被俘；自願爲奴，例如爲逃避饑荒。(58) 佛陀非常清楚奴隸制的殘酷，奴隸不僅是失去自由。他提到自己聽說過一件事，一位平時溫柔和順的女人毆打晚起的女奴。他也注意到奴隸被解放時所感受到的解脫和喜悅。(59) 他說人應該照顧自己的僱員和奴隸，別讓他們超負荷工作，爲他們提供足夠的食物，生病時爲他們提供適當的治療。(60) 這番勸告是否對奴隸的命運產生任何影響難以判斷。他在教導比丘和比丘尼不宜接受奴隸作供養時，很可能考慮到擁有奴隸的問題和複雜性，比如強迫他們工作、在他們逃走時找回他們等等。(61) 不管怎樣，奴隸制的道德缺陷也必定是一個因素，正如從他

(57) 《自說經》（Ud.55）。摩醯可能是甘達基河的古名。

(58) 《本生經》（Ja.VI, 285）；《律藏》（Vin. IV,224）。

(59) 《中部》（M.I,125）；《長部》（D.I,72-73）。

(60) 《長部》（D.III,191）。

(61) 《長部》（D.I,5）。

指販賣人口與出售武器、肉類、毒藥和酒精同樣是不正當的謀生手段可見。㉖ 佛陀禁止出家人蓄養奴隸，並勸阻在家弟子參與奴隸貿易，這是已知最早對這一可怕制度的批駁。

在印度饑荒屢生的時代，對於像佛陀這樣完全依靠別人供養的遊方苦行者來說，獲取食物是一件重要的事情。當人們沒有足夠的糧食時就不太可能布施給別人，因此遊方苦行者通常是饑荒首當其衝的受害者。佛陀深知這個問題，提到有「饑荒、作物歉收、托缽困難的時候、即使是撿拾落穗也難以生活」。㉖ 但除了這些擔憂之外，佛陀也對食物的物理、心理和社會方面感興趣，包括如何獲取食物、食用以及對健康的影響。

長期斷食是苦行者修習苦行的重要一環，喬達摩在探求真理期間亦曾嘗試。在他覺悟後，再沒有任何關於他斷食或建議弟子仿效的紀錄。比丘和比丘尼從中午到第二天日出不可進食，但這段時間太短，不能當作斷食。佛陀鼓勵在家弟子在每月的新月和滿月兩日斷食，這在古印度相當於安息日（Sabbath）。至少對出家人而言，這條戒律是基於健康的原因。佛陀將自己的健康歸因於下午或晚上不進食的做

㉖ 《增支部》（A.III,208）。幾個世紀後，《大事》（Mahāvastu）警告說，那些奴役無助者、給他們戴上手銬、毆打他們，以及迫使他們工作的人將投生非常可怕的地獄，參閱《大事》（Mvu.I,18,22）。

㉖ 《增支部》（A.III,66）。

法。⑥⁴

佛陀清楚意識到，即使是虔誠的比丘和比丘尼也可能變得在意食物，貪吃成性，而這問題亦非出家人獨有，他甚至認為將來問題或會失控，損害僧團的誠信：「在未來，比丘們將會沉迷美食，用舌尖品嘗最美味的佳餚。」⑥⁵ 他的說法中不乏對貪婪飲食的告誡：「不要填飽肚腹，節制飲食，對食物少欲無求。」⑥⁶ 他吩咐弟子們在進食前輕聲念誦以下的句子：

> 「我們會適量飲食。我們明智的反思進食不是為了享樂、消遣，或為外貌的吸引力，而只是為了保養和延續這個身體，以緩解飢餓的痛苦，有助修習梵行，並心想：『我斷除舊的欲望，不再生起新的欲望，從而健康，沒有過失，安穩地生活。』」⑥⁷

有一次，波斯匿王因享用了豐盛的一餐而滿腹飽脹，氣喘吁吁地來到佛陀面前。佛陀見到這情況便說：「當一個人存有正念，因而懂得適量飲食，他的病痛能減輕，他能延緩衰老，保護自己的生命。」

---

⑥⁴ 《中部》（M.I,473）。
⑥⁵ 《增支部》（A.III,109）。
⑥⁶ 《經集》（Sn.707）。
⑥⁷ 《中部》（M.I,273）。

國王領會佛陀的暗示,吩咐姪兒在他進餐時重複這番話給他聽。結果,國王逐漸減少食量,體重減輕,恢復苗條身材。[68] 佛陀向國王提出正念飲食的建議,現在才開始被營養師和減肥專家認可。正念飲食有助將習慣行為轉變為自覺行為,從而可有更多的飲食選擇。它能讓人停頓片刻,思考和清楚自己即將要做的事情和原因,這往往足以改變行為。正念還可以讓人察覺食欲的出現,然後抽離地觀察,而不是屈服於它。

同樣重要的是,佛陀選擇用積極而非消極的話來鼓勵波斯匿王,沒有向他講述肥胖的問題,而是強調減肥的好處:減少身體疾病;延緩衰老過程;以及保護生命。這些都是健康體重和飲食的益處。佛陀似乎知道強調正面鼓勵有時更能有效激勵人們。

如前所述,佛陀將苦作為其哲理的關切重點——識別出苦的原因,闡明滅苦的方法,最後鼓勵將這些方法應用於個人生活中。他補充說苦有兩種,一種是身體上,一種是心理上,前者最明顯的是受到病痛和疾患的折磨。[69] 有人聲稱佛陀教導這樣一種觀念:個人所經歷的任何事情,無論愉快與否,都是由他們過去所做的事情(即「業力」)造成。如果屬實,那就意味著生病源自過去的道德敗壞。實際上,佛陀沒有教導這樣的觀念。他將這種觀念與另一同樣錯誤的觀念

---

[68]《相應部》(S.I,81-82)。
[69]《相應部》(S.III,1; V,421)。

相提並論，即一切事物都是由至高的存在所創造或控制。佛陀說這是「超越個人所知和世間普遍認知的事實」，是「失念」的結果，駁斥這種觀念完全合理。⑦ 佛陀認識到有眾多導致疾病的因素，業力只是其中之一。部分其他因素包括體液失衡、天氣變化、疏忽、意外、不良飲食和暴飲暴食。他還提到某些疾病是與特定季節有關。⑦ 那先準確地總結了佛教對業力的立場，他說：「由業力所致的事情較其他因素所致的事情要少得多，愚蠢的人說一切都是由業力所致是言過其實。」⑦

　　佛陀認識到病痛是痛苦的根源，鼓勵弟子珍惜健康，也要採取措施保持健康。他形容健康為「無疾無病、消化良好、不過冷或過熱，而是和諧及適合勤奮修行」，他又稱讚身體健康是一種成就、令人歡喜的事物、最大的利得和修習佛法的良機。⑦ 他還認為身體健康對心智培育有著重要作用，並將「無病無惱」定為五精勤支之一。⑦ 他對健康的重視意味著從早期開始，以及之後的幾百年，佛教比丘積極涉足醫學和治療領域。⑦

---

⑦ 《增支部》（A. I,173-174）；《相應部》（S.IV,230）。
⑦ 《相應部》（S.I,81-82, IV,230）；《中部》（M.I,473）；《律藏》（Vin.I,199）。
⑦ 《彌蘭王問經》（Mil. 135-136）。
⑦ 《增支部》（A.III,103; 135）；《法句經》（Dhp.204）；《長部》（D.III,235）。
⑦ 《中部》（M.II,95）；《增支部》（A.III,65）。
⑦ 參閱 Wujastyk 2022 pp.5-7, 18-21 和 Zysk and Tatz。

237

12
危急之秋

世間有一件事的生起,是為眾人的利益和安樂,
天和人的福祉、利益和安樂。這件事是什麼?僧團和合。

《如是語經》(Iti.11-12)

佛陀七十五歲時,他已經說法和帶領僧團四十年。他一直傳授佛法,直到生命最後的日子,實際是直到最後一刻,但可能已經不再直接管理僧團的事務,將這項工作交給富經驗且可信賴的長老比丘。他最初幾十年的弘法工作成果豐碩:他曾宣稱自己有一千二百五十名比丘,另一次則提到他有數千名出家和在家弟子。① 然而,成功有時也會帶來不太好的影響。《三藏》中有大量的經文記錄佛陀譴責比丘散漫、他們之間的爭吵,以及最嚴重的就是詮釋佛法的分歧。他說戒律的異議只是小事,但對佛法的爭論則是災難。② 雖然無法確定這些問題何時開始變得明顯,但人們推測這可能是在佛陀的弘法後期出現,也許是在其生命的最後十年。

佛陀早已預見到這種情況可能會發生。他曾經警告有五種尚未出現的威脅,但將來會出現,並吩咐比丘們要保持警惕,防患於未然,阻止它們毀壞僧團。他指出如果不合適的比丘向不合適的人授戒,那麼他們將逐漸腐蝕整個僧團。不修戒律、對佛法的誤解和混淆將變得普遍;比丘們對瑣事較心智方面更感興趣,並且會失去培育個人心智的熱忱。③

有一次,佛陀對摩訶迦葉說:「由你或我教化比丘,向他們傳授

---

① 《長部》(D.II, 5);《中部》(M. I,490 ff)。
② 《中部》(M.II,245)。
③ 《增支部》(A.III,106-108)。

佛法。」這給人的觀感是有些問題必須解決，但佛陀不願親自動手，而是希望迦葉代為處理。令人驚訝的是，迦葉婉拒幫忙，他說：「現在的比丘難以教誡；他們的態度使他們難以教誡。他們固執己見，不恭敬地接受勸告。」④佛陀同意這一評價，並列出各種困擾僧團的問題。從他的話中可以看出，部分比丘對早期簡樸生活的承諾有所減弱。⑤這情況可能並不普遍，但趨勢顯而易見，也許還在不斷增長。

普遍的散漫和行為不端需要越來越多的戒律來規範，直到戒律超過兩百條之多，措辭更幾乎全屬負面，即約束比丘們的行為，而不是要求他們做某些事情。摩訶迦葉察覺到這一趨勢，就問佛陀為什麼過去戒律少而阿羅漢多，現在戒律多而阿羅漢卻少。佛陀回答說：「迦葉，就是這樣的，當眾生的道德敗壞，正法消失時，修行戒律就多，覺悟的比丘就少。」⑥難以想像佛陀說這番話時沒有悲傷、失望或者無奈。有些長老比丘感嘆比丘的素質大不如前。如稍後所見，在佛陀入滅後不久，一位比丘竟大膽地說佛陀的入滅不應該是悲傷的原因，因為現在他和其他人可以為所欲為。⑦

在佛陀入滅之前，是什麼導致這種可悲的衰敗境地？荒謬的是，

---

④ 這並不是迦葉唯一一次禮貌地拒絕佛陀提出的要求，《相應部》(S.II,203-204)。沒有其他弟子這樣做的例子。
⑤《相應部》(S.II,208-210)。
⑥《相應部》(S.II,224)。
⑦《長部》(D.II,162)。

原因之一可能是佛陀和他的大多數弟子,尤其是比丘和比丘尼贏得了大眾的尊敬。波斯匿王提及他留意到比丘們的一些特點,正是這些特點使自己對他們產生崇敬和淨信。他們和睦相處,互相尊重,似乎很專注地聆聽佛陀的說法。他們看起來甚至比一些苦行者更有魅力:

「我由樹林到樹林,由園林到園林,見到有些沙門婆羅門陰鬱、憔悴、瘦弱,皮膚醜陋且蠟黃,全身青筋浮現。⑧我心想:『他們不是不滿梵行,就是隱藏所做的惡事。』他們看起來憔悴和醜陋,令人不想再看。有一次,我問他們當中的若干人為什麼看起來這樣。他們回答說:『這是一種家族遺傳病。』然後,我看到世尊的比丘們,他們喜樂、愉悅、歡欣和從容,根門清淨、自在和恬靜,無求,心如林中的鹿。」⑨

崇敬帶來供養,起初只是足夠而已,然後是大量,最後是最上乘的:用絲綢而不是廢布縫製的袈裟;舒適和專門建造的住處,而不是樹葉和稻草搭建的茅舍;佳餚美食,而非托缽得來的殘羹剩飯。曾有

---

⑧有趣的是,瘦削和筋脈突出正是佛陀讚揚比丘的一些特徵,參看《法句經》(Dhp.395)。

⑨《中部》(M.II,120-121)。

在家人「自己不食用硬和軟的食物或飲料,他們不給與父母、配偶或子女,不給與奴隸、僕人或朋友,也不給與同事或親戚,但布施給比丘們。比丘們因此而英俊、豐腴、容光煥發、膚色皎潔」。⑩

《律藏》中有不少關於男子出家的故事,其原因與僧團的真正宗旨毫不相干,其中包括獲得免費膳食。有一個故事講述一位貴族之子,如今的生活困苦潦倒,他看到比丘們「享受美食後,就躺在避風的床上入睡」。於是,他決定出家,以享受這些利益。⑪ 另一個故事講述一位農夫,他在田間辛勞耕作整個上午後,在回家的路上停留當地的一所寺院。一位比丘從自己的缽內分給他一些美味的食物。由於他從未嘗過這麼美味的食物,因此斷定比丘的生活確實較農夫優越,於是他加入僧團。⑫ 有些男子為躲債、逃避國王的徭役,或者因為身體殘疾而被迫行乞街頭,他們於是選擇出家。阿闍世王向佛陀表示,假如自己的一個奴隸潛逃並出家,自己作為國王不會逮捕他,也不會讓他再次成為奴隸——這幾乎是奴隸逃走加入僧團的誘因。⑬ 最終,佛陀不得不制定戒律,禁止某些人出家。這些戒律揭示了哪些人會被比丘的身分所吸引,以及有必要在接受民眾出家前嚴格篩選。

---

⑩ 《律藏》(Vin.III,88)。
⑪ 《律藏》(Vin.I,86)。
⑫ 《本生經》(Ja.I,311)。一些男人出家的其他原因,參看例如《中部》(M.I,463, II,66)。
⑬ 《長部》(D.I,60-61)。

比丘們得到慷慨的供養，導致其中一些人對所得的物品產生一種明顯不稀罕的態度。有一次，某個行會的會眾向一群比丘供養大量的米飯，但由於比丘們的疏忽，很多飯粒掉在食堂的地上。這些施主因此感到惱火，他們互相說：「這些沙門釋子接受食物怎能這般粗心大意？每粒米飯都是百日辛勞的結果。」⑭當另一群比丘來到迦毗羅衛時，城鎮上的陶匠告訴他們，如果有人需要缽的話，自己可以為他製作。突然間，比丘們向他提出諸多請求，雖然他們已經擁有足夠的缽，但仍想要一個更好的、更小一點或更大的缽。製作這些缽令陶匠沒有時間製作謀生物品，他發現自己連養家糊口都成問題。佛陀知道這事後，斥責比丘們「不懂節制」。⑮佛陀經常提醒出家人要節用所求，慎用所得，並為在家人設想，這表明這些告誡並未被牢記在心。

隨著時間過去，比丘們以及各個派別之間的爭執逐漸浮現，這問題不僅限於出家人，當人們結黨連群時也常常出現。一些爭議出於個人性格的差異，部分則源自狹隘的嫉妒心理，還有若干則是由於對佛法的理解不同所致。

此類嚴重事件首次發生在大城市憍賞彌。關於這次爭執有三種說法，每種說法的概要相似，但細節上略有不同，而且可能有混淆之處。這次糾紛由比丘婆醯迦挑起，但詳情沒有記載。由於阿難陀和阿

---

⑭《律藏》（Vin.II,131-132）。

⑮《律藏》（Vin.III,244-245）。

那律陀等長老比丘起初不願介入，結果事情很快就失控。⑯ 以下是爭執的記錄。比丘們就某事件出現分歧，導致城內大部分的比丘都牽涉其中。「他們以手勢、口舌甚至拳打腳踢來侮辱對方」。佛陀知道此事後，召集爭執雙方，並問他們：

「你們是不是在爭論、爭吵、爭辯，唇槍舌劍？你們既不能說服或勸導別人，也不能被他們說服或勸導？」

他們承認這是事實。佛陀說：

「你們認為怎樣？當你這樣做時，你是否在公開和私下場合，都以慈心作身業、口業、意業對待梵行的同修？」
「不是，世尊。」
「你們這些愚癡的人！難道你們不明白或不知道，這將帶給你們長期的傷害和痛苦嗎？」

佛陀斥責比丘們的行為後，便向他們善良的本性發出呼籲，敦促他們應該用身業、口業和意業來表達對彼此的慈愛。無論他們依法取得任何物品，即使是缽內的食物，也應該與同修分享。無論他們知道

---

⑯《增支部》(A.II, 239)。

任何善和可敬的戒律，都應該遵循。最後，他們應該接受並遵循任何能引導他們獲得解脫的見解。[17]

這似乎暫時緩和了各派系之間的緊張關係，但一段時間後，雖然具體時間不明，爭執再次爆發。當佛陀再次試圖促成和解，但比丘們告訴他別管閒事，竟然這麼傲慢無禮。「世尊，等一等！世尊是法主，不要為這事擔心。你只需安住在樂之中，我們會處理爭論和爭吵。」佛陀對此再也無法忍受。翌日早上，他前往憍賞彌托缽，吃過獲得的食物後，便收拾房舍，沒有告訴任何人就離開這座城市。[18] 可能正是針對這種情況，他說：「凡是比丘們爭論和爭吵的地方，我都不願想起，更何況要去。」[19] 在一處關於憍賞彌危機的敘述中，他離開時責備比丘們，他還說了這番話：「那些打斷骨頭、奪取生命、盜竊牛馬和財物，以及掠奪國家的人，他們尚且和睦相處，你們為什麼不能？」[20]

不僅佛陀對比丘的行為感到厭惡，憍賞彌的俗家弟子亦一樣，他

---

[17]《中部》(M.I,321-322)。
[18]《中部》(M.III,153)；《律藏》(Vin.I,341)。有跡象表明，僧團內部還存在其他嚴重的分歧，這些分歧在失控之前似乎已經解決；例如《增支部》(A.II,239) 所提及的。
[19]《增支部》(A.I,275)，扼要引文。
[20]《中部》(M.III,154)。

們不再供養比丘,當比丘托缽時不布施食物。㉑ 這很快使爭論者清醒過來,他們結伴前往佛陀所在的舍衛城,請求佛陀寬恕。這場爭執的消息已經傳到城內,引起當地在家人不安。當他們聽說鬧事者即將到來時,便詢問佛陀該如何應對。佛陀告訴他們應該向比丘布施,甚至聆聽比丘們的解釋,這樣就可判斷到底該把這場風波和事故的責任歸咎哪一方。「布施給雙方,聽取雙方的詳細情況,然後接受說實話的比丘們的意見、派別、見解和立場。」㉒ 這樣的建議是佛陀的典型做法——不把自己的觀點強加於人,而是建議客觀審視證據,讓事實不言而喻。可惜的是,《三藏》沒有提及憍賞彌的事件如何解決,甚至是否有解決,因此我們對最終發生的事情一無所知。

佛陀離開憍賞彌後,先到婆羅樓羅村附近的樹林,而不是直接前往舍衛城。阿那律陀和另外兩位比丘正在該樹林長期靜修。三人上前迎接佛陀,接過他的缽和大衣,為他設座,給他一壺水洗腳,這些都是應有的待客之道。佛陀詢問三人靜修的進展如何,他們回答說他們和睦共處。佛陀進一步詢問他們怎樣做到這一點時,阿那律陀向他描述三人之間的關係以及他們的日常生活:

㉑ 《律藏》(Vin.I,353)。《自說經》(Ud.41-42)提到佛陀來到波陀聚落(Pārileyya)的樹林,在那處他獲得一頭大象的照顧。關於巴利文獻中佛教比丘與森林動物之間的互動,參閱 Dhammika 2018b pp.32-35。
㉒ 《律藏》(Vin.I,355),扼要引文。關於佛陀對作出判斷和評估的更多論述,參閱《增支部》(A.II,71);《法句經》(Dhp.256-257)。

「我時常想,能與這些同伴在梵行中生活是多麼大的利益,是真正的利益。我這麼想:『我為什麼不放下自己的心念,順應這些尊者的心念?』然後我就這樣做,我們的身體各不相同,但心卻是一樣的。誰先到村落托缽回來,就安放好座位,準備飲用水、洗漱用水和放置剩餘食物的缽。最後回來的人可以吃剩餘的食物,如果他已經吃飽,就可以丟棄。然後,他收拾座位、水和放置剩餘食物的缽,並打掃食堂。誰看見飲用水或洗碗水的器皿空了,就把水注滿,如果他自己無法做到,就用手示意其他人幫忙,而不需要打破止語。然後,每隔五天,我們會徹夜討論佛法。我們就是這樣安住於不放逸、精勤和堅定當中。」㉓

佛陀必定很高興知道仍然有比丘們忠於他一直教導的生活方式的精神:簡樸;互相尊重;學習;以及修習獨處和止語。

《三藏》中關於憍賞彌爭執的敘述部分內容混亂,也可能不完整。《三藏》記載佛陀在世時,富商瞿私多在城內建立了一座以其名字命名的寺院。㉔一九五〇年,考古學家發掘出該建築的遺址,並通

㉓《中部》(M.III,156),扼要引文。
㉔《相應部》(S.IV,113-114)。

過在遺址發現的碑文確定。㉕ 古代的註釋還提到憍賞彌的另外兩座寺院，分別由拘拘羅和波婆離迦建立，據說波婆離迦是瞿私多的朋友和商業夥伴。但奇怪的是，雖然註釋提到這兩人和他們的寺院，但《三藏》卻沒有，這不禁讓人產生疑問。為什麼這樣呢？後來的註釋家似乎不太可能編造這兩人，以及關於他們建立寺院的情況，但為什麼《三藏》卻對他們隻字不提？是否因為憍賞彌的爭執在拘拘羅和波婆離迦的寺院中爆發，並涉及到這兩座寺院的比丘們，從而引起反感，導致編纂《三藏》的比丘們甚至拒絕提及他們兩人呢？

雖然憍賞彌的爭執令佛陀極為擔憂，並震驚那些較自律守戒的比丘，但這只是未來更嚴重問題的前兆。當佛陀覺悟後不久首次回到迦毗羅衛時，一些釋迦族男子，包括幾名家族成員，決定加入他的僧團，其中一位是佛陀舅父善覺王的兒子提婆達多。提婆達多據載是一位優秀的比丘，但只被經文偶爾提及。佛陀在多處稱讚他，把他與另外十位比丘列為優秀和值得尊敬的弟子。㉖ 然而，提婆達多引發了佛陀弘法生涯中最大的危機且分裂僧團，儘管並非不可挽回。據推測，這件事發生在佛陀晚年，正當阿闍世王統治摩揭陀的時候。斯里蘭卡的古代編年史書《大史》的部分內容是基於早期的印度資料，它稱阿闍世在佛陀入滅前八年即位，但《三藏》中並無確鑿證據。㉗

㉕ Ghosh 1963, pp.14-16.
㉖ 《增支部》(A.IV,402 ff)；《自說經》(Ud.3-4)。
㉗ 《大史》(Mhv. II,32)。

《三藏》對整件事的敘述似乎被戲劇化，甚至可能誇大部分內容，以便中傷提婆達多。整件事包括了弒君、企圖暗殺、橫衝直撞的大象、來自天子的通知、賄賂、謊言和陰謀的情節。《律藏》中所記載的情節先後也有部分混淆。例如，其中一處寫到佛陀輕微斥責提婆達多違反有關食物的小戒，卻對他最近四次企圖謀殺自己隻字未提。[28] 儘管存在這些問題，我們仍然可以辨別故事中的事實要素，構建可能確實發生的事情。

　　在佛陀晚年，僧團出現分裂，似乎可以肯定是由提婆達多挑起的。然而，對於這次分裂的原因，最好的解釋是提婆達多對僧團提出的某些要求，而不是說他貪婪、貪戀權力或只想製造事端。提婆達多要求改革比丘的生活方式，這些要求包括：比丘們應該居住在遠離人煙的樹林；他們只能通過托缽來獲取食物，不能應邀到他人家中接受午供；他們應該穿著用破布縫製的袈裟，不能接受用新布縫製的袈裟；他們應該住在樹下，不能住在房舍；他們不可以食用肉類或魚類。[29]

　　一段時間以來，提婆達多一直暗中挑撥離間，指責佛陀背棄真正的苦行理想，並且設法讓一些比丘認同他的觀點。甚至有些俗家弟子亦支持他。對於哪種生活方式最適合出家人，過去也存在分歧。那些

---

[28]《律藏》(Vin.II,196)。
[29]《律藏》(Vin.II,197)。

長期獨來獨往、厲行克己的比丘往往鄙視那些不跟隨該做法的比丘。佛陀察覺到這一點,建議兩派互相尊重。[30]

最後,提婆達多來到佛陀面前,語氣略帶堅持,建議所有比丘都必須遵守他提出的五種苦行。但佛陀一直認為,即使艱辛的自我抑制和長期隱居樹林可能會有所幫助,但並不適合所有人,也不一定帶來內在的轉變。他注意到並指出,比丘住在樹林,仍然可能出現掉舉、貢高我慢、口無遮攔的情況,而且禪修進展有限。[31]他還看到比丘和比丘尼與在家人接觸的意義,他們可以充當渠道,讓社會認識和接受佛法,從而對所有人,而不僅是出家人產生積極的影響。因此,他拒絕強制實施提婆達多的建議,但本著妥協的精神,他表示如果比丘想修習這些苦行亦可。

這對於提婆達多來說還不足夠,但他沒有強求,而是繼續在比丘之間宣揚自己的想法,逐漸贏得更多的支持。爭論佛陀沒有制定或批准的戒律足以造成分裂,但提婆達多很快就變本加厲。他首先暗示,然後真的說出如果由他取代佛陀作為僧團的領袖可能更適合。他或許認為自己是佛陀的近親,有望在佛陀退位時接任。確實,喬達摩的家族成員,或者至少是釋迦族人有權領導僧團特權的想法,這相當符合當時的主流意見,僅管佛陀對此感到反感。

---

[30] 《中部》(M.I,469)。
[31] 《增支部》(A.III,391)。另參閱《增支部》(A.III,355)。

提婆達多的言論似乎傳到佛陀耳中，因為他與一些親信弟子有所討論，但既沒有與提婆達多對質，也沒有對他採取行動，或許是希望問題能逐漸平息。然而，對決無法避免，最終到了關鍵時刻。有一日，佛陀在一個大型集會上說法，提婆達多從聽眾中走出來，向佛陀頂禮並大聲說：「世尊！你現在衰老，老邁，疲憊不堪，走過人生的道路，即將到生命的盡頭。現在應樂住於禪修當中，安穩地生活。將僧團交給我，由我帶領。」佛陀拒絕，提婆達多再次請求，佛陀再次拒絕。當提婆達多第三次請求時，佛陀對他說：「提婆達多，即使是舍利弗或目犍連我也不會把僧團交給他們，更何況你這種我視如唾痰的無恥之徒。」佛陀的尖刻語氣必定震驚在場的會眾，而提婆達多被這樣當眾嚴厲斥責，肯定感到羞辱。雖然如此，他控制自己的情緒，強顏歡笑地再次頂禮佛陀，然後離開會場。

　　佛陀無法再忍受，決定對提婆達多採取行動。他指示舍利弗召集一些長老比丘，按照戒律譴責提婆達多，然後在王舍城作出公布。[32]不過，提婆達多並沒有被嚇倒，決心一意孤行，很快就宣布建立自己的僧團。這在各地造成混亂，有些比丘支持提婆達多，而有些比丘則強烈反對他的做法。在家弟子分為支持者、反對者和不確定誰對誰錯

---

[32] 根據戒律，這程序稱為「顯示羯磨」（pakāsanīya kamma），它會在「白四羯磨」（ñatticatuttha kamma）後進行。在佛陀一生中，這是唯一一次使用此程序。詳情參閱 Upasak pp.101 and 126。

的人。看起來，佛陀領導了四十多年、贏得成千上萬人的支持和尊重的梵行團體，即將如耆那教僧團在其領袖去世後的方式終結：分裂、指責和混亂，而佛陀甚至還未辭世！《三藏》沒有提及佛陀對分裂事件的看法，但一定讓他深感憂慮和失望。

提婆達多在支持者的陪同下前往伽耶。但在出發之前，他成功說服一群新出家的跋耆比丘，令他們相信正在維護真正沙門傳統的人是自己，而不是佛陀，結果他們加入了他的行列。佛陀吩咐舍利弗和目犍連前往伽耶，規勸分裂者，特別是他最關心的、年輕易受影響的跋耆比丘。兩人抵達伽耶後，在提婆達多不在場時向比丘們發表演說。根據《律藏》的記載，他們說的話非常令人信服，讓所有比丘反省自己的所作所為。然而，人們認為需要一些時間，並且要提出論據和辯解才能改變比丘們的想法。㉝ 舍利弗和目犍連說完後，宣布他們將離開，任何認同他們演說的人都可以跟隨他們。根據《律藏》的記載，各比丘起座，陪同舍利弗和目犍連回到王舍城和佛陀身邊。分裂至此結束。《三藏》還提及，當提婆達多知道所有追隨者都離他而去時，當場口吐熱血。「口吐熱血」一詞傳統上被解釋為一個人已經去世，但可能是形容極度憤怒的生動表達。㉞

儘管提婆達多要求的苦行非常極端，但在許多沙門教派中卻不具

㉝ 《律藏》（Vin.II,200）。
㉞ 《律藏》（Vin.II,184 ff），另參閱《增支部》（A.IV,135）。

爭議。然而，他們與佛陀的想法大相逕庭。佛陀一直反對為苦行而苦行，強調故意自我施加的艱苦和匱乏毫無意義。人生要承受的艱苦已經夠多，應對這些艱苦可以幫助人的心靈成長，而不必刻意製造。自佛陀說法之初起，這想法就使他與其他沙門的普遍理解相左，招來不少沙門的批評。由此看來，提婆達多的要求及其隨後引發的分裂，實際上是一個執意恪守沙門傳統的傳統主義者，與一個更具智慧且不排斥破舊立新的人之間的衝突。佛陀準備靈活應對這些要求，而提婆達多則堅持只有一種做法正確，且適合所有人。

13
最後時日

當具一切德行的佛陀入涅槃時，
眾人感到戰慄，毛骨悚然。

《長部》（D.II,157）

喬達摩在年輕時被世間的痛苦所觸動，因而捨棄家園和至親，以尋找超越困境的方法，至今已歷半世紀之久。時光流逝，他所認識的人——他的施主、侍者和弟子——都逐一離世。古代的註釋提到，佛陀的兩位上首弟子舍利弗和目犍連在他入滅前一兩年先他而去，然而《三藏》只簡略記載舍利弗的入滅。舍利弗似乎一直住在家鄉那羅村，也就是人們常說的那爛陀，它位於王舍城以北約十五公里處。當時他已年逾古稀，回到家鄉可能是為了臨終前有親屬陪伴在旁。在某個時候，他病危去世。沙彌准陀期間一直在旁照顧，認為應前往舍衛城告訴佛陀，並把舍利弗的缽和大衣交給他。佛陀聽到這個消息後不做評論，但身邊的阿難陀卻感觸良多。他說：

「舍利弗尊者是我的勸導者和導師，他指導、啟發、激勵和令我歡喜，說法不倦。他是梵行同修的襄助者，我銘記舍利弗所給予佛法的精髓、佛法的受用和佛法的助益。」①

後來，佛陀在最後一次遊方中在郁迦支羅停留時，表達對多年摯友不在的失落。「比丘們，現在目犍連和舍利弗已經入滅，這個集會感覺很空虛。它以往不似這般空虛，舍利弗和目犍連身在之處，我從

---

① 《相應部》（S.V, 161-162）。

不用顧慮。」②

　　《大般涅槃經》敘述佛陀生命的最後幾個月，是《三藏》中最長的經文，也是當中為數不多表達有關人物內心感受和情感的篇章之一。經文開篇記述佛陀住在距離王舍城東門不遠的靈鷲山，這座小石丘位於一座現稱查塔的高山一側。摩揭陀宰相婆利沙迦羅前來拜訪佛陀，告訴他阿闍世王計畫征伐北方的鄰邦跋耆人，並消滅他們。佛陀詢問站在身後，為自己搧風的阿難陀有關跋耆人的事：「他們是否定期和經常集會？」阿難陀證實他們會這麼做。然後佛陀再問跋耆人的議會是否和睦地集會、處理事務和休會；他們是否不會制定新法令，或廢除現有法令，而是遵守傳統法令；他們是否重視和尊崇族中長老，聽從他們的忠告；他們是否已停止拘禁婦女和強迫她們同居；他們是否尊崇和護持他們的塔廟；他們是否供養境內生活的阿羅漢。阿難陀對這些詢問都給予肯定的答覆。佛陀說只要跋耆人繼續做這樣的事情，他們就能夠抵禦攻擊並保持獨立。經文中沒有指出佛陀這番話是為了讓婆利沙迦羅聽到而說，還是在私下對阿難陀說──兩種情況都有可能。③

　　之後，佛陀一行離開王舍城向北行，途經菴婆婆梨園和那爛陀，

---

② 《相應部》(S.V,164)。
③ Upinder Singh 將這事件解釋為佛陀間接告訴婆利沙迦羅怎樣削弱跋耆人。我的理解恰恰相反，我認為佛陀想讓婆利沙迦羅知道跋耆人強大而團結，很難征服他們。參閱 Singh, p.254。

幾日後終於在傍晚抵達波吒釐村。他們受到當地在家人的歡迎，被邀請入住旅舍。佛陀接受邀請後，村民就整理旅舍，裝滿水瓶，擺設坐具，注滿燈油。一切準備就緒後，佛陀在門口洗腳④，進入旅舍，背靠中間的柱子坐下，面向東方，而在家人則面向他坐著。⑤然後，他開始說法，持續了一整晚。⑥

佛陀習慣早起，獲悉婆利沙迦羅在另一位大臣的協助下監督修建防禦工事，為摩揭陀與跋耆人的對抗做準備。佛陀告訴阿難陀，他看到成千上萬的天神進入建築工地，試圖影響官員的思想，讓他們在自己的住所附近或上方施工。佛陀為什麼要與阿難陀分享這一奇聞軼事不得而知。一段時間後，佛陀和隨行人員渡過恆河，經過拘利村，最終抵達毗舍離南郊的那提迦村，住在稱為那提迦磚屋的旅舍。⑦

第二日，佛陀一行人前往附近一座由名妓菴婆婆梨擁有的芒果園。⑧菴婆婆梨聽到消息便乘車到芒果園拜見佛陀，在聽聞佛陀說法

---

④ 另見《中部》（M.I,205; I.414; III,155）；《長部》（D.III,208）等。在幾個世紀後，佛陀被視為極其崇高，無法想像他會做出像洗腳這樣平凡和卑微的事情。

⑤《奧義書》和《法經》等賦予東方各種吉祥和神祕的意義，可能是源自吠陀的太陽崇拜；例如《廣林奧義書》（Bṛhadāraṇyaka Upanishad 2.7,5; 3.9.20）。佛陀面東而坐，大概是遵循當時接待貴客的慣例。

⑥《長部》（D.II,84-86）。

⑦「磚屋」一詞表明用這種材料建造的房屋並不尋常。根據考古研究，在孔雀王朝之前，印度很少使用燒磚。

⑧ 公元五世紀，中國比丘法顯曾到過該果園，他說果園位於毗舍離以南三里處，即南北大道的西側，因此一定是位於那提迦附近的某處。

後，她邀請佛陀和比丘們翌日到她家中接受午供，佛陀接受邀請。恰巧，一群年輕的離車人也知道佛陀到來，紛紛乘車前往拜訪，在途中遇到菴婆婆梨。她把邀請佛陀的事告訴他們。離車人希望有幸成為毗舍離第一批款待佛陀的人，於是說如果她將邀請讓給他們，他們會給她豐厚的酬謝。她拒絕他們的提議，然後乘車回家準備午供。這些年輕人心有不甘，飛奔到芒果園。當他們走近時，佛陀看到他們不同顏色的妝容與服飾相得益彰，便對阿難陀說，他們看起來就像神。⑨當離車人到達時，佛陀便向他們說法。說法結束後，他們邀請佛陀翌日接受午供，但被他禮貌地拒絕，說自己已經接受菴婆婆梨的邀請。他們感到惱怒，打了個響指，說：「我們被這個芒果般的女人打敗，搶了風頭！」⑩

翌日早上，佛陀和比丘們來到菴婆婆梨的家中，享用一頓豐盛的午供。隨後，她宣布把自己的芒果園奉獻給僧團。菴婆婆梨後來出家為比丘尼，在她晚年寫了一首偈誦，對比自己盛年時的美麗和晚年的容貌，這是印度最早期的女性文學作品之一。⑪

---

⑨ 幾個世紀以來，化妝是印度上層社會男性的常見做法。《相應部》（S.II,281）記載佛陀的異母弟難陀習慣畫眼妝。關於古印度的男性美容，參閱《愛經》*Kāmasūtra* I, 4, 5-6 及 Ali, p.63。在十一世紀，阿爾比魯尼（Alberuni）發現印度男性較他所認識的其他男性明顯打扮得華麗和女性化：「男性使用化妝品，戴耳環、臂環、無名指和腳趾戴上金印章指環」，Edward Sachau's *Alberuni's India*, 1910, Vol.I p.181。
⑩ 這是對菴婆婆梨巴利文 Ambapāli 的文字遊戲，意思是「芒果的守護者」。
⑪ 《長老尼偈》（Thi.252-270）。

佛陀接受菴婆婆梨的邀請被比喻為耶穌對「有罪的女人」的寬恕，這名女子用昂貴的香油塗抹他的腳，她可能是一名妓女，傳統上被認定為是抹大拉的馬利亞。然而，兩者相似之處微不足道。在公元一世紀的以色列，妓女是被社會鄙視的人，而耶穌對她充滿憐憫，表達了他以愛接納被排斥的人，這是他福音的中心主題。在印度，菴婆婆梨、半迦尸、娑羅跋提和蘇拉薩等名妓與普通妓女相比，享有很高地位。她們通常是獨立和富有的女性，知書達禮，精通所謂的六十四藝，有時對城市的執政議會具影響力，甚至是其中的成員。⑫ 佛陀接受菴婆婆梨的邀請，而拒絕年輕的離車人，只因為她先邀請自己。

　　佛陀到達毗舍離後不久，雨季便開始，按照沙門的傳統，他和比丘們要找一處安居三個月。佛陀和阿難陀住在城市遠郊的白鹿瓦村。他在該處時忽然「患上重疾，疼痛劇烈近乎死亡，但他以正念正知忍受，沒有抱怨」。佛陀痊癒後從住處出來，坐在廊下的陰涼處。阿難陀上前禮敬佛陀，然後說：

> 「世尊，你安康無恙真是太好了。當你生病時，我感到神志昏亂、迷迷糊糊，什麼事都搞不清楚。但我感到寬慰的

---

⑫ 參閱《律藏》(Vin.I,268) 和《愛經》(*Kāmasūtra* 1.3,16-22)。有關名妓生活不甚光彩的一面，參閱 Kaul, p.146 ff。

是，你不會未對僧團作教示就入滅。」⑬

佛陀顯然對這番話感到詫異，於是回答說：

「阿難陀！僧團還期望我做什麼？我宣揚佛法，沒有區分隱祕和公開的法義，沒有把某些法義緊握拳中。如果有人想：『我將掌管僧團』或『僧團應追隨我』，就讓他們對僧團作出教示。但如來並不這樣想，那麼他為什麼要對僧團作出教示？」

然後，他再次呼籲在修學的事情上要依靠自己：

「阿難陀！以你自己作為島嶼（Dīpa），作為自己的皈依處，以佛法作為你的島嶼和皈依處，不以其他作為皈依處。無論現在或我入滅之後，任何比丘以自己作為島嶼和皈依處，如果樂於修學，將達到最高的境界。」⑭

佛陀盡可能明確地重申，他的道路是一條自悟自覺的道路，像他

---

⑬《長部》（D.II,99）。
⑭《長部》（D.II,100-101）。巴利文 Dīpa 可解作島嶼或燈。

這樣的導師確實可以啓發、鼓勵、敦促和闡釋,但歸根結柢,這取決於個人的努力和理解。

雨季結束後,一行人再次向北出發,渡過甘達基河,然後轉向西北,途經犍荼村、呵提村、菴羅村、閻浮村和負彌城,最終到達波婆,住在鐵匠准陀的芒果園。⑮ 准陀歡迎他們到來,並邀請眾人翌日接受午供。席間,佛陀吃了一道名爲 *sūkaramaddava* 的菜餚,隨後「他患上嚴重血痢,疼痛劇烈近乎死亡」。⑯

這結果成為他最後的一餐,由此這道菜是什麼引起諸多猜測和爭議,其中多是無知之見。有些理論認為這頓飯導致佛陀死亡,有些認為他不小心進食有毒的蘑菇,有些甚至認為他是被蓄意毒害。⑰ 巴利文 *Sūkaramaddava* 的字面意思是「軟豬肉」,所以可能是某種豬肉的烹調方法,例如嫩豬肉,但也不一定。當時和現在一樣,烹調方法的名稱可能與其材料完全無關。事實上,傳統保存了這道菜的名稱,可

---

⑮ 他們從哪處渡過甘達基河已經無從考證,因為不斷變化的河道早已沖走了古代淺灘的痕跡。

⑯ 《長部》(D.II,127)。譯按:英文原文並未翻譯巴利文 *sūkaramaddava* 一詞。

⑰ Karen Armstrong 提出中毒理論的可能性,並補充說:「然而,巴利典籍甚至沒有考慮這種駭人聽聞的可能性」(pp.179-180)。巴利典籍沒有考慮這點,因為它沒有事實依據。Armstrong 的著作充斥大量這類奇思妙想和錯誤事實。

能因為它是一道昂貴、珍稀或特別的菜餚。⑱

佛陀的主要病徵是滲出性腹瀉和劇痛，可能在腹部，這表明他患上細菌性腸胃炎。腸胃炎症狀通常至少需要二十四小時、四十八小時甚至七十二小時才會顯現，這解釋為什麼人們把胃病錯誤地歸咎於他們最後吃的食物。因此，可能並不是 sūkaramaddava 導致佛陀病倒，是佛陀到波婆前一天或者幾天前進食的東西。此外，沒有理由認定食物是問題所在。佛陀會定期補充水分，他在抵達波婆前喝了受汙染的水並非全無可能。

考慮到佛陀在毗舍離期間曾患病，他提到只有深入禪定時，身體才能較為舒適，而且他已經約八十歲，他的死很可能是由於之前的疾病持續，不管是什麼疾病，加上因疲憊和年老而加重的胃腸炎，而不

---

⑱《長部》(D.II,127)。有關 Sūkaramaddava 是什麼及其在佛陀死亡中可能起的作用的一些理論，可參閱 Mettananda and Hinüber、Wasson and O'Flaherty、Ireland、以及 Masefield and Revire 的著作。公元五世紀，法護（Dhammapāla）列舉了古代權威人士對 sūkaramaddava 的各種看法，包括豬肉、竹筍、蘑菇或某種靈丹妙藥。這表明在他的時代原物已經失傳。當今最普遍和最持久的理論之一指 sūkaramaddava 為松露，這個理論最早由十九世紀的西方學者提出。印度松露（Tuber indicum）主要生長在西藏和印度喜馬拉雅山的部分地區，在佛陀生活的恆河和亞穆納河谷不為人知。直到一九八〇年代，沒有證據表明印度人曾經食用，甚至採摘印度松露。印度松露缺乏歐洲松露品種的怡人芳香和獨特味道，現今主要用作歐洲松露的廉價替代品。Sūkaramaddava 也不是一些人所認為的蘑菇。蘑菇和大蒜一樣，是印度人一直避之唯恐不及的不潔食物；參閱《摩奴法論》(Manusmṛti 5,5; 11,156)；《阿帕斯檀跋法經》(Āpastamba Dharmasūtra I.17,28)；《婆私吒法經》(Vasiṣṭha Dharmasūtra 14,33) 等。

完全是由於他最後吃的食物。這一結論與大約公元一千年時的看法相似:「世尊不是因食物而生病,而是因為身體衰弱,壽命將盡,令病情惡化。」⑲

佛陀病情好轉後,翌日一行人繼續上路,但他身體越來越虛弱,不得不再次停下來。他吩咐阿難陀將大衣摺為四疊,讓他坐在樹下休息。不久之後,一位稱為補羯娑的男子到來,原來他是佛陀以前的導師阿羅羅迦羅摩的弟子。補羯娑給佛陀供奉了兩件金色衣,佛陀接受,並吩咐補羯娑將一件披在他身上,另一件披在阿難陀身上。⑳ 補羯娑離開後,佛陀容貌一新,膚色清淨,光芒四射,金色衣都顯得黯淡無光。當阿難陀對這表示驚訝時,佛陀說這種現象只在他覺悟的那天晚上出現過一次。關於他第一次容貌轉變的記載中提到,他的身體發出藍色、黃色、紅色、白色和橙色的光芒。

休息片刻後,一行人前往腳俱多河,大家在河邊喝水和沐浴。㉑ 隨後,佛陀吩咐同行的比丘准陀將大衣摺為四疊放在地上,讓他躺

---

⑲《彌蘭王問經》(Mil.175)。
⑳ 巴利文作 Siṅgivaṇṇaṃ,梵文作 hiraṇya,穆斯林時期以後作 kimkhawād,是用絲或棉線包裹細金線製成。這可能是印度關於此類織物的最古老記載。
㉑ 腳俱多河現稱坎奴河(Khanua River),拘尸那揭以東約十公里處,對於壽命將盡、虛弱且病重的佛陀來說,這似乎是一段很長的路程。然而,坎奴河的河道非常蜿蜒,就如該地區的大多數河流一樣,因此它可能在當時更接近拘尸那羅。註釋提到波婆和拘尸那羅的距離是三伽浮他(gāvutas),Rhys Davids 計算出距離略小於兩英里,參閱 Srinivasan, pp. 18, 23, 25。可惜的是,我們並不知道當時波婆與腳俱多河或拘尸那羅之間的確切位置,也不確定一伽浮他有多長。

下休息。准陀遵照吩咐，然後坐在佛陀身邊守候，以便照料佛陀的任何需要。准陀過去也曾經侍候佛陀。有一次，佛陀患病，准陀前往探望，兩人談論佛法。經文提到，當時佛陀在比丘准陀的悉心照料下病癒。㉒

佛陀在休息時突然想到，鐵匠准陀為自己供養了最後一餐，這可憐的人可能會認為要對佛陀的死亡負有一定責任，內心懊悔不已。為了避免這種情況，他吩咐阿難陀返回波婆，向准陀轉達他的話語：在佛陀覺悟前和涅槃前供養一食，在所有布施中最殊勝且最具功德。這正顯示佛陀慈悲為懷，即使他在疲憊不適，瀕臨死亡之際，仍然為別人著想。㉓

一行人再次出發，渡過希連禪河㉔，在天色漸暗時抵達末羅人的主要城鎮拘尸那羅郊外的樹林。佛陀吩咐阿難陀在娑羅樹間鋪設臥床。㉕當佛陀躺下時，娑羅樹忽然開花，花瓣飄落在他的身上。阿難陀對此表示驚詫，佛陀借此機會提出一個重要的觀點：

「沙羅樹在反季節花朵盛開。如來從來沒有被這樣尊重、
　敬仰、尊崇、讚揚和禮敬。但比丘或比丘尼、優婆塞或優

㉒《相應部》(S.V,81)。
㉓《長部》(D.II,135-136)。
㉔ 最近，奇霍塔甘達基河改稱希連禪河，以方便朝聖者。
㉕ 娑羅樹有氣味芳香的淡黃色花朵，參閱 Dhammika 2018b, pp. 179-181。

婆夷修習佛法,行踐佛道,就是對如來最上的尊重、尊崇和禮敬。」㉖

這是又一例子,說明佛陀將奇蹟置於遵循佛法生活之後,並稱佛法是為所有人——出家人和在家人,男性和女性而設。

佛陀意識到自己即將入滅,於是給予一些最後的忠告和指示。他鼓勵每個弟子一生中至少要去四個地方一次:他出生、覺悟、初轉法輪和入滅的地方。他告誡比丘不要與婦女過於親近,又指示如何處理自己的舍利。他建議懲戒行為不端的比丘闡陀,並允許在新情況出現時修改次要的戒律。

阿難陀難忍淚水,悄悄走到附近的住處,靠在門柱哭泣:「唉,我仍是一個學人,還有許多事情需要做,而這般憐憫的導師即將入滅。」佛陀見阿難陀不在,便叫他過來,看到他傷心難過,便安慰他,並感謝他多年來的無私奉獻:「阿難陀!你長期有益地、全心全意地、愉悅地、無量地以慈身業、慈口業和慈心業侍奉如來。阿難陀!你有功德。你要精勤,不久就可漏盡。」阿難陀的眼淚和佛陀的感激之情,證明兩人親密無間,已超越他們的親屬關係。

其後,佛陀吩咐阿難陀前往拘尸那羅,通知末羅人他已抵達城鎮和即將入滅。末羅人聚集在他們的議論堂,當阿難陀傳達他的消息

㉕ 《長部》(D.II,137-138)。

時，大家都感到震驚和愕然。眾人跟隨阿難陀來到娑羅林，阿難陀向各家各戶引見躺在該處的佛陀。雖然經文沒有提到，但末羅人一定攜帶火把或燈具，閃爍的燈光照亮整個樹林。人群中有一位名叫須跋陀的遊方苦行者，他正好在拘尸那羅。須跋陀聽聞這位偉大導師，但從未謀面，他來到阿難陀面前，詢問是否可以與佛陀交談。阿難陀拒絕他，說佛陀很疲倦，但須跋陀堅持到底。佛陀聽到他們的對話後，吩咐阿難陀讓須跋陀來見他。兩人短暫交談後，須跋陀請求出家。根據經文記載，須跋陀出家後很快就證得覺悟，但具體時間未有明說。㉗

在之前幾年，佛陀曾說過自己可隨時為詢問佛法的人解答問題，並且有能力做到：

「就算你用擔架抬著我到處走，如來智慧之清晰亦不會改變。如果有人要正確地評價我，他們可以說一位不愚癡的眾生現於世間，為利益廣大眾生，為眾生帶來快樂，他悲憫世間，為天和人帶來利益和快樂。」㉘

他與須跋陀的交談證明，即使在生命的最後時刻，他也言出必行。

㉗《長部》（D.II,149-152）。
㉘《中部》（M.I,83）。

佛陀作出最後的鼓勵，對阿難陀和其他人說：「阿難陀，你可能認為『導師的教誨已經過去，我們沒有導師』。但你們不應該這樣認為。在我入滅後，以我教授的佛法和戒律作為你的導師。」

最終的時刻到臨。當陪伴他走過最後旅程的比丘們和須跋陀等人聚集一起，佛陀說出最後一句話：「比丘們，我現在告訴你：有為法是壞滅之法，應精進不放逸」（Handa dāni bhikkhave āmantayāmi vo, vayadhammā saṅkhārā. Appamādena sampādetha）。㉙

佛陀進入禪定，並繼續進入更微妙和超然的意識境界。然後，他遞降回初禪，再次遞升至四禪，最後入滅。

現場瀰漫一片驚愕的寂靜，但很快就被哭泣聲打破。一些比丘淚流滿面地喊道：「世尊太快入滅，善逝太快入滅，世間眼太快消失！」其他了解有為法的比丘則保持平靜，在靜默禪坐中度過餘夜。當晚，娑羅樹下的氣氛一定很肅穆，因為比丘們意識到他們的導師、啓發者、良師和多年摯友已不復存在。佛陀的突然離世肯定令人茫然失措，需要時間去接受。

㉙《長部》（D.II, 156）。

14
佛滅之後

我從村落到村落,從城市到城市,
　禮敬佛陀和殊勝的佛法。

　《經集》一九二偈

雖然佛陀的入滅喚起悲哀和失落，但當人明白這是漫長和豐盛人生的終結，以及是順應自然定律時，這些情緒會有所緩解。翌日太陽升起時，阿那律陀請阿難陀前往拘尸那羅，將事情告訴末羅人。許多末羅人再次在議論堂聚集，聽到這個消息都無比悲痛。他們在徵得比丘們的同意後，開始籌備一場隆重的葬禮和悼念儀式，儀式將持續一週。

當這些籌備工作進行時，摩訶迦葉正率領一大群比丘沿大路前往拘尸那羅，途中遇到一位從該鎮來的阿耆毗伽派苦行者。迦葉問他是否認識他們一行人的師尊佛陀。該苦行者回答說認識佛陀，並說佛陀幾天前才在拘尸那羅入滅。這個消息讓比丘們感到沮喪、困惑和悲痛。不過，晚年出家的比丘名須跋陀卻做出截然不同的反應，他說：「賢友們！不要哭泣和悲慟，我們擺脫了大沙門。他以往不斷煩擾我們，說：『你這樣做會很好，你那樣做就不好』，現在我們可以隨心所欲地做或者不做了。」這時候表達這些感受，想必令驚愕未定的比丘更為震驚，但沒有人出言駁斥。①

迦葉和同伴沿這條道路朝著當時的方向前進，這一事實耐人尋味。從地圖上看，這條古道會經過拘尸那羅，一直延伸到舍衛城，在拘尸那羅之外某處會分岔到迦毗羅衛。可以合理推測，佛陀的最後旅程從王舍城出發，目的地就是迦毗羅衛，他希望在家鄉度過最後的日

---

① 《長部》（D.II,162-163）。

子。如果是這樣，他在離開之前會吩咐一些比丘向眾大弟子傳話，相約他們到迦毗羅衛會面，接受最後的指示和告別。但他在到達預定目的地之前就在拘尸那羅入滅。如果這個推測正確，那麼就能解釋為何佛陀的大弟子之一，喜歡獨居林中的摩訶迦葉在聽到佛陀入滅的消息時身在該處——他正在前往迦毗羅衛的路上。無論如何，迦葉和同行比丘得知噩耗後，匆忙趕往拘尸那羅。

在舉行一連串悉心籌備的儀式後，末羅人將佛陀的遺體從北門抬入城鎮，沿街道行，從東門出，到達天冠寺（Makuṭa Bandhana Shrine）火化。當火葬的柴堆冷卻後，他們將舍利帶到議論堂，以供眾人瞻仰。與此同時，佛陀入滅的消息不脛而走，來自多個王國、酋邦和氏族的代表開始陸續抵達拘尸那羅，要求索取舍利。釋迦人想要舍利，因為正如他們的代表所說：「世尊是我們族人中最殊勝的。」摩揭陀國王的使者說國王有權獲得舍利，因為國王和佛陀同屬於剎帝利種姓。拘尸那羅的末羅人按實際占有的事實提出理由，他們說：「世尊在我們的城鎮入涅槃，我們不會放棄他的舍利。」這場不體面的爭端共涉及八方索取者，其他包括離車人、遮羅頗的跋離人、羅摩伽的拘利人、波婆的末羅人，以及一位來自毗留提的神祕婆羅門，《三藏》僅有一處提及此人。②鑑於佛陀最後二十年的大部分時間都

---

② 毗留提（Veṭhadīpa）可能是現今位於西查姆帕蘭縣（West Champaran）的貝特蒂亞（Bettiah）。

在拘薩羅度過，但索取者中竟然沒有該國的代表，這實在令人感到奇怪。

一位名叫兜那（Doṇa）的婆羅門碰巧到訪拘尸那羅，他提出由自己仲裁爭執各方。③ 他向聚集的顯貴說：「佛陀的教誨是關於忍耐，不應因分配這位最上人的舍利而爭吵。讓我們融洽和平地聚在一起，友好地將舍利分成八分。」眾人接受這個呼籲，儘管可能有些人不太情願，大家同意由兜那按照他認為公平的方式分配舍利。然後，他就進行分配。他們為答謝兜那，於是把用作盛載和測量舍利的容器贈送給他。④ 大家都滿意分配。莫利耶人的使者到來，提出索取部分舍利。兜那再次出手應對，建議將火葬柴堆上的灰燼交給這些遲來的人。一切完成後，每個領受者都承諾建造佛塔供奉所得的舍利。⑤

---

③ 《長部》（D.II,166）。《增支部》（A.II,37; III,223）記載兜那多年前曾見過佛陀。他的名字很可能是 *doṇamāpaka* 的縮寫，意思是王家稅務官，負責用一種叫做兜那的木製器皿丈量國王在收成中所得的份額。根據 Olivelle, 2004 p.458，一兜那的容量約為五升。另參閱 Srinivasan pp. 49-51, 90-92 and 166。

④ 可以推測，兜那將佛陀的舍利放在一位比丘的缽中，而不是某種日常用途的容器。考慮到末羅人和比丘們希望為如來舉辦一場莊嚴的葬禮，這樣的安排應更為合適。《三藏》中關於當時佛缽的資料甚少，但印度的勒克瑙邦立博物館（State Museum in Lucknow）藏有一個。這種缽是在佛陀生活的地區和時代所生產，稱為「北方黑拋光陶器」，其形狀和大小與現今標準的緬甸比丘的缽幾乎相同。這些緬甸的缽容量為四‧五升，非常接近 Patrick Olivelle 對一兜那（*doṇa*）容量的估計，足以盛載佛陀的舍利。一般男性火化後的骨灰重約二‧五公斤。

⑤ 有關可能是兜那所建的佛塔，參閱 Dhammika 2008, pp. 174-175 和 Patil pp.40-41,86,121。

佛陀的喪禮結束後，比丘們討論日後他們個人、僧團和特別是佛法的發展方向。摩訶迦葉建議應盡力保存佛法，以造福後代。須跋陀衝口而出的危言聳聽令迦葉的計畫更為迫切。迦葉和其他人也可能記起數年前摩訶毗羅去世後發生的事情：他的追隨者分崩離析，互相傾軋。比丘們於是決定召開一次結集，實際上是一次由阿羅漢參與的集會，以便保存佛陀宣講的法義。拘尸那羅的比丘同意前往各處傳達消息，公布在即將到來的雨季於王舍城舉行結集。考慮到城中的比丘數量眾多，即使是王舍城般的大城市，也可能導致托缽和住宿困難，因此要求其他比丘不要前來，如果他們已經在城內則必須離開。

雨季開始時，有數百名比丘到來——《三藏》記載的人數為五百人——在隨後的幾個月，他們定期在位於毗婆羅山陡峭北側的七葉窟聚會。該山現稱白跋羅山（Vaibhara）。⑥

結集的主要人物包括不苟言笑且克己自律的摩訶迦葉、較隨和而平易近人的阿難陀，以及精通戒律的優波離。阿難陀和迦葉之間曾經關係緊張，迦葉批評阿難陀對比丘尼過於寬容，而對所教的沙彌則疏於管束。⑦迦葉在建議誰該參加結集時，刻意沒有提及阿難陀，直到

---

⑥《律藏》(Vin.II,76)。這個洞穴實際上是一大一小的裂隙，位於山頂附近一個高聳的陡峭懸崖一側。現今佛教朝聖者參觀該遺址時，他們通常想知道幾百名比丘是如何擠進其中一處或甚至兩處裂隙中。這次結集並非在洞穴舉行，而很可能是在一座大堂，它建於一個懸崖腳下向外延伸的寬闊平台上。

⑦《相應部》(S.II,215-218)。

其他比丘指出阿難陀應該出席，因為他長期親近佛陀，聽過很多佛陀所說的話。這兩位性格迥異的人物的出現，可能是後來《三藏》決定納入各式各樣內容的原因，不僅有迦葉所主張與比丘相關的法義，還有阿難陀認為對在家人至關重要的其他法義。⑧

關於結集怎樣進行的記載過於粗略，無從知曉確實情況。與會者肯定難以在結集期間內背誦佛陀的所有經文，甚或是最重要的經文。但有證據顯示，佛陀在世時，一些比丘，甚至在家人已經熟記並能夠背誦經文。例如，蘇那即使只出家幾個月，當佛陀要求他背誦一些經文時，卻能夠絲毫不差，因而獲得佛陀的稱讚。蘇那曾是一名虔誠的優婆塞，可能在出家前就已經學會若干經文。⑨ 此外，如何編排被挑選和背誦的經文尚不清楚，但可能是根據它們的長短而定。

有一次，一群比丘來到佛陀面前，告訴佛陀他們決定到西部地區居住一段時間。⑩ 佛陀建議他們在離開前先諮詢舍利弗，他們於是照做。舍利弗知道他們的意向後，便對他們說：

「當一位比丘到外國時，當地好奇的剎帝利、婆羅門、居

---

⑧ Asanga Tilakaratne, pp.229-257 對此事及其可能的影響提出一些有趣的看法。
⑨ 《自說經》（Ud.59）。參閱 202、204 頁。
⑩ 西部地區（Pacchābhūmaṃ janapadaṃ）包括現今巴基斯坦的旁遮普邦和阿富汗東部的部分地區，當時被稱為犍陀羅，到公元初的幾個世紀，它已經成為以佛教為主的要區。這些比丘肯定是最早到當地的弘法者之一。

士和沙門一定會向他提問,因為這些人博學多才。他們會問:『你的導師是誰?』以及『他教授什麼?』所以我希望你們能夠用心聆聽、學習、掌握、思考並洞察法義,這樣當你們回答時,就能夠說出世尊所教授的內容,並且不歪曲他。」

然後,舍利弗向他們建議了一些佛法的要點,他們可以用來向遇到的人介紹佛法。⑪

這些比丘並不是唯一將佛陀的法義傳到遠方的人。比丘富樓那通曉佛法後,向佛陀表示他打算前往輸盧那居住,該地的居民以野蠻和狂暴聞名。⑫佛陀警告他可能會遭受粗暴對待,甚至更糟。但這位無畏且堅定的比丘並不害怕,毅然前往。《三藏》提到他使輸盧那的許多居民皈依佛法,最後在該地入滅。⑬

這兩個故事具有說明意義,因為它們顯示當佛陀在世時,比丘可能還有比丘尼,都認真地遵循佛陀的指示弘揚佛法。在佛陀入滅和第一次結集之後,弘法事業更為活躍,在幾個世紀內,佛教已經成為印

---

⑪《相應部》(S.III,6-9)。
⑫《中部》(M.III,268-270)。後來的一些巴利文和梵文資料提到富樓那生於蘇波羅哥,即現今的蘇帕拉港。如果正確的話,則意味輸盧那一定在孟買北部的沿海地區。在蘇帕拉港西側的華戈利納卡路(Wagholi Naka Road)附近有一座非常古老的佛塔遺址。
⑬《中部》(M.III,268-270)。

度的主要宗教，並影響亞洲的其他地區。近百年來，儘管當今世界與佛陀的世界有著幾乎難以想像的差異，但佛陀及其法義逐漸在西方贏得欽佩和認同。看來，佛法正如他所說是恆久的。

【附錄一】
佛陀到訪的城鎮

阿羅毗（Ālavī）

佛陀多次在這個城鎮停留，按傳統說法，他在這處度過第十六個結夏安居。城鎮附近有一座阿伽羅婆廟（Aggāḷava），為遊方的沙門提供基本的住宿，佛陀到訪阿羅毗時通常就住在廟內。當地人可能在廟中供奉夜叉阿羅婆迦（Āḷavaka）。[1] 因創作優美詩句而備受推崇的比丘婆耆沙，有時也會下榻廟內。[2] 來自阿羅毗的訶哆是佛陀虔誠且熱心的在家弟子，他吸引大批民眾皈依佛法，因而獲得佛陀稱讚。[3] 耆那教典籍稱阿羅毗為阿拉比雅（Ālabhiyā），摩訶毗羅曾多次到訪當地。[4]

阿羅毗被確定為現今的埃華鎮，位於阿格納─勒克瑙高速公路（Agra-Lucknow Expressway）旁，距離北方邦的埃塔瓦約

---

[1] 《長部》（D.III,205）。參閱 Chakrabarti 2007 p.75。
[2] 《相應部》（S.I,185）；《長老偈》（Tha.1227-1251）。
[3] 《增支部》（A.IV,216-220）。
[4] 《釋義說明》（Viyāhapaṇṇatti 11,12）。

二十八公里。在十九世紀末,佛教和耆那教寺廟的大片遺址仍然清晰可見,但由於當地人將這些寺廟的石頭和磚塊用於建築目的,現今這些寺廟的遺址大多已不復存在。

波羅奈（Bārāṇasī）

波羅奈位於恆河左岸,現在被當地人稱為貝那拉斯或迦尸,正式名稱則是瓦拉納西,曾是前迦尸國的首都。過去一千五百年以來,這座城市一直被認為是印度教最神聖的地方,但在早期佛教和佛教出現之前的典籍中,均沒有證據表明它如此受重視。佛陀提到人們會去恆河沐浴的地方,但波羅奈不在其中。⑤ 迦尸可能在喬達摩年輕時或更早之前被拘薩羅征服,並逐漸淪為一個外省城市,但仍然是重要的貿易中心,特別是奢侈品貿易方面。⑥ 佛陀幾乎沒有在波羅奈停留過,但他在城北約一由旬外,一處稱為仙人住處的鹿野苑首次宣講佛法。從他在仙人住處宣講的經文數量來看,他後來多次返回該處。⑦ 舍利弗和摩訶俱絺羅等大弟子

---

⑤ 《中部》（M.I,39）。
⑥ 《增支部》（A.I,248; A.III,391）。
⑦ 例如《增支部》（A.I,279; III,320; S.III,66: V,406）。

也到過仙人住處,這或許是因為佛陀鼓勵弟子一生中,至少要去一次他生命中四個關鍵事件發生的地方,仙人住處是其中之一。⑧

仙人住處現稱沙納特(Sarnath),它逐漸發展成為佛教重鎮,盛況延續到印度佛教沒落為止。在佛世時代,波羅奈從未建立任何寺院。即使佛教在後來的幾個世紀曾在該處出現,但影響力始終被印度教所掩蓋。相傳耆那教的創始人波栗濕縛在衛塞月的滿月誕生於波羅奈,亦在該日覺悟和入滅,與傳說中的佛陀一樣。

拉吉卡德(Rajghat)發掘出部分古代波羅奈的遺址。

跋提(Bhaddiya)

在喬達摩年輕時,鴦伽(Aṅga)王國被併入摩揭陀,方式是通過武力、條約還是聯姻則無從知曉。佛陀多次遊歷該國,偶爾也到過鴦伽的一些地方,例如跋提、阿波那(Āpaṇa)、阿沙普羅(Assapura)及其主要城市瞻波。當他在跋提時,他通常住在一處稱為遮婆羅林(Jātiyā)的園林或小樹林。居士敏達迦(Meṇḍaka)是鎮上一位慷慨供養僧團的施主,以其非凡的神通而

---

⑧《長部》(D.II,141)。

聞名。⑨佛陀離開跋提後，出發前往鴦崛多羅波（Aṅguttarāpa），它是鴦伽的一個地區，位於恆河以北。⑩在另一次到訪跋提時，佛陀獲邀到敏達迦的孫子家中接受午供。午供後，他被請求教誡幾位即將出嫁的女孩，在新家應該如何待人處事。⑪跋提現稱巴特亞（Bhadria），是賈坎德邦高達縣的一座小村落。

瞻波（Campā）

瞻波是摩揭陀東部鴦伽小國的首都，位於恆河右岸。雖然瞻波已被納入摩揭陀，但瞻波的國王保住性命和至少一部分財富，令他能夠做慷慨的宗教布施。佛經提到他在佛陀入滅後仍然在世。⑫

中國的人都聽說過海洋，但真正見過的人卻寥寥無幾，除了那些無畏的瞻波商人。這座城市是內河交通的主要港口，船隻從該處沿恆河航行到大海，再前往印度南部和東南亞。前鴦伽王后伽伽羅（Gaggarā）開鑿了一座大湖或水庫，它是該市的地標之

---

⑨《律藏》（Vin.I,240）。
⑩ Pandey, 9.97 認為鴦崛多羅波在現今布爾尼亞縣某處。
⑪《增支部》（A.III,36-38）。
⑫《中部》（M.II,163）。

一。湖邊種滿瞻波迦樹（黃玉蘭 *Magnolia champaca*），佛陀多次到訪這座城市，期間都選擇在這片樹叢中居住。在佛陀生前經常造訪的城市中，瞻波是唯一沒有建立寺廟的地方。然而，它在幾個世紀後成為佛教重鎮。瞻波被確定為現今比哈爾邦的巴加爾布爾鎮西邊的坎帕納加（Campanagar）大土墩。伽伽羅湖至今仍然存在，不過已經嚴重淤積，現稱貝爾瓦湖（Bherva Lake）。[13]

伽耶（Gayā）

這座城鎮位於寬闊而淺的帕爾古河左岸，距優樓頻螺約十一公里，即現在的菩提伽耶。在佛陀誕生之前，朝聖者就在春祭期間來到伽耶河沐浴，相信這樣可以洗去他們所做的一切惡業。[14] 這處也是婆羅門苦行者的聚集地，他們每日三次浸入河中，並進行火祭。[15]

佛陀甚少到訪伽耶，可能因為它是婆羅門教中心的緣故。在他覺悟後的幾個月，他從波羅奈前往王舍城，途中重訪優樓頻

---

[13] 參閱 Sinha, 1979, pp.90-96。
[14] 《中部》（M.I, 39）。在孟春月（*Phagguṇa*）一號（滿月）舉行，後來被稱為春節（Vasantotsava）。
[15] 《長老偈》（Tha.345）。

螺,遇到迦葉三兄弟,並度化三人及其弟子出家。隨後,他在眾人陪同下到達伽耶山(Gayāsīsa),在該處向他們宣講了著名的《燃燒法門經》(Ādittapariyāya Sutta)。⑯《三藏》記載佛陀從山頂上看到成群結隊的苦行者舉行沐浴儀式和點燃聖火,這促使他評論:「儘管許多人來這處沐浴,但水並不能使人清淨。擁有眞諦和佛法才能使人清淨,成為眞正的婆羅門。」⑰在公元七世紀,中國朝聖者玄奘來到伽耶,他看到山上有一座佛塔,可能就是宣講經文的地方。

當有人告訴比丘尼芬尼迦(Puṇṇikā)沐浴儀式可以淨化惡業時,她依據佛陀的評論,再添加邏輯和幽默的元素來回應。

「無論誰這樣告訴你,都只是徒增無知⋯⋯如果屬實,青蛙都會生於天界,龍和鱷和其他水生生物也一樣。那些屠宰羊和豬的人、漁夫、盜賊和劊子手等惡人,只要用水淨身,就能洗淨惡業。如果河流能沖走你的惡業,也會沖走你所做的善業,而你將一無所

---

⑯《律藏》(Vin.I,34-35)。
⑰《自說經》(Ud.6)。

有。」⑱

　　除了帕爾古河之外，當時伽耶最神聖的地方是一個浴池，在印度教典籍中稱為梵天池，而佛教文獻則稱為曼荼羅池。河岸有一座由石板鉚接而成的塔狀建築，被後來的印度教文獻稱為梵天祭柱，而《三藏》則稱為石床，是兇惡夜叉針毛的住處。當佛陀住在這個石床時，針毛和一位夜叉友人試圖嚇唬他，但沒有成功。針毛有點驚訝，於是問佛陀是什麼導致恐懼、貪欲、瞋恚等不善的心識，佛陀言簡意賅的回答。⑲這個故事可能源自佛陀在一座當地人不敢接近的夜叉神廟住上幾日或許一夜的事件，這引起人們的驚奇。

　　至今一千多年來，印度教徒都會前往伽耶舉行祖靈祭，其中包括向已故的父母供奉飯糰，相信這將令他們死後得到安樂。《三藏》提到這個儀式，但直到公元初才提及伽耶是主要的舉行地點。⑳

---

⑱《長老尼偈》（Thi.240-243）。
⑲《相應部》（S.I,207-208）。
⑳ 例如《增支部》（A.I,166）；《長部》（D.I,97）。

現在很難在伽耶及其附近的其他七個水池中識別梵天池，它可能是蘇利耶池（Surya Kund）或蘭薩加爾池（Ransagar Kund）。伽耶山現稱婆羅門優尼山，位於該市西南邊。

加將伽羅（Kajaṅgalā）

加將伽羅是中國最東端的一座城鎮，現稱坎喀爾。現今恆河位於該鎮以東約十公里處，但在古代可能更接近。恆河被認為是實際的邊界，而不是城鎮本身。佛陀形容加將伽羅為 nigama，這個巴利詞的含義不明確，有時被翻譯為「集鎮」「鄉鎮」或「大城市」，並且位處邊地。[21] 由於加將伽羅遠離佛陀的主要活動中心，他很可能只到過一次。他可能是在偶爾到訪瞻波之後來到加將伽羅，瞻波位於加將伽羅西北一百公里處，如果從跋提出發，則距離約六十公里。

《三藏》收錄兩篇佛陀在加將伽羅說的經文，讓人更相信佛陀只到訪當地一次。其中一篇經文，他與一位婆羅門學者的年輕學生波羅奢耶（Pārāsariya）進行討論。[22] 另一篇經文提到他住在

---

[21] 參閱 Wagal,1995 pp.20-23。《律藏》（Vin.I,197）。
[22] 《中部》（M.III,298）。

城鎮附近的竹林,當時一群在家弟子找到一位比丘尼,請她闡述佛陀在舍衛城的一次開示。㉓ 她告訴眾人自己並未親身聽聞佛陀的這次開示,也不曾從高僧那處學習,但會盡力解釋,隨後便進行解說。後來,這些在家弟子拜訪佛陀,向他講述這位比丘尼的解說;佛陀贊同她所說的話,並補充說:「如果你問我,我也會像她那樣解釋。」㉔ 這無疑是對她的高度讚揚。

這事件引出幾個問題。佛陀是否在加將伽羅重複這次開示,還是在家弟子已經熟記於心,又或從其他人處聽聞?既然佛陀就在鎮上,他們為何不找佛陀,而是去找那位比丘尼解釋呢?尤其是,既然該比丘尼這麼博學睿智,為什麼沒有記下她的名字?㉕

在佛陀入滅後的幾個世紀,加將伽羅因是《彌蘭王問經》主角那先比丘的故鄉而聞名於世。㉖ 那先是否是真實的歷史人物尚無定論,但無論如何,將他與加將伽羅聯繫起來表明該鎮存在佛教,對佛教徒來說也很重要。玄奘也證實了這一點,他在朝聖期間曾到訪該地,在當地發現六座寺院,但城鎮本身已變成廢墟。

㉓《增支部》(A.V,48-54)。
㉔《增支部》(A.V,54-58)。
㉕ 參閱 Bodhi 2012, p.1839, note 2012。
㉖《彌蘭王問經》(Mil.10.p.231)。

羯若鞠闍（Kaṇṇakujja）

羯若鞠闍是恆河右岸的一座大城鎮，現稱卡瑙傑。佛陀至少途經此地一次，但肯定只是短暫停留，因為沒有他在當地說法的記錄。㉗在笈多王朝期間，羯若鞠闍發展成為印度北部最大、最重要的城市，並持續幾個世紀。玄奘曾到訪這座城鎮，提到當地的眾多寺院和廟宇，其中一座供奉一顆據說是佛陀的牙齒。現今卡瑙傑部分建在巨大的土墩上，這些土墩是古城的唯一證據。到目前為止，卡瑙傑僅進行了小規模的考古發掘。

羇舍子（Kesaputta）

羇舍子是迦羅摩人（Kālāmas）的主要城鎮。《三藏》提到羇舍子位於拘薩羅，這似乎有點奇怪，因為這座城鎮在甘達基河以東不遠處，該河是兩國之間的自然邊界。可能是像釋迦人一樣，迦羅摩人在拘薩羅的宗主權下維持一定程度的獨立。阿羅羅迦羅摩是喬達摩的第一位導師，從名字來看他可能來自迦羅摩。有一次，佛陀到訪羇舍子，當地人向他表示各遊方導師互相矛盾

㉗《律藏》（Vin.III,11）。

的主張令他們感到困惑。佛陀的回答記錄在著名的《覉舍子經》（*Kesaputtiya Sutta*），該經文也常被稱為《迦羅摩人經》（*Kālāma Sutta*）。[28] 覉舍子現在被確認是小鎮凱薩里亞，位於毗舍離西北約二十五公里處。小鎮南邊不遠的地方有一座荒廢的巨大佛塔。[29]

憍賞彌（Kosambī）

跋蹉王國位處中國南緣，定都憍賞彌。這座城市的地理位置優越，它位於耶符那河左岸，距離恆河與耶符那河交匯處的巴耶伽約需五天步行路程，這讓跋蹉能夠控制內河交通。它還位於南路（Dakkhiṇāpatha）的北端，南路是往返德干（Deccan）地區（即印度中部）的商人和旅客的主要公路。這兩個因素使跋蹉繁榮鼎盛，在中國政治上舉足輕重。

商人瞿私多捐贈土地在城內建立一座寺院，並以他的名字命名。一九五〇年，考古學家發現瞿私多園（Ghositārāma）的遺址，並通過銘文和幾塊提及其名稱的黏土印章證實。[30] 跋陀梨

---

[28] 《增支部》（A.I,188-189）。
[29] 參閱 Sinh pp.27-31。
[30] 參閱 Ghosh 1956, pp.20-21。

園（Badarikārāma）是一座位於市郊的寺院，但幾乎沒有記載。㉛傳統中還提到該城的拘拘羅園（Kukkuṭārāma）和波婆離迦園（Pāvārikarama）兩座寺院，然而《三藏》並未提及它們及其創建的情況。㉜《三藏》緘口不提，而佛陀卻在憍賞彌多次說法，可能與僧團在該城發生的重大分裂有關。

城市附近有幾個佛陀喜歡的去處，例如他宣講其最著名經文的申恕林（Siṃsapā Wood），還有據說他曾被一頭大象侍奉的波陀林（Pārileyyaka Forest）。㉝第二個地方可能是巴利村（Pali），它有時被稱爲巴利烏帕哈爾（Pali Uparhar），位於憍賞彌以西約四公里處。我們從經文得知，阿難陀和一些比丘從憍賞彌前往視察畢洛叉樹窟（Pilakkha-tree Cave），在那處遇到一大群遊方苦行者。這必定是指憍賞彌以西，約八公里處的普拉博薩山（Prabhosa Hill）上的一個洞穴或懸岩。普拉博薩山可能是曼庫拉山（Maṅkula Hill），註釋提到佛陀在那裡度過他的第六個結夏安居。考古證據表明，這座山數百年來一直是苦行者的住處。㉞

㉛《相應部》（S.III,126）；《律藏》（Vin.IV,16）。
㉜最近發現有關拘拘羅園存在的銘文，參閱 Salomon and Marino, pp.34-35。
㉝《自說經》（Ud.41-42）；《相應部》（S.III,94-98; III,126; V,437）。
㉞《中部》（M.I,513）。參閱 Fuhrer pp.240-244。

跋蹉國王優填那在位年間適值佛世時代，他對宗教並不感興趣，與佛陀的對話也沒有被記錄下來。然而，國王有一次到訪瞿私多園，與比丘賓頭羅婆羅陀闍（Piṇḍola Bhāradvāja）交談。後世傳述賓頭羅婆羅陀闍是國王的宮廷祭司之子。㉟佛陀入滅後，阿難陀似乎以憍賞彌為基地，繼續弘揚他敬愛的師尊的法義。㊱

拘尸那羅（Kusinārā）

拘尸那羅是末羅人的兩個主要城鎮之一，另一個是波婆。當地人根據他們來自的城鎮來表明身分，這顯示他們之間存在某種分歧。㊲阿難陀曾將拘尸那羅描述為：*kuḍḍa nagaraka, ujjaṅgala nagaraka, sākhā nagaraka* ㊳，Rhys Davids 翻譯為「這座荊棘叢生的小鎮，這座叢林深處的小鎮，這座支鎮」。後來的譯者也沿用這一意思，令人感到拘尸那羅是貧瘠荒涼之地。不同的翻譯有「這座可憐的小鎮」（Chalmers）；「這處鄙陋的地方，這座樹林中未開化的小鎮，只是省的一個邊遠地區」（Vajirā and Story）；

㉟《相應部》（S.IV, 110-113）。
㊱參閱 Ireland 1976, pp.114-117。
㊲《長部》（D. II,165）。
㊳《長部》（D. II,146）。

「這座荒涼的小鎮……就在遠方的樹林深處」（Walsh）；「這座小鎮，這座貧瘠的小鎮，這座支鎮」（Anandajoti）；以及「一座小村落，一座叢林村落，一座分支村落」（Sujāto）。最後兩個譯本較其他譯本更貼近巴利文的原文。

雖然如此，「分支」的巴利文 *sākhā* 在這處的含義存在疑問。在英語中，它指的是離開道路、公路或鐵路等主幹線。但可以確定的是，拘尸那羅並非偏離主幹道，而是位於從摩揭陀和跋耆通往拘薩羅首都舍衛城的主幹道上，它相當於北方的北路（Uttarāpatha），並大致與其平行。北路後來被稱為大幹道。此外，據我所知，在《三藏》或任何其他印度文獻中，從未有城鎮或村莊被描述為 *sākhā*，*sākhā* 通常是指灌木或樹枝。巴利文 *Kuḍḍa* 源自梵文 *kuḍyā*，意思是「牆壁」，可能與梵文 *ksuṇṇa*（研磨）和巴利文 *cuṇṇa*（粉末）有關。這兩個含義可能都與拘尸那羅有關，可能指的是城鎮的防禦工事——城牆或防禦土牆——或者指塗在泥磚上用來防雨的灰泥塗層。[39] 巴利文 *Ujjaṅgala* 可以指堅硬或壓實的泥土或泥漿。現今到訪拘尸那羅的遊客會發現，與北方邦的其他地方相比，城鎮周圍的土壤並沒有明顯堅硬或

---

[39] 《律藏》（Vin.III, 81）提到使用燒磚砌牆來興建寺院。

貧瘠；事實上，它土壤肥沃且多產。因此，就拘尸那羅而言，*ujjangala* 可能是指防禦土牆中使用的夯土或泥漿。同樣地，*sākhā* 很可能是指被砍伐並用於防禦目的的荊棘樹枝㊵，或者指沿著夯土牆頂部延伸的柵欄。

如果這一詮釋正確的話，阿難陀將這個城鎮與當時的大城市相比，認為它是一個只有基本和陳舊防禦設施的小地方，而主要城市則有雄偉和堅固的磚石防禦設施。阿難陀明確地表達他的憂慮，即拘尸那羅可能沒有足夠的富人來為佛陀安排適當的喪禮，而非這個城鎮是一個荒涼的窮鄉僻壤。

佛陀到訪拘尸那羅時，通常住在靈供處密林（Baliharaṇavanasaṇḍa），它可能是一片樹叢，其中有些樹木被末羅人視為聖樹。㊶ 他偶爾會住在恕跋單林（Upavattana），那處有一片娑羅樹林，其中兩棵特別引人注目，不僅因為它們體型龐大，更顯然是因為它們毗連生長。㊷ 佛陀就是在這兩棵樹下入滅。天冠寺是另一被提到的地方，它位於拘尸那羅附近，佛陀的遺體就是被移至該處火化。㊸

㊵《律藏》（Vin.II,154）；《本生經》（Ja. I,240）。
㊶《增支部》（A.I,274: V,79）。
㊷《自說經》（Ud.37）；《長部》（D.II,137）。
㊸《長部》（D.II,163）。參閱 Vogel, pp.43-58。

自十九世紀末,佛陀涅槃地點建造的佛塔、附近的寺廟和荼毗塔已經進行多次考古發掘。然而,至今尚未試圖尋找和發掘拘尸那羅古鎮,隨著現代城鎮的不斷發展,今後這將變得越來越困難。

摩偷羅(Madhurā)

這座城市現今的英文名稱是 Mathura(中譯「馬圖拉」),是蘇羅婆王國的首都,也是佛陀西行最遠的地方,至今仍然可以識別。他只到訪當地一次,可能是因為它遠在中國西部邊緣之外,也可能是他對當地的印象不佳的緣故。他抱怨說當地塵土飛揚,到處都是凶惡的犬隻和夜叉,街道崎嶇,居民遲遲不肯布施。[44] 佛陀離開摩偷羅前往毗蘭若,在大路上他遇到一群男女。他坐在路邊的一棵樹下,向他們講述夫妻關係。[45] 佛陀在世時,摩訶迦旃延是唯一到訪這座城市的比丘,他與該國的國王討論種姓問題。另一次,他則與一位婆羅門交談,後者指責他不尊重婆羅門,不對婆羅門起坐致敬。[46] 在摩偷羅期間,迦旃延住在棍達林。當地寺院

---

[44] 《增支部》(A.III,256)。
[45] 《增支部》(A.II,57)。
[46] 《中部》(M.II,83);《增支部》(A.I,67)。

眾多，其中一座後來可能就位於棍達林，摩偷羅亦因此成為印度北部的佛教重鎮之一。㊼

一八五三至一九七七年期間，馬圖拉及其附近的許多古代遺址都出土了佛教和耆那教的重要文物。

波吒釐村（Pāṭaligāma）

這座村落位於恆河南岸，是摩揭陀和跋耆之間主要的過河地點。因此，它也是一個重要的貿易市集和海關站。村名的意思是「波吒釐樹」（*pāṭali*，學名 *Stereospermum chelonoides*）的「村落」（*gāma*）。波吒釐樹是一種常見的中型樹木，長有芬芳的紫紅色花朵。在幾個世紀後，該村發展成為城市時被稱為波吒釐城（Pāṭaliputta）。㊽佛陀在最後一次旅程中曾在這座村落停留，他對它作出一個奇怪的預言。「只要聖者常在，波吒釐城就將成為一座大城市，商人貨物的集散地。但這座城市將面臨三大威脅——火災、洪水、以及內部紛爭」。㊾

㊼ 關於摩偷羅佛教的歷史，參閱 Jain 2001, pp.348 ff。
㊽ 巴利文 putta 和梵文 putra 都是兒子的意思。關於這名稱的可能起源以及使用的原因，參閱 Schingloff, p.44。
㊾ 《長部》（D.II,87-88）。

預言的第一部分可能是 *puṭa bhedana* 的雙關語，該詞可以指一個打開的盒子、板條箱或容器，又或一棵樹迸裂的種莢。波吒釐樹的種莢長三十至六十公分，呈圓柱形，表面有棱紋，乾燥後會爆裂或綻裂，釋放出種子。至於佛陀預言的最後一部分，一九〇五年對古城遺址的考古調查發現，除其他物件外，還有一層近三公尺厚的淤泥，上面有一層厚厚的灰燼，表明這座城市至少遭受過一次甚或數次的災難性洪水，以及一場大火災。㊿

　　佛陀離開村落繼續北行，村民決定將佛陀離開的大門命名為「喬達摩門」，而他渡河的地方則命名為「喬達摩淺灘」。大約一個半世紀後，波吒釐村不僅發展成一座大城市，還成為強大孔雀王朝的首都。阿育王在當地召開第三次佛教結集，而其祖父旃陀羅笈多在位期間，也曾在該市舉行耆那教的結集。希臘使者麥加斯梯尼旅居波吒釐城數年，對這個地方留下詳細的描述。現代城市巴特那建在古代遺址之上。

　　《中部》中的一篇經文提到，婆羅門瞿哆牟伽（Ghoṭamukha）

㊿ D. B. Spooner, *Annual Report of the Archaeological Survey of India*, 1905-1906; 'Mr. Ratan Tata's Excavations at Pataliputra', *Archaeological Survey of India Annual Report*, 1912-13, 1916.）　A. S. Altekar and V. Mishra, *Report on the Kumrahar Excavations*, 1951-55, 1959.

在波吒釐城爲僧團建造一座講堂，並補充說這發生在佛陀入滅之後。這篇經文使用波吒釐城這個名字，而不是早期的波吒釐村，表明《三藏》的編纂者謹愼區分佛世時代和後來的經文。因此，以上經文可能出自佛陀入滅幾十年後。(51)

波婆（Pāvā）

中國北部邊緣，居住了一個被稱爲末羅人的民族，其中一支的主要城鎮在拘尸那羅，另一支的主要城鎮則在波婆，因此被稱爲波婆的末羅人（Pāveyyakā Mallas）。這兩個城鎮都位於通往摩揭陀的大道上，它經過跋耆人的土地，然後西轉，一直延伸到舍衛城及其他地方。婆和利的弟子離開舍衛城前往毗舍離，希望見到佛陀。他們經過制多毗耶、拘尸那羅和波婆。佛陀也沿同一道路前往拘尸那羅，只不過是從南端出發，方向相反。(52)佛陀有一次到訪波婆，受邀爲該鎮的議論堂揭幕並留宿一夜。(53)波婆的末羅

---

(51)《中部》（M.II,163）。

(52)制多毗耶可能就是現今北方邦巴斯提縣的西斯瓦尼亞（Siswania），位於拘尸那羅西南約九十公里處。這座現代城鎮位於庫瓦諾河畔（Kuwano River），在《三藏》中被稱為孫陀利迦河。參閱 Mani pp.43-50。

(53)《長部》（D.III,207）。

人似乎非常熱衷佛法，至少有三十人出家為比丘。佛陀入滅後，鎮上的居民提出索取佛陀的舍利，獲分得一份。(54)

對於佛教徒來說，波婆的意義在於佛陀在鎮上度過人生倒數第二晚，並在該處進食了最後一餐。波婆對耆那教徒同樣重要，因為摩訶毗羅在當地去世，《三藏》證實這一事實。(55)

波婆的位置尚未能明確識別，帕德勞納（Padrauna）和沙提揚（Sathiyaon）被認為是兩大可能地點。(56)但是，前者距離拘尸那羅大約二十公里，後者距離拘尸那羅二十五公里，對於患病虛弱的佛陀來說，在一天內走這麼遠的路程相當困難。此外，帕德勞納位於拘尸那羅的東北方，這意味著它偏離古道。在沙提揚發現的銘文顯示，其古代名稱是斯利斯提村（Sresthigama），並不是波婆。近來，有人聲稱法齊爾納加爾（Fazilnagar）的廢墟就是波婆，可能是為了吸引遊客和朝聖者。一九八〇年代初的發掘顯示，該廢墟是一座印度教廟，始建於公元五世紀或六世紀，於十三世紀以後擴建。(57)耆那教徒則認為波婆是波婆普里鎮

(54)《律藏》（Vin.I, 253）；《長部》（D.II,165）。

(55)《劫波經》（*Kalpa Sūtra* V,147）；《長部》（D.III,210）。

(56)就這兩處地方，參閱 Chakrabarti, 2001, p.211 and Bajpai pp.39-44。

(57)參閱 Chakrabarti, 2001, pp.211-213。

（Pavapur），該鎮位於拉傑吉爾東北方約二十公里處。[58]

王舍城（Rājagaha）

　　王舍城解作「國王的住所」，是當時最強盛的摩揭陀王國的最大城市。它也被稱為吉里巴賈（Giribaja），即「山丘堡壘」，現稱拉傑吉爾。按傳統說法，這座城市是由帶有神話色彩的建築師和城市規劃師摩訶瞿頻陀（Mahā Govinda）設計。[59] 它四面被幾座陡峭崎嶇的山丘環繞，現在山上長滿矮樹和刺竹，但五世紀時可能有更茂密和翠綠的植物。許多城市內外，佛陀提到的地方至今仍可辨認，其中包括將被定罪的盜賊推下山的盜賊崖、耆婆的芒果園和舉行第一次佛教結集的七葉窟。佛陀在到訪王舍城時，最喜歡去的地方是鷲峰山，它是一處位於高聳的耶普羅山（Vepulla）的山坡上的岩石露頭，還有離北門不遠的王家園林竹園精舍。榻補園（Tapodārāma）溫泉的環境優美且泉水甘甜，目犍連對它讚不絕口，現在是一座印度教寺廟內的公共浴場。[60]

---

[58] 這個混淆可能是由於十一／十二世紀期間穆斯林迫害耆那教，導致印度北部的許多耆那教場所被遺棄所致。
[59]《大事》（Mvu. III, 208-209）。
[60]《律藏》（Vin.III,108）。參閱 Sen, 1918 pp.113-135。

阿闍世王為供奉佛陀舍利而建造的佛塔遺跡，還有蜿蜒的沙毗尼河（Sappini River）至今依然可見，不過現在河水已經淤塞，河面變小。城市西邊的杖林園（Laṭṭhivana）和其附近的迦布德迦窟（Kapota Cave），鷲峰山上的須伽羅伽陀窟（Sukarakhata Cave）和其東面的因陀娑羅窟（Indasāla Cave）都已被確認。[61]最後一處是佛陀最奧妙的一篇經文《帝釋所問經》宣講的地方。

根據《三藏》記載，王舍城的五座山丘分別是毗婆羅、般達瓦山（Paṇḍava）、耶普羅山、義奢屈多（Gijjhakuta）和伊尸義利山（Isigili）。[62]可惜的是，後來的其他文獻對這些山給出不同的名稱，因此很難確定般達瓦山，即喬達摩第一次到訪這座城市時停留的地方。[63]壯觀的城牆沿著山頂蜿蜒而建，其遺跡仍清晰可見。據說城門每晚都關閉。

喬達摩出家後，我們最先聽到他的消息是在般達瓦山東側或山腳下。[64]他前往王舍城可能是為了接觸居住在城郊樹林、洞穴

---

[61]《增支部》（A.I,185）；《自說經》（Ud.39）；《中部》（M.I,497）；《長部》（D.II,263）；《律藏》（Vin.I,35）。
[62]《中部》（M.III,68）。
[63] Pandey, pp.31-38 探討了整個問題。
[64]《經集》（Sn.417）。

和岩洞的苦行者。這些苦行者之所以被吸引到王舍城，並不是因為它是權力中心，而是因為這處的學術和宗教生活。人口眾多也意味著可獲得定期的布施或供養。早在喬達摩到達王舍城之前，它就已經是耆那教的活動中心，據說摩訶毗羅在城市周圍和附近的那爛陀度過十四個結夏安居。[65]當時的摩揭陀國王頻毗娑羅與佛陀友好，早期的傳統稱他為佛教徒，但耆那教的文獻則稱他是耆那教徒。頻毗娑羅王可能供養所有教派，於是每個教派都宣稱他是自己的信徒，其中包括佛教徒。值得注意的是，《三藏》中記載大量佛陀與拘薩羅波斯匿王的對話，但不見他與頻毗娑羅王的對話。

　　佛陀多次到訪王舍城，並在該處度過他的第三、四、十七和第二十個結夏安居。大約在入滅前的十二個月，他從王舍城展開人生的最後旅程。

娑祇多（Sāketa）

　　娑祇多位於舍衛城南面，有一條相當筆直的直達道路相通。雖然目前尚未確定，但阿踰闍可能是娑祇多的別稱，或者它們

---

[65]《劫波經》（*Kalpa Sūtra* V,122），另參閱 Jain 1984, p.3349ff。

可能是兩個毗鄰的城市，就像現今城市阿約提亞和法扎巴德一樣。(66)《律藏》令問題變得複雜，因爲它提到兩地之間有一艘渡船往來，這似乎表明兩地位於薩羅遊河的對岸。薩羅遊河即現今的薩拉悠河（Sarayu），有時也被稱爲加格拉河。(67)一些古代資料稱它們是同地異名，而其他則未明確說明。(68)在舍衛城之前，娑祇多曾是拘薩羅的首都，兩地之間的距離約爲八十公里，騎馬一天就能夠到達。對於國王和他的官員而言，則可以通過七輛雙輪馬車接力前往。(69)佛陀和幾位大弟子偶爾到訪娑祇多。有一次，耆那教的施主富商迦羅迦邀請佛陀到家中接受午供，被佛陀說的話打動，於是向佛陀捐贈一塊土地，並在上面修建一座寺院。它成爲該市唯一的佛寺。(70)

在現今阿約提亞的納格什瓦納特寺（Nageshwarnath Temple）中，有一根柱子曾是阿育王柱的一部分，現在被用作祭壇。寺的正後方有一個大土墩，幾乎可以肯定是一座佛塔的遺跡。這很可

(66)《相應部》（S.III,140）。
(67)《律藏》（Vin.IV,65; 228）。
(68) Pathak, p.55.
(69)《中部》（M.I,149）。
(70)《增支部》（A.II,24）。

能是迦羅迦建造的寺院所在地，不過只有發掘才能證實。

僧伽施（Saṅkassa）

這座城鎮現稱桑基薩（Sankisa），在《三藏》中僅被提及一次，是佛陀從毗蘭若前往巴耶伽途經的地方。(71) 幾個世紀後，這處因傳說佛陀施展驚人的神變而聞名。最初，這座城鎮被兩層大致圓形的防禦設施包圍，外層是周長約五公里的防禦土牆，內層則是圓形的磚牆。城鎮被內牆包圍，現在鎮內有兩座土墩，較小的是一座佛塔的遺跡。附近有一座大象柱頭，曾經是一根阿育王柱的柱頂，柱身已不知去向。

舍衛城（Sāvatthī）

佛陀逗留時間最長的城市是拘薩羅的首都舍衛城，現在被確認爲北方邦塞赫特馬赫特（Sahet Mahet）的廣闊廢墟。(72) 這座城市大致呈新月形，阿夷羅跋提沿著內弧流淌。與王舍城不同，它沒有山丘保護通往城市的道路，取而代之的是高高的防禦土牆。

---

(71) 《律藏》(Vin.III,11)。

(72) Law,1939.

這些土牆的頂部曾經加設柵欄或磚牆。佛陀最重要的施主來自舍衛城——波斯匿王和摩利迦王后，以及被人們稱爲「給孤獨長者」的須達多。

因此，佛世時代舍衛城及其附近建立的寺院多於其他城市也就不足爲奇。舍衛城總共有三座寺院——東園（Pubbārāma）、王園（Rājakārāma），以及位於城市正門西南約一公里處，最著名的祇園（Jetavana）。摩利迦王后在她的一個園林內建造了一座議論堂，開放給所有教派的苦行者。耆那教兩大派別的代表翅舍和喬達摩曾在該堂會面。《三藏》和耆那教典籍都提到這次會面的地點。(73)

佛陀在舍衛城宣講約八百篇經文。有趣的是，佛陀在生命的最後二十年，選擇舍衛城，而不是王舍城或毗舍離作爲主要的活動中心。究其原因，可能是拘薩羅王室對他的供養，又或者是因爲當地的語言與他的母語相同或類似。這座城市距離他的家鄉迦毗羅衛只需四、五天的步程，也可能是一個因素。目前在舍衛城幾乎沒有進行過系統的考古調查，但自一八六三年確定祇園的遺址以來，已在該處進行了一系列重大發掘。

---

(73) 參閱第三章註腳 25。

失悅摩羅山（Suṁsumaragira）

　　失悅摩羅山即鱷魚山，是一座位於恆河右岸的城鎮，曾經是婆伽國（Bhaggā）的首都，直到被併入跋蹉王國。佛陀多次到訪這座城市，通常住在附近的拜薩伽羅林（Bhesakalā Grove），根據傳統說法，他在當地度過第八個結夏安居。佛陀最虔誠的兩個弟子那拘羅父和那拘羅母夫婦的住宅就在樹林附近。[74] 有一次，佛陀到訪當地，優塡那王的兒子，可能是婆伽的總督菩提王子，邀請佛陀和比丘們到他新落成的王宮接受午供。[75] 摩訶毗羅也多次到訪失悅摩羅山，在當地度過第十二個結夏安居。失悅摩羅山被辨別為丘納爾，距離瓦拉納西沿恆河上游約二十公里，現在以屹立山頂的宏偉堡壘而聞名。

郁迦支羅（Ukkācelā）

　　在波吒釐村渡過恆河，人們就可到達跋耆聯邦的邊境和海關站郁迦支羅。佛陀遊歷該國時必定多次到訪郁迦支羅，儘管《三

---

[74] 例如《增支部》（A. II,61）；《相應部》（S.III,1）。
[75] 《中部》（M.II, 91）。

藏》只記載他在當地說法一次。在這次說法中，他講述在雨季的最後一個月，當時河水氾濫，一個牧牛人趕著牛群來到沒有淺灘的須奇提訶過河。牛群擠在河中央溺斃。然後，他指出聽從或相信對這個世間或其他世間、死界和不死界等等一無所知的導師會造成的問題。⑦⑥現今的哈吉普爾鎮被確定為古城的遺址。後來的傳統說，阿難陀死後，他的舍利分給摩揭陀和離車人。在現今哈吉普爾的拉姆巴德拉縣（Rambhadra）可找到離車人在郁迦支羅建造的佛塔遺跡。

優樓頻螺（Uruvelā）

佛陀在優樓頻螺這座郊外小村落證得覺悟。在這重大事件之後，他在該處逗留數週，然後前往仙人住處，與五位昔日同伴見面，並向他們宣講佛法。他之後返回優樓頻螺，遇到迦葉三兄弟並度化他們出家，隨後一起前往王舍城，似乎再沒有重回這個村落。

根據《三藏》中優樓頻螺為數不多的資料，它位於尼連禪河畔的一個渡口，坐落在宜人的鄉郊，與附近的伽耶鎮道路相連。

---

⑦⑥《中部》（M.I,225）。

⑦佛陀稱優樓頻螺為軍村，可能意味著村落的稅收被國家用作軍費。⑱他還提到村內和其附近的幾棵樹，特別是他覺悟時坐在樹下的那棵菩提樹，以及中午炎熱時牧羊人和羊隻經常出沒的榕樹，他曾在這棵樹下休息七日。⑲

佛陀在彌留之際曾說，虔誠的弟子一生中至少要去一次他生命中四個關鍵事件發生的地方，優樓頻螺是其中之一。⑳因此，在他入滅後的一個世紀內，這座村落成為朝聖者的主要目的地，被稱為三菩提（Sambodhi）、菩提道場（Bodhimanda）和金剛座（Vajrāsana），自約十八世紀起被稱為菩提伽耶。大約在十一世紀，優樓頻螺附近修建了一座供奉大乘多羅菩薩（Tārā Devi）的寺廟後，優樓頻螺村就被稱為塔拉迪（Taradih），Taradih 是 Tārā Devi 在印地語中的縮寫。塔拉迪位於摩訶菩提寺（Mahābodhi Temple）的西南側，於一九七〇年代晚期被清拆並在不遠處重建，以便在原址進行考古發掘。這些發掘工作於一九八〇年至一九九〇年間進行，揭示優樓頻螺早在新石器時代就有人居住，

---

⑦《中部》（M.I.166-167）。
⑱參閱《政事論》（*Arthaśāstra* II,35,1）。
⑲《律藏》（Vin.I,1-2）。
⑳《長部》（D.II,140）。

它最初更靠近河流，也證實佛教在該處存在直到十二世紀。可惜的是，完整的發掘報告未曾發表。㊛

現今的菩提伽耶是一座熙來攘往的城鎮，世界各地的朝聖者和遊客紛至沓來。

毗蘭若（Verañjā）

毗蘭若是一座大城鎮，傳統說佛陀在該處度過第十二個結夏安居的三個月，或許也曾在其他時候到訪當地。㊜該鎮是佛陀大部分弘法之旅所到最遠之處，唯一超越該鎮的一次是到訪摩偷羅。在其中一次逗留毗蘭若期間，該地區發生饑荒，鎮議會、行會或當地的善心人士可能發放了糧票賑災。佛陀和同行的比丘們只能吃馬商施捨的穀物，馬商通常用這些穀物餵養牲口。在食用之前，穀物必須蒸熟，然後在研缽中搗碎。佛陀稱讚比丘們進食這樣的食物，說他們爲可能鄙棄這些粗糲的後世比丘樹立楷模。㊝毗蘭若被識別爲位一座於北方邦艾塔以北，約十三公里處的阿特蘭基赫拉的巨大土墩。㊞

㊛ 參閱 Joshi 1990, pp.7-9。
㊜《增支部》（A.IV,172; IV,197-198）。
㊝《律藏》(Vin.III,6）。
㊞ Sarao, p.103.

毗舍離（Vesālī）

在拘薩羅東面，以甘達基河分隔的是一個由八個小酋邦組成的聯邦，它們聯合起來自衛，以免受西面的拘薩羅和南面更大的鄰國摩揭陀威脅。跋耆人、離車人和毗提訶人（Videhās）是聯邦中占主導地位的部族，離車人的主要城市毗舍離充當聯邦的政治和行政首都。

城市內外有許多寺廟，例如沙蘭達達廟（Sārandada）和遮婆羅廟。其他寺廟還有婆浮弗陀廟（Bahuputtai）、瞿曇廟（Gotamaka）、憂園廟（Udena）和薩丹婆廟（Sattambaka），它們位於城市周圍的四個方位，可能在城牆外的不遠處。㉘《三藏》提到佛陀常在其中的一座寺廟逗留一日。但是，他到訪毗舍離時最喜歡入住重閣講堂（Kūṭāgārasālā），它是一座尖頂的會堂，位於城北郊外大林的邊緣，這片大樹林幾乎連綿不斷地延伸到喜馬拉雅山麓。㉙這座講堂鄰近城市，步行即可到達，佛陀有時會從

㉘《長部》(D.II,117 ff; III,9)。
㉙例如《增支部》(A.II,191; V,86)；《長部》(D.I,150)；《中部》(M.II,252)；《相應部》(S.I,230)。

該處散步到市內的一些地方。㊇講堂附近有一間療養所，他有時會去探望該處的病人。㊈佛陀住在重閣講堂時宣布他將在三個月後入滅。㊉他之所以喜歡重閣講堂，是因為那裡可讓他稍作喘息，能夠暫時遠離絡繹不絕的求見者，即使是覺悟的人，時間久了也會感到厭倦。

從《三藏》明顯可見，佛陀對毗舍離及其人民懷有特殊的感情，而他們對佛陀也是一樣。有一次，他與阿難陀在市內的一座寺廟度過寧靜的一日，稱讚當地的眾多地標。當他離開毗舍離踏上最後的旅程時，他回頭看望，依依不捨地說這將是自己最後一次看到毗舍離。㊊另一次，他在大林過日時，一群正在打獵的年輕人看到他。他們解下弓箭，命令狗隻跟隨後面，然後向佛陀合掌，肅立凝視佛陀。一位市民偶然目睹這一幕，他向佛陀表示驚訝，沒想到這些平時舉止粗野、喧鬧的年輕人竟然變得這麼恭敬和安靜。㊋佛陀稱讚離車人簡單而健康、近乎清苦的生活習

㊇《增支部》（A.III,167; IV,308）；《長部》（D.II,119）；《相應部》（S.V,258）。
㊈《增支部》（A.III,142）；《相應部》（S.IV,210）。
㊉《長部》（D.II,120）。
㊊《長部》（D.II, 102; II,122）。
㊋《增支部》（A.III,75-76）。

慣——木塊當枕頭；睡在硬床上；日出前起床；積極鍛煉身體。他說只要他們維持這些習慣，就永遠不會被入侵者所害。⑫佛陀兩次表達希望離車人能保持獨立，這次是其中之一。

根據大多數耆那教的資料，摩訶毗羅生於毗舍離，曾多次到訪該地，還在當地度過八個結夏安居。

毗舍離的遺跡現今已所剩無幾，因為這個地區在幾個世紀以來多次被附近的甘達基河淹沒。然而，在一九五〇年代發現了離車人為供奉佛陀舍利而修建的佛塔的地基。佛塔用泥土建築，直徑為一·一五米，高約三·五米，估計建於公元前五五〇－四五〇年。幾個世紀以來，佛塔擴建過三次。在原始佛塔中發現一個小石匣，內裝有舍利、一枚打孔硬幣、一些珠子和一小片金箔。原始佛塔的缺口似乎證實了佛教的傳統記載，即阿育王打開第一座佛塔並從中取出一些舍利。⑬現在仍然可以看到一座大佛塔，它被眾多小佛塔環繞，附近還有一根巨大的阿育王柱。這座佛塔究竟紀念什麼尚不得而知，它可能是幾個世紀後，在菴婆婆梨芒果園修建的寺院建築群的一部分。

---

⑫《相應部》(S.II,268)。
⑬ Sinha and Roy,1969, pp.16-23.

【附錄二】
佛陀與《奧義書》

業力與其相關的輪迴概念是佛教的兩大核心教義,但也是被誤解的最深的——不僅是佛教徒自己,也包括非佛教徒。其中最常見的誤解是,古印度普遍相信業力和輪迴,佛陀視兩者為理所當然,並納入自己的佛法中。普遍的說法是他從《奧義書》中抄襲這些教義。這兩種假設都有問題,不僅因為抄襲之說證據極不明確,還因為它們質疑佛法是佛陀個人所領悟。下文將逐一探討這兩種假設。

《三藏》提供大量的證據,證明在公元前五世紀,印度並沒有廣泛接受業力和輪迴的觀念。婆羅門繼續舉行正統的吠陀喪葬儀式,「舉起亡者,呼喚他的名字,引領他往生天界」。兩位年輕婆羅門告訴佛陀,他們被教導人死後會與梵合一(sahavyatā)。①《沙門果經》概述了佛世時代六位最傑出的非吠

＊本章段落中內含數字的括弧,註明該段落引述《奧義書》內容的出處。
① 《相應部》(S.IV, 312);《長部》(D.I, 235)。

陀導師的學說,其中只有一位教授某種業力論。②佛教和耆那教的典籍經常批評否定業力和輪迴的人。例如,著名的導師末伽梨瞿舍利教導說:「沒有業力,沒有業果,沒有精進。」③佛陀認為當時有幾種錯誤的信念,其中之一是指所有發生的事物都源自上主的意志,而另一種則指事物無緣無故地發生。④有些導師否定業力和輪迴的觀念,認為它們是相對較新和非傳統的思想,而另一些導師,例如弊宿(Pāyāsi)王子等人以理性駁斥。弊宿是一位受過良好教育的懷疑論者,他認為業力和輪迴缺乏實證,因此得出以下結論:「沒有他世,沒有化生的眾生,沒有善業或惡業的果報。」⑤甚至在佛陀數百年後,馬鳴在《佛所行讚》(Bc.IX, 45)寫道:「有些人認為有再生,有些人則堅信沒有再生。」

　　《吠陀經》是婆羅門教和後來印度教最古老和奠基的典籍,對業力或輪迴毫無認識。「Kamma」(梵文「karma」)一詞常見於《吠陀經》,但不是指道德因果關係,而是指工作、做事,特別是指舉行吠陀儀式。根據《吠陀經》,人死後的命運是由舉行

---

② 《長部》(D.I, 52-59)。
③ 《增支部》(A.I, 286)。
④ 《增支部》(A.I, 173)。
⑤ 《長部》(D.II, 316)。

某些儀式和神所決定。人死亡後並沒有重生；他或她會前往祖界（*pitṛloka*），這是一個性質模糊不清的天界，依靠兒子舉行的祖靈祭供食。這就是為何一個男人必須至少要有一個兒子的原因。《梨俱吠陀》（*Ṛgveda* 10.14,2）、《阿帕斯檀跋法經》（*Āpastamba Dharmasūtra* 2.24,1-7）和《鷓鴣氏梵書》（*Taittirīya Brāhmaṇa* 1.5,5,6）等均有提到這一觀念。人在祖界的地位取決於祭祀所產生的功德。

那麼《奧義書》呢？如果佛陀抄襲、借用或甚至受到任何《奧義書》思想的影響，這些典籍就必先於他存在，而要證明這一點絕非易事。事實上，《奧義書》和佛世時代充其量只能猜測，難以確定孰先孰後。使問題更複雜的是，《奧義書》甚少是一致的，大多數內容都是成書後才添加，有時甚至在幾個世紀之後。然而，學者們普遍認為最早的《奧義書》可能是《廣林奧義書》（*Bṛhadāraṇyaka Upaniṣad*）、《歌者奧義書》（*Chāndogya Upaniṣad*）、《海螺氏奧義書》（*Kauṣītaki Upaniṣad*），也許還有《他氏奧義書》（*Aitareya Upaniṣad*），而且它們早於佛陀出現，或至少其核心內容早於佛陀。為便於論證起見，我們姑且接受這一點。要確定這些典籍影響佛陀，除了要早於佛陀出現之外，還需要兩點。（a）佛陀必須能夠接觸到這些典籍，以及（b）這些典

【附錄二】佛陀與《奧義書》

籍所教授的業力和輪迴的概念必須與佛陀所宣說的相同或明顯相似。

早期《奧義書》的內部證據表明，這些典籍主要是在摩陀羅（Madra）、婆蹉（Matsya）、烏尸尼（Uśinara）、般遮羅（Pañcālā）、拘樓（Kuru）、毗提訶（Videha）、拘薩羅和迦尸撰寫，部分更集中在個別地區。沒有記錄顯示佛陀曾到訪前四個地區；他只去過拘樓和毗提訶一次⑥，儘管他確實在拘薩羅逗留頗長時間，而且至少在迦尸首都波羅奈的附近待了一段時間。值得注意的是，四本被認為早於佛陀的《奧義書》無一提及拘薩羅，只有《廣林奧義書》和《海螺氏奧義書》提到迦尸，且僅一次。這足以證明，佛陀很少或沒有到過據稱是最早《奧義書》傳播的地區。

另一個需要考慮的因素是《奧義書》的祕傳主義。《奧義書》的教義，如同早期的《吠陀經》，從一開始就被視為是祕不外傳，只限於小圈子內的同修知曉。《石氏奧義書》（*Kaṭha Upaniṣad* 3,7）說如果婆羅門守密教法，他將獲得永生，這當然也抵消業力的概念。《白騾奧義書》（*Śvetāśvatara Upaniṣad* 6,22）

---

⑥《中部》（M.II, 54; II,74）。

稱其教義為「無上奧祕」(paramam guhyaṃ)，絕不應向任何不清淨的人、兒子或門徒透露。《歌者奧義書》說：「父親應該只向長子或優秀的弟子揭示這一真理，而絕不能向其他人……」(3,11,5-6) 因為其教義是祕而不宣 (guhya ādeśa, 3,5,2)。實際上，upaniṣad 一詞解作「坐近」，意指祕密，即在導師解釋教義時坐在他身旁，令未入門的人無法聽到。即使在佛陀之後的幾個世紀，《摩奴法論》仍將聖典（可能是指《奧義書》）視為機密或隱祕 (rahasya. 2,140; 165)。⑦有鑑於此，佛陀作為大多數婆羅門心目中最低劣的異教徒，不太可能知道任何《奧義書》的教義，雖然他可能間接聽聞過。

佛陀經常聲稱佛法是為所有人而設，他沒有所謂的「師拳」(ācariya muṭṭhi)，也就是不會隱藏任何教義，證明他至少知道《奧義書》的隱祕性。⑧然而，更有可能的是他將佛法與《吠陀經》對比，因為在他的時代，《吠陀經》主要只開放給婆羅門，或許還有一些剎帝利。他形容吠陀的頌讚詩為「隱覆」

---

⑦ 參閱 Black, p.101 ff。
⑧ 《長部》(D.II,100)。

(*paṭicchanna*)。⑨

接下來要探討《奧義書》,尤其是所謂佛教之前的典籍,是否教授業力和輪迴,或者類似佛教的說法。《奧義書》講授一系列死後命運以及其決定因素,但只有部分類似佛教的理解,而且是極為籠統。例如,《海螺氏奧義書》說人死後都會往生月亮,它是通往天界的大門。為了通過這扇大門,他們必須回答一個問題。無法回答的人會變成雨,落到地上,然後根據他們的業力變成蠕蟲、昆蟲、魚、鳥、獅子或人類。能夠回答的人則進入天界,與梵天合一(1.2)。這處的業力是指道德因果關係,還是正確舉行吠陀儀式尚不清楚,但很可能是指後者。《歌者奧義書》也有類似的教導,但當死者變成雨落到地上時,它們就會變成植物,當男人進食它們後,它們就會與他的精液一起進入他妻子的子宮,成為新的生命。有趣的是,《歌者奧義書》還說「婆羅門未曾聽聞這一教義」;換句話說,這對吠陀傳統來說是新事物。

《廣林奧義書》提出死後幾種可能的命運,以及怎樣獲得。根據耆婆利(Pravāhaṇa)的說法,熱愛真理的人會穿過日月到達閃電區,從該處進入梵天界。舉行祭祀和贈禮給婆羅門的人會

---

⑨《增支部》(A.I,282)。

往生祖界，從該處到達太陽，眾神以他們為食。之後，他們又進入天空和風雨，落到大地上，再次變成食物，被人投入祭火中，從火升上天界。不知道這兩種命運的人會變成蠕蟲、昆蟲或蛇（6.2,15-16）。在另一段經文中，當被問及一個人死後的情況時，耶若婆佉否定重生，他說：「人一旦出生，就無法再生」(*jāta eva na jāyate*)，然後補充說，逝者依賴兒子和親戚的獻祭等供養，這是傳統的吠陀觀點（3.9,28）。

至於業力方面，耶若婆佉在《廣林奧義書》幾處，確實從道德因果關係方面闡述類似佛陀教授的業力論，但是簡略和語焉不詳。隨後他更明確表示這是祕傳之法（3.2.13）。但為什麼會這樣呢？也許是因為所有《奧義書》的教義都是祕密的，但也可能是因為這不是傳統的吠陀思想，耶若婆佉想避免被指責為偏離正統。使問題變得複雜的是，《廣林奧義書》中的另一段經文明確否定業力是一種道德因果關係，維護傳統的吠陀信仰，即人死後的命運取決於是否有兒子，並斷言死後的最高境界是往生天界。「有三個世界——人界、祖界和神界。人界依靠擁有兒子而得，而不依靠任何其他途徑。祖界依靠祭祀而得，而神界則依靠知識而得。其中最佳的顯然是神界，這就是它備受稱讚的原因」（1.5,16）。在其他地方，《廣林奧義書》還提出另一理論——當

人死時,他會從風到達太陽,然後到達月亮。他從月亮中升起,到達一個沒有冷熱的世界,永居該處(5.10,1)。

《海螺氏奧義書》和《廣林奧義書》中的「輪迴」概念稱之為「轉移」或「傳遞」(saṃpratti 或 saṃpradana)更為恰當。根據這兩本《奧義書》,當一個人臨終時,他的兒子應該躺在他身上,兩人的各個器官互相接觸,然後父親應該說:「我把氣息置於你體內」,兒子應該回答:「我將你的氣息置於我體內」,然後以同樣的方式繼續進行視覺、聽覺、味覺、行動、思想、智慧等(2,15;1.5.17)。透過這種方法,父親被認為以某種形式在兒子身上延續生命,這再次強調兒子在人死後的關鍵作用。從遺傳學的角度來看,孩子是父母的延續——父母雙方,而不僅是其中一方——是父母的身體特徵,而不是心理構成方面。因此,《奧義書》的這一概念與佛教或耆那教的輪迴論並無相似之處。

《白騾奧義書》否定業力在內的各種解釋,認為萬事萬物實際上都是由梵天主宰(1.2-3)。《鷓鴣氏梵書》和《海螺氏奧義書》等確實談及業力和輪迴的形式,但往往似是嘗試性質,有時措辭極為模稜兩可。

存在這些互相矛盾的說法和解釋,《石氏奧義書》指人死後的事無人能知也就不足為奇(1.20-24)。由此造成的結果是,少

數教授業力和輪迴的《奧義書》對這些觀點並無定論，只是將其視為眾多可能的解釋之一，而這些解釋尚未被全面闡明或接受。顯然，這些是吠陀神學從別處吸收的新思想。人們不禁會想，並不是佛陀採納《奧義書》中的業力和輪迴論，而是《奧義書》的作者受到佛教，可能還有耆那教的影響。⑩

　　最早明確而詳細談及業力和輪迴的是耆那教典籍。耆那教比佛教早大約十年出現，《三藏》不時提到其創始人摩訶毗羅及其教義。然而，儘管業力論是耆那教公認的概念，但它在很多重要方面有別於佛教的業力論。例如，耆那教認為每個行為，無論有意無意，都會產生業力，而業力是一種附著在靈魂，並使其沉淪的物質。耆那教也提出靈魂從一世轉到下一世，而這正是佛陀所否定的。佛陀當然有可能受到耆那教的業力和輪迴論影響，但同樣顯而易見的是，即使他受到影響，他也不會理所當然、不假思索和毫不批判地採納它們。更有可能的是，摩訶毗羅的智慧讓他對業力和輪迴略有認識，佛陀的覺悟則令他獲得徹底洞見。

　　在公元一千年左右，關於業力和輪迴的不同思想正在融入後來的印度教。但在當時，甚至後來，這些思想並沒有被普遍接

---

⑩ Jain 2001, pp.50-51.

受。印度教在發展或吸收新概念時，通常不會去故就新，這意味著它在大多數議題上，提出一系列有時截然不同，甚至互相矛盾的學說。即使一些有關業力和輪迴的理論被印度教廣為接受，但多少也有些格格不入，往往與其他學說相衝突。人們相信神能夠而且會干預人事，虔誠信奉一神能夠帶來解脫，在聖河中沐浴可以洗去罪孽，舉行特定的儀式、參拜聖地或在瓦拉納西逝世就能保證得到解脫，這些信念顯然抵觸業力的理念。

印度教中的一些靈修運動否定業力，主張天命，而另一些則認為個人的命運是由時間、自性和機緣決定，又或是預先安排。《法經》和《往世書》中的眾多篇章都提到業力，但同時又建議各種可以規避或消除業力的方法。關於輪迴的運作，《往世書》和其他早期印度教文獻提出各種各樣令人困惑的理論，而且彼此矛盾。例如，《摩奴法論》的序言說：「當眾生一次又一次地誕生時，他們都遵循上主賦予他們的個人行為。好鬥或平和、溫順或殘酷、善良或邪惡、誠實或欺詐，每個眾生在被創造時被賦予的一切都會自然地黏附在其身上。」（1.28-29）不過，在書中的其他幾處，它堅持認為一個人死後的命運將由他們的行為，或好或壞，即由他們的業力決定（例如：12.8-9; 2,249;11,48; 12,16-23）。

《遮羅迦本集》是阿育吠陀的兩大傳世之作之一（大約公元前一世紀／公元二世紀），它準確指出並非所有人都相信輪迴，甚至印度教的典籍也提出了不同的死後理論。書中寫道：「有些人只相信目睹到的事物，由於輪迴超越感官之外，所以他們不相信。還有一些人因為強烈的宗教信仰而相信輪迴。但典籍本身在這個問題上存在分歧。」（I,11）因此，說印度教不教授業力和輪迴論並不完全錯誤——它教授數十種之多，但它們只是對事物發生的緣由和人死後情況的眾多解釋的一部分。相比之下，佛陀的業力和輪迴論完整成熟，與他的其他教義互相契合，解釋清晰一致。

縮略語

巴利文和梵文典籍

《增支部》（A）	Aṅguttara Nikāya, ed. R. Morris, E. Hardy, PTS London 1885-1900.
《佛所行讚》（Bc）	Buddhacarita, ed. and trans. E. H. Johnston, Calcutta 1935.
《顯明妙義》（Bv-a）	Madhuratthavilāsinī, ed. I. B. Horner, 1946.
《長部》（D）	Dīgha Nikāya, ed. T. W. Rhys Davids, J. E. Carpenter, PTS London 1890-1911.
《法句經》（Dhp）	Dhammapada, ed. O. Von Hinüber, K. R. Norman, PTS Oxford 1994.
《法句經註》（Dhp-a）	Dhammapada-aṭṭhakathā, ed. H. C. Norman, PTS London 1906-14.
《如是語經》（It）	Itivuttaka, ed. E. Windisch, PTS London 1889.
《本生經》（Ja）	Jātaka with commentary, ed. V. Fausbøll, PTS London 1877-96.
《本生經因緣譚》（Jn）	Jātaka Nidānakathā, ed. V. Fausbøll, PTS London 1877-96.
《論事》（Kv）	Kathāvatthu, ed. A. C. Taylor, PTS London, vol. I 1894, vol. II 1897.

《中部》（M）	Majjhima Nikāya, ed. V. Trenckner, R. Chalmers, PTS London 1887-1902.
《大史》（Mhv）	Mahāvaṃsa, ed. W. Geiger, PTS, London, 1908.
《彌蘭王問經》（Mil）	Milindapañho, ed. V. Trenckner, PTS London 1880.
《大事》（Mvu）	Mahāvastu, ed. E Senart, Paris 1882-1897.
《相應部》（S）	Saṃyutta Nikāya, ed. L. Feer, PTS London 1884-98.
《經集》（Sn）	Sutta Nipāta, ed. D. Andersen, H. Smith, PTS London 1913.
《長老偈》（Tha），《長老尼偈》（Thi）	Theragāthā and Therīgāthā, ed. H. Oldenberg, R. Pischel, 2nd edition, PTS London 1966.
《自說經》（Ud）	Udāna, ed. P. Steinthal, PTS London 1885.
《勝義燈》（Ud-a）	Paramatthadīpanī, ed. F. L, Woodward, PTS London 1926.
《律藏》（Vin）	Vinaya Piṭaka, ed. H. Oldenberg, PTS London 1879-83.

參考書目

Agrawala, V. S. *India as Known to Pāṇini*, second edition, 1963.
Ali, Daud. *Courtly Culture and Political Life in Early Medieval India*, 2004.
Allen, Charles. *The Buddha and Dr Führer*, 2008.
Anālayo. *A Comparative Study of the Majjhima Nikāya*, Vol.I and II, 2011.
- 'The Historical Value of the Pāli Discourses', *Indo-Iranian Journal*, 55 (3), 2012.
- 'A Note on the Term Theravāda', *Buddhist Studies Review*, 2013.
- 'The Four Assemblies in Pāli Buddhism', B.L.W. Khin, V. Samarawickrama, and T.H. Soon (eds.), *K Sri Dhammananda, Essays in Honor of his Centenary*, Vol.2, 2018.
Apte, V. M. *Social and Religious Life in the Grihyasutras*, 1939.
Armstrong, Karen. *Buddha*, 2004.
Bailey, Greg and Mabbett, Ian. *The Sociology of Early Buddhism*, 2003.
Bajpai, K. D. 'Location of Pava', *Puratattva*, No.16, 1985-86.
Balbir, Nalini. 'Jain-Buddhist Dialogue – Material from the Pāli Scriptures', *Journal of the Pali Text Society*, Vol. XXVI, 2000.
Balcerowicz, Piotr. *Early Asceticism in India*, 2016.
Banerjee, N. R. 'Nagha 1955-57', *Memoirs of the Archaeological Survey of India*, 1986.
Barua, P. R. 'The Brahmin Doctrine of Sacrifice and Ritual in the Pali Canon', *Journal of the Asiatic Society of Pakistan*, Vol.I, 1956.
Basham, A. L. *History and Doctrine of the Ājīvakas, A Vanished Indian Religion*, 1951.
- 'The Background to the Rise of Buddhism', A. K. Naraian (ed.), *Studies in History of Buddhism*, 1980.
Bechert, H. (ed.). *Dating the Historical Buddha*, Part 1, 1991.
Black, Brian. 'The Rhetoric of Secrecy in the Upaniṣads', Steven E. Lindquist (ed.) *Religion and Identity in South Asia and Beyond*, 2013.
Bodhi, Bhikkhu. *In the Buddha's Words*, 2005.
- *The Numerical Discourses of the Buddha*, 2012.
- *The Buddha's Teachings on Social and Communal Harmony: An Anthology of Discourses from the Pāli Canon*, 2016.
Bronkhorst, Johannes. 'The Riddle of the Jains and Ājīvakas in Early Buddhist Literature', *Journal of Indian Philosophy*, 28, 2000.

- 'Literacy and Rationality in Ancient India', *Asiatische Studien/Etudes Asiatiques*, 56 (4) 2002.
- *Greater Magadha, Studies in the Culture of Early India*, 2007.
- *Buddhism in the Shadow of Brahmanism*, 2011.
- Chakrabarti, Dilip K. 'Rajagaha: An Early Historic Site in India', *World Archaeology*, Vol.7 No.3, 1975.
- *Archaeological Geography of the Ganga Plain. The Lower and the Middle Ganga*, 2001.
- *Archaeological Geography of the Ganga Plain. The Upper Ganga*, 2007.
Chakravarti, U. *The Social Dimensions of Early Buddhism*, 1987.
Chandra, Pratap. 'Was Early Buddhism Influenced by the Upanisads?' *Philosophy East and West* 21/3, 1971.
Cousins. L.S. 'Pali Oral Literature', Philip Denwood and Alexander Piatigorsky (eds.), *Buddhist Studies Ancient and Modern*, 1983.
de Silva, Lily. 'Ministering to the Sick and Counselling the Terminally Ill', N. K. Wagle and F. Watanabe (eds.) *Studies on Buddhism in Honor of A. K. Warder*, 1993.
Deva, Krishna. 'The Antiquity of Sites Related to the Buddha', Satish Chandra (ed.) *Studies in Archaeology and History*, 2003.
Dhammajoti, Bhikkhu. 'The Sixteen-mode Mindfulness of Breathing', *Journal of the Centre for Buddhist Studies, Sri Lanka*, 2008.
Dhammika, S. *Middle Land Middle Way*, revised edition, 2008.
- *To Eat or not to Eat Meat*, revised edition, 2016.
- *Jesus and the Buddha, A Study of their Commonalities and Contrasts*, 2018a.
- *Nature and the Environment in Early Buddhism* (revised edition), 2018b.
- *The View from the West*, 2018c.
Dyson, Tim. *A Population History of India*, 2018.
Eltschinger, Vincent. *Caste and Buddhist Philosophy*, 2012.
Erdosy, Georg. 'City States of North India and Pakistan at the Time of the Buddha', F. Raymond Allchin (ed.), *The Archaeology of Early Historic South Asia*, 1995.
Falk, Harry. *Aśokan Sites and Artefacts*, 2006.
- 'The Ashes of the Buddha', *Bulletin of the Asia Institute*, 2013.
Fick, Richard. *The Social Organisation in North-east India in Buddha's Time*, reprint 1972.
Fleet, J. F. 'The Inscription on the Piprawa Vase', *Journal of the Royal Asiatic Society* Vol. 38 issue 1, 1906.

Fuhrer, A. 'Pabhosa Inscriptions', *Epigraphia Indica* Vol.II, 1894

Ghosh, A. (ed). *Indian Archaeology 1955-56*, 1956.

- 'Buddhist Inscription from Kausambi', D, C. Sircar (ed.), *Epigraphia Indica, 1961-1962*, 1963.

Gillon, Brendan S. 'An Early Buddhist Text on Logic: *Fang Bian Xin Lun*', *Argumentation* 22, No.1, 2008.

Gokhale, B. G. *The Brahmins in Early Buddhist Literature*, 1970.

- 'The Merchant in Ancient India', *Journal of the American Oriental Society*, 97.2, 1977.

- 'Early Buddhism and the Urban Revolution', *Journal of the International Association of Buddhist Studies*, 5/2. 1982.

Gombrich, Richard. 'Bodies like Old Carts', *Journal of the Pali Text Society*, XI, 1987.

- *Theravada Buddhism*, 1988.

- *How Buddhism Began*, 1996.

- *What the Buddha Thought*, 2009.

- *Buddhism and Pali*, 2018.

Heirman, Ann and Torck, Mathieu. *A Pure Mind in a Clean Body: Bodily Care in the Buddhist Monasteries of Ancient India and China*, 2012.

Hinüber, Oskar von. 'The Buddha as an Historical Person', *Journal of the International Association of Buddhist Studies* Vol. 42, 2019.

- 'Hoary Past and Hazy Memory. On the History of Early Buddhist Texts', *Journal of the International Association of Buddhist Studies*, Vol.29, 2. 2006.

Hoey, W. 'The Five Rivers of the Buddhists', *Journal of the Royal Asiatic Society*, 1907.

Ireland, John D. 'The Kosambī Suttas', *Pali Buddhist Review*, Vol.1, No. 2, 1976.

- 'Sūkaramaddava, the Buddha's Last Meal', *Buddhist Studies Review*, Vol,10, No.1 1993.

Jacobi, Hermann. *Jain Sūtras*, Part 1, 1884.

Jain, Jagdishchandra. *Life in Ancient India as Depicted in the Jain Canon and Commentaries*, 1984.

Jaini, Padmanabh, S. *The Jaina Path of Purification*, 1998.

- 'Śamaṇas: Their Conflict with Brahaminical Society', *Collected Papers on Buddhist Studies*, 2001.

Jamison, Stephanie and Brereton, Joel, P. *The Rigveda, The Earliest Religious Poetry of India*, Vols. I, II, and III, 2014.
Jayaswal, K. P. *An Imperial History of India*, 1934.
Jayatilleke, K. N. *Early Buddhist Theory of Knowledge*, 1963.
Jha, D. N. 'Brahminical Intolerance in Early India', *Social Scientist*, Vol. 44, No. 5/6, 2016.
Joshi, Jagat, Pati (ed.) *Indian Archaeology – A Review 1985-86*, 1990.
Joshi, Lal. *Discerning the Buddha, A Study of Buddhism and of the Brahminical Hindu Attitude to It*,1983.
Karpik, Stefan. 'The Buddha Taught in Pali: A Working Hypothesis', *Journal of the Oxford Centre of Buddhist Studies*, 2019.
Kaul, Shonaleeka. *Imaging the Urban, Sanskrit and the City in Early India*, 2010.
Kennet, D, Rao, J. V. and Bai, M. Kasturi. *Excavations at Paithan, Maharashtra*, 2020.
Kosambi, D. D. 'Ancient Kosala and Magadha', *Journal of the Bombay Branch of the Royal Asiatic Society*, 1952.
Kumar, D. *Archaeology of Vaisali*, 1986.
Lal, M. *Settlement History and the Rise of Civilization in the Ganga-Yamuna Doab*, 1984a.
- 'Summary of Four Seasons of Exploration in Kanpur District, Uttar Pradesh', *Man and Environment 8*, 1984b.
- 'Population Distribution and its Movement During the Second-First Millennium B.C. in the Indo-Gangetic Divide and Upper Ganga Plain', *Puratāttva*, 1987–8.
Law, B. C. *Geography of Early Buddhism*, 1932.
- *Sravasti in Indian Literature*, 1939.
Levman, Bryan Geoffrey. 'Sakāya niruttiyā revisited', *Bulletin D'Etudes Indiennes*, 2008-2009.
- 'The *muṇḍa/muṇḍaka* crux: What does the word mean?' *Canadian Journal of Buddhist Studies*, No.7, 2011.
- 'Cultural Remnants of the Indigenous Peoples in the Buddhist Scriptures', *Buddhist Studies Review*, 30, 2. 2013.
- 'The Historical Buddha: Response to Drewes', *Canadian Journal of Buddhist Studies*, No.14, 2019.
- *Pāli, the Language*, 2020.
- *Pāli and Buddhism: Language and Linage*, 2021.

Ling, Trevor. *The Buddha, Buddhist Civilization in India and Ceylon*, 1973.
Liyanaratane, Jinadasa. 'Pāli Canonical Passages of Importance for the History of Indian Medicine', *Journal of the Pali Text Society*, XXII, 1996.
Majumdar, R. C. *Corporate Life in Ancient India*, 1922.
Malalasekera, G. P. and Jayatilleke, K. N. *Buddhism and the Race Question*, 1958.
Mani, B. R. 'Identification of Setavyā, the Ancient City of Kosala, with Siswania', *Puratatta*, No.21, 1990-1991.
Manne, J. 'The Dīgha Nikāya Debates: Debating Practices at the time of the Buddha', *Buddhist Studies Review*, 9.2, 1992.
Marshall, J. *The Monuments of Sāñchī*, Vol. I, (reprint) 1983.
Masefield, Peter and Revire, Nicolas. 'On the Buddha's 'Kammic Fluff': The Last Meal Revisited', *Journal of the Oxford Centre for Buddhist Studies*, Vol.20, 2021.
Mettananda and Hinüber, Oskar von. 'The Cause of the Buddha's Death: The last Meal of the Buddha', Appendix, A Note on *sūkaramaddava*', *Journal of the Pali Text Society*, XXVI. 2000.
Mitra, Debala. *Excavations at Tilaura-Kot and Kodan and Explorations in the Nepalese Tarai*, 1972.
Mohanty, Gopinath, *et al.* 'Tapussa and Bhallika of Orissa, their Historicity and Nativity', *Orissa Review*, Nov. 2007.
Nakamura, Hajime. *Gotama Buddha, A Biography Based on the Most Reliable Texts*, Vol. I, 2000 and II, 2005.
Neelis, Jason. *Early Buddhist Transmission and Trade Networks*, 2011.
Norman K. R. 'The Origin of Pāli and its Position among the Indo-European Languages', *Journal of Pali and Buddhist Studies*, Vol. I. March, 1988.
- 'Aspects of Early Buddhism', David Seyfort Ruegg and Lambert Schmithausen (eds.), *The Earliest Buddhism and Madhyamaka*, 1990.
- 'A Philological Approach to Buddhism', *The Buddhist Forum*, Vol. V. 1997.
- 'Theravada Buddhism and Brahmanical Hinduism: Brahmanical Terms in Buddhist Guise', *The Buddhist Forum* Vol.VII, 2012.
Oldenberg, Hermann. *The Grihya-Sūtras. Rules of Vedic Domestic Ceremonies*. Part I, 1886 and II, 1892.
- *Buddha, His Life, His Doctrine, His Order*, 1882.
Olivelle, Patrick. *Saṃnyasa Upaniṣads*, 1992.
- *The Āśrāma System*, 1993.

- *The Early Upaniṣads*, 1998.
- *Dharmasūtras, The Law Codes of Ancient India*, 1999.
- *The Law Code of Manu*, 2004.
- *Kings, Governance, and Law in Ancient India*, 2013.

Pande, G, C. *Śramaṇa Tradition, Its History and Contribution to Indian Society*, 1978.

Pandey, M. S. *The Historical Geography and Topography of Bihar*, 1963

Pathak, Vishuddhanand. *History of Kosala up to the Rise of the Mauryas*, 1963.

Patil, D. R. *Antiquarian Remains of Bihar*, 1963.

Pollock, Sheldon. 'Axialism and Empire', Jóhann Páll Árnason, S. N. Eisenstadt and Björn Wittrock (eds.), *Axial Civilizations and World History*, 2005.

Postel, M. *Ear Ornaments of Ancient India*, 1989.

Prakash, Om. *Food and Drink in Ancient India*, 1961.

Prasad, R. C. *Archaeology of Champa and Vikramasila*, 1987.

Prets, Ernst. 'Theories of Debate, Proof and Counter-proof in the Early Indian Dialectical Tradition', Piotr Balcerowitz and Marek Mejor (eds.), *Studia Indologiczne 7*, 2000.

Puri, B. N. *India in the Time of Patañjali*, 1957.

Rhys Davids, C. A. F. *The Psalms of the Early Buddhists*, Vol. II, 1913.

Rhys Davids, T. W. *Dialogues of the Buddha*, Part 1, 1899.
- *Buddhist India*, 1903.
- *Dialogues of the Buddha*, Part III, 1921.

Roy, Kumkum. *The Emergence of Monarchy in North India, Eighth to Fourth Centuries BC*, 1994.

Roy, T. N. 'Sanitary Arrangements in Northern Black Polished Ware Period, Archaeology and History', B.M. Pande et al (eds.), *Essay in Memory of Shri A. Ghosh*. Vol.I, 1987.

Salomon, Richard and Marino, Joseph. 'Observations on the Deorkothar Inscriptions and Their Significance for the Evaluation of Buddhist Historical Traditions', *Annual Report of The International Research Institute for Advanced Buddhology at Soka University* 17: 27-39, 2014.

Sarao, K. T. S. *The Origin and Nature of Ancient Indian Buddhism*,1989.
- *Urban Centres and Urbanisation as Reflected in the Pāli Vinaya and Sutta Piṭakas*, 1990.

Schlieter, Jens. 'Did the Buddha Emerge from a Brahmanic Environment? The Early Evaluation of "Noble Brahmans" and the "Ideological System" of Brahmanism', Volkhard Krech and Marion Steinicke (eds.) *Dynamics in the History between Asia and Europe*, Vol. I, 2012.

Schlingloff, Dieter. *Fortified Cities of Ancient India, A Comparative Study*, 2014.

Schubring, Walther (ed.). *Isibhāsiyāiṃ: A Jaina Text of Early Period*, 1974.

Sen, Chitrabhanu. *A Dictionary of the Vedic Rituals Based on the Śrauta and Grihya Sūtras*, 1978.

Sen. D. N. 'Sites in Rajgir Associated with the Buddha and His Disciples', *Journal of the Bihar and Orissa Research Society*, Vol.IV Part II, 1918.

Shama, G. R. 'Excavations at Kauśāmbī (1949-50)', *Memoirs of the Archaeological Survey of India*, 1969.

Sharma, R. S. 'Material Background of the Rise of Buddhism', Mohit Sen and M. B. Rao (eds.), *Das Kapital Centenary Volume*, 1968.

Singh, Upinder. *Political Violence in Ancient India*. 2017.

Sinha, B. P. 'Excavations at Champa', *Archaeology and Art of India*, 1979.

Sinha, B. P. and Roy, Sita Ram. *Vaiśālī Excavations* 1958-1962, 1969.

Sinha, B. P. and Narain, L. A. *Pāṭaliputra Excavations 1955-56*, 1970.

Sinha, Ishani. 'Kesariya Stupa: Recently Excavated Architectural Marvel', *Proceeding of the International Conference on Archaeology, History and Heritage*, Vol.1, 2019.

Sinha, K. K. *Excavations at Sravasti:1959*, 1967.

Sinha, Prakash. 'Buddhist Sites of the Age of Buddha: Archaeological Evidence on Dating and Urbanization', G. C. Pande (ed.) *Life, Thought and Culture in India (from c. 600 BC to c. AD 300)*, Vol. I Part 2, 2001.

Sircar, D. C. 'Mahāmāyūrī List of Yaksas', *Journal of Ancient Indian History*, Vol. V, Parts 1-2, 1971-72.

Srinivasan, Saradha. *Mensuration in Ancient India*, 1979.

Srivastava, K. M. *The Discovery of Kapilavastu*, 1986.

Sujato, Bhikkhu and Brahmali, Bhikkhu. *The Authenticity of the Early Buddhist Texts*, 2014.

Tatia, N. 'The Interaction of Jainism and Buddhism', A. K. Narain, (ed.), *Studies in History*, 1980.

Tatz, Mark. *Buddhism and Healing, Demiéville's Article "Byo" from Hobogirin*, 1985.

Thanissaro, Bhikkhu. *The Buddha Smiles, Humor in the Pali Canon*, 2015.

Thaplyal, K. K. *Village and Village Life in Ancient India*, 2004.

Tilakaratne, Asanga. 'Personality Differences of Arahants and the Origins of Theravada', Asanga Tilakaratne, Toshiichi Endo, *et al*, (eds.), *Dhamma-Vinaya: Essays in Honour of Venerable Professor Dhammavihari*, 2005.

Upasak, C. S. *Dictionary of Early Buddhist Monastic Terms*, 1975.

Verardi, Giovanni. *Hardships and Downfall of Buddhism in India*, 2011.

Vishnu, Asha. *Material Life in Northern India, Based on an Archaeological Study*, 1993.

Vogel, J. 'Notes on Excavations at Kasia', *Archeological Survey of India Annual Report,1904-5*, 1908.

Wagle, N, K. 'Minor Rites and Rituals Attributed to the Brahmins in the Nikāya Texts of the Pali Canon', *Journal of the Oriental Institute of Baroda* Vol. XVII, 1968.

- *Society at the Time of the Buddha*, 1995.

Warder, A. K. 'On the relationships between Buddhism and other Contemporary Systems', *Bulletin of the School of Oriental and African Studies*,18. 1956.

Wasson, R. G. and O'Flaherty Wendy Doniger. 'The Buddha's Last Meal', *Botanical Museum Leaflets, Harvard University*, Vol. 29, No.3, 1983.

Wezler, Albrecht. 'On the Problem of the Contribution of Ascetics and Buddhist Monks to the Development of Indian Medicine', *Journal of the European Āyurvedic Society*, 1995.

Wijayaratna, Mohan. *Buddhist Monastic Life according to the Texts of the Theravāda Tradition*, 1990.

Wijesekera, O. H. de A. 'Buddhist Evidence for the Early Existence of Drama'. *Indian Historical Quarterly*, Vol.17 No.2, 1941.

Witzel, Michael. 'The Case of the Shattered Head', *Studien zurIndologie und Iranistik* 13/14:363–415, 1987.

Wujastyk, Dominik. 'The Spikes in the Ears of the Ascetics: An Illustrated Tale in Buddhism and Jainism', *Oriental Art*, New Series Vol. XXX, No.2, 1984.

- 'The Evidence for Hospitals in Early India', in *History of Science in South Asia*, 10, 2022.

Wynne, Alexander. 'The Oral Transmission of Early Buddhist Literature', *Journal of the International Association of Buddhist Studies*, 27 (1) 2004.
- *The Origin of Buddhist Meditation*, 2007.
- 'Did the Buddha Exist?', *Journal of the Oxford Centre of Buddhist Studies*, Vol.16, 2019.
Zysk, Kenneth. *Asceticism and Healing in Ancient India*, 1998.

善知識系列　JB0162

逐跡佛陀：巴利古籍所載的佛陀生平
Footprints in the Dust: The Life of the Buddha from the Most Ancient Sources

作者	達彌卡法師（Bhante Shravasti Dhammika）
譯者	伍煥炤
責任編輯	陳芊卉
封面設計	周家瑤
內頁排版	歐陽碧智
業務	顏宏紋
印刷	中原造像股份有限公司

發行人	何飛鵬
事業群總經理	謝至平
總編輯	張嘉芳
出版	橡樹林文化 台北市南港區昆陽街16號4樓 電話：886-2-2500-0888 #2738　傳真：886-2-2500-1951
發行	英屬蓋曼群島商家庭傳媒股份有限公司城邦分公司 台北市南港區昆陽街16號8樓 客服專線：02-25007718；02-25007719 24小時傳真專線：02-25001990；02-25001991 服務時間：週一至週五上午09:30-12:00；下午13:30-17:00 劃撥帳號：19863813　戶名：書虫股份有限公司 讀者服務信箱：service@readingclub.com.tw 城邦網址：http://www.cite.com.tw
香港發行所	城邦（香港）出版集團有限公司 香港九龍土瓜灣土瓜灣道86號順聯工業大廈6樓A室 電話：852-25086231　傳真：852-25789337 電子信箱：hkcite@biznetvigator.com
馬新發行所	城邦（馬新）出版集團 Cité (M) Sdn. Bhd. (458372U) 41, Jalan Radin Anum, Bandar Baru Seri Petaling, 57000 Kuala Lumpur, Malaysia. 電話：+6(03)-90563833　傳真：+6(03)-90576622 電子信箱：services@cite.my

一版一刷　2024年10月
ISBN：978-626-7449-27-1（紙本書）
ISBN：978-626-7449-26-4（EPUB）
售價：460元

城邦讀書花園
www.cite.com.tw

版權所有・翻印必究
（本書如有缺頁、破損、倒裝，請寄回更換）

國家圖書館出版品預行編目（CIP）資料

逐跡佛陀：巴利古籍所載的佛陀生平/達彌卡法師（Bhante Shravasti Dhammika）著；伍煥炤譯. -- 一版. -- 臺北市：橡樹林文化出版：英屬蓋曼群島商家庭傳媒股份有限公司城邦分公司發行, 2024.10
　面；公分. --（善知識；JB0162）
譯自：Footprints in the Dust : the Life of the Buddha from the Most Ancient Sources.
ISBN 978-626-7449-27-1（平裝）

1.CST: 釋迦牟尼 (Gautama Buddha, 560-480 B.C.)
2.CST: 佛教傳記

229.1　　　　　　　　　　113010532

填寫本書線上回函